**LANZAROTE**
*Seiten 80–95*

0 Kilometer       50

ISLA DE ALEGRANZA

ISLA DE MONTAÑA CLARA

ISLA GRACIOSA

LANZAROTE

Arrecife

ISLA DE LOS LOBOS

Puerto del Rosario

FUERTEVENTURA

Gáldar

Las Palmas de Gran Canaria

Arucas

GRAN CANARIA

Maspalomas

**FUERTEVENTURA**
*Seiten 66–79*

**GRAN CANARIA**
*Seiten 40–65*

# VIS À VIS

# KANARISCHE INSELN

*Hauptautoren:*
PIOTR PASZKIEWICZ,
HANNA FARYNA-PASZKIEWICZ

DORLING KINDERSLEY
www.dk.com

**EIN DORLING KINDERSLEY BUCH**

www.dk.com

PRODUKTION
Hachette Livre Polska Sp. z o.o., Warschau

TEXTE
Piotr Paszkiewicz, Hanna Faryna-Paszkiewicz,
Małgorzata Wiśniewska, Barbara Sudnik, Eligiusz Nowakowski

UMSCHLAGGESTALTUNG  Anja Richter, München
GRAFISCHE GESTALTUNG  Paweł Pasternak,
Paweł Kamiński, Piotr Kiedrowski
LAYOUT  Ewa Roguska, Piotr Kiedrowski
REDAKTION  Robert G. Pasieczny

KARTOGRAFIE
Magdalena Polak, Dariusz Romanowski, Olaf Rodowald

FOTOGRAFIEN
Paweł Wójcik, Bartłomiej Zaranek

ILLUSTRATIONEN
Monika Sopińska, Bohdan Wróblewski
•
© 2003 Dorling Kindersley Limited, London
Titel der englischen Originalausgabe
Eyewitness Travel Guide *Canary Islands*
Zuerst erschienen 2003 in Großbritannien
bei Dorling Kindersley Ltd.
A Penguin Company
•
Für die deutsche Ausgabe
© 2003 Dorling Kindersley Verlag GmbH, München
**Aktualisierte Neuauflage 2007/2008**

•

ÜBERSETZUNG  Brigitte Maier, Konzept & Text, München,
Sidhi Schade, München
REDAKTIONSLEITUNG  Dr. Jörg Theilacker, Dorling Kindersley Verlag
PROJEKTLEITUNG  Birgit Walter, Dorling Kindersley Verlag
REDAKTION  Dr. Elfi Ledig, München,
Matthias Liesendahl, Berlin
REDAKTIONSASSISTENZ  Stefanie Franz, Dorling Kindersley Verlag
SCHLUSSREDAKTION  Peter Botzler, München
SATZ UND PRODUKTION  Dorling Kindersley Verlag
LITHOGRAFIE  Colourscan, Singapur
DRUCK  Toppan Printing Co., Hongkong, China

ISBN 978-3-8310-0421-8

2 3 4 5  10 09 08 07

# INHALT

## BENUTZER-HINWEISE 6

Madonna an einer Kirche
in Santiago del Teide

## DIE KANARISCHEN INSELN STELLEN SICH VOR

Kinder beim Karneval in
Las Palmas de Gran Canaria

◁ **Aussichtspunkt bei Los Roques im Parque Nacional del Teide, Teneriffa**

Sandstrand bei Corralejo auf Fuerteventura

Die Kirche von Vega del Río de Palma

## ZU GAST AUF DEN KANAREN

*Morena frita –*
**ein typisches Gericht**

## GRUND-INFORMATIONEN

**Kerzenhalter aus einer Werkstatt in La Orotava**

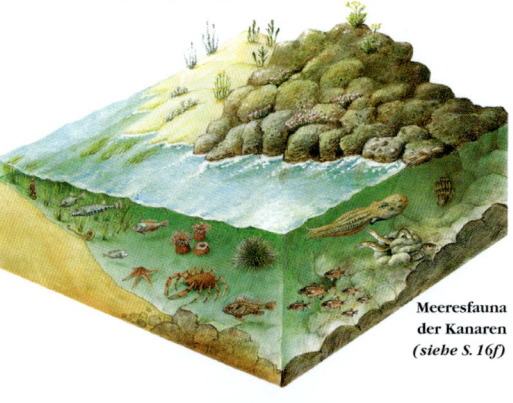

**Meeresfauna der Kanaren**
*(siehe S. 16f)*

# BENUTZERHINWEISE

**D**IESER REISEFÜHRER wird Ihnen helfen, Ihren Urlaub auf den Kanarischen Inseln rundum zu genießen und dabei viel zu erleben. Das Kapitel *Die Kanarischen Inseln stellen sich vor* befasst sich mit Geografie, Tier- und Pflanzenwelt sowie mit Geschichte und Kultur der Inselgruppe. Im Hauptteil wird jede der sieben bewohnten Inseln detailliert mit all ihren Sehenswürdigkeiten und Besonderheiten beschreiben. Was Sie über Restaurants, Hotels, Einkaufsmöglichkeiten, Unterhaltung und Unternehmungen wissen sollten, erfahren Sie im Kapitel *Zu Gast auf den Kanaren*; die *Grundinformationen* liefern viele nützliche Tipps.

### DIE KANARISCHEN INSELN

Jeder der sieben bewohnten Inseln ist ein eigenes Kapitel gewidmet. Die Orte und Sehenswürdigkeiten sind nummeriert; sie finden Sie jeweils zu Beginn eines Kapitels auf einer Karte.

**Die Farbkodierung** hilft Ihnen, jede Insel mit einem Griff zu finden.

**1 Einleitung**
*Auf dieser Seite bekommen Sie einen Überblick über die jeweilige Insel, ihre geografischen und kulturellen Besonderheiten sowie über die wichtigen Attraktionen.*

**Eine Orientierungskarte** zeigt, wo genau im Archipel die Insel liegt.

**2 Erlebniskarte**
*Hier sehen Sie die wichtigen Straßen und topografischen Besonderheiten und finden alle Orte, die in dem Kapitel beschrieben werden.*

**Kästen** informieren über Ereignisse und Persönlichkeiten auf der Insel.

**3 Detaillierte Beschreibungen**
*Alle Städte, größeren Orte, Sehenswürdigkeiten und interessanten Plätze werden im Detail beschrieben. Die Einträge sind nummeriert, damit Sie sich auf der Karte leicht orientieren können.*

# 4 Städte

*Jeder wichtigen Stadt sind mindestens zwei Seiten gewidmet. Sie erfahren alles über historische Stätten und lokale Besonderheiten, die sich zu besichtigen lohnen.*

**Die Infobox** informiert über Festlichkeiten, Markttage oder Sehenswürdigkeiten (und deren Öffnungszeiten) sowie über die örtlichen Transportmittel. Auch die Telefonnummer des Fremdenverkehrsamtes ist hier zu finden.

**Ein Stadtplan** zeigt die genaue Lage der Hauptsehenswürdigkeiten im Zentrum sowie Parkplätze und Postamt.

# 5 Hauptattraktionen

*Jede wichtige Sehenswürdigkeit wird auf zwei Seiten gezeigt und beschrieben. Viele Bilder vermitteln Ihnen schon bei der Vorbereitung einen guten Eindruck.*

**Eine Karte** oder ein Grundriss erleichtert Ihnen zudem die Orientierung.

**In der Infobox** finden Sie Hinweise zu den empfohlenen Touren.

# 6 Nationalparks

*Eigene Seiten gehen auf die Nationalparks der Inseln ein. Topografische Karten vermitteln einen guten Überblick und führen Sie zu den spannendsten und schönsten Plätzen.*

**Zahlreiche Fotografien** zeigen Ihnen die landschaftlich schönsten Stellen in den Nationalparks.

**Die Karten** enthalten neben den Straßen auch Wanderwege und Aussichtspunkte.

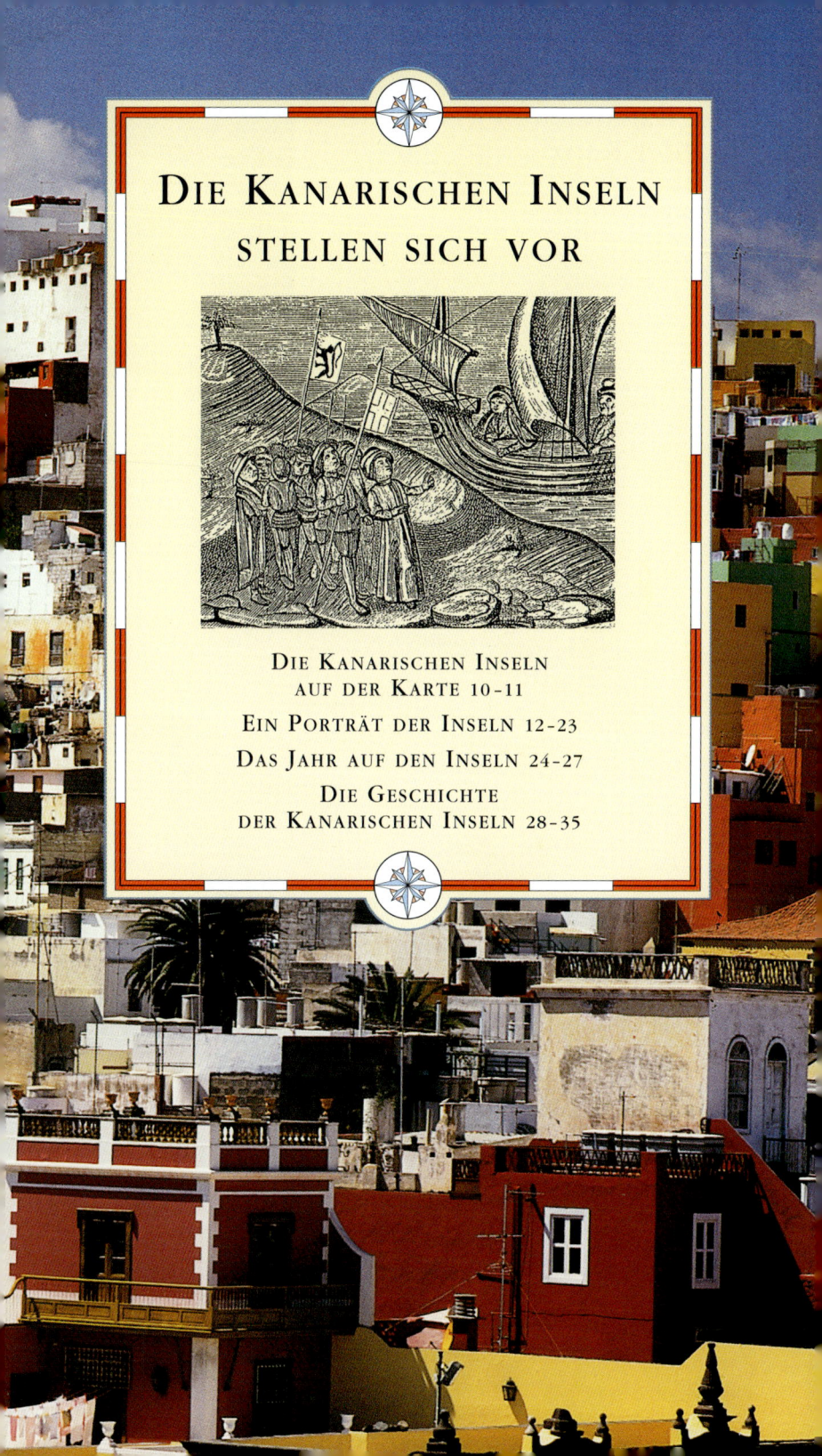

# DIE KANARISCHEN INSELN
## STELLEN SICH VOR

# Die Kanarischen Inseln auf der Karte

DER ARCHIPEL der Kanarischen Inseln liegt im Atlantik auf der Höhe der Sahara westlich von Marokko. 1,9 Millionen Menschen leben auf den sieben Hauptinseln, die meisten davon auf den größten Inseln Teneriffa und Gran Canaria. Alle Vulkaninseln zusammen nehmen eine Fläche von 7447 Quadratkilometern ein und überraschen durch ihren Reichtum an Landschaftsformen, die von Stränden und wüstenartigen Ebenen bis zu beeindruckenden Gebirgen und grünen Wäldern reichen. Heiße Winde aus der Sahara und der Golfstrom garantieren, dass es auf den Inseln das ganze Jahr über warm ist; die Durchschnittswerte liegen bei 18 °C im Winter und 24 °C im Sommer.

**Teneriffa aus dem Weltall**
*Das Satellitenfoto zeigt, wie der Pico de Teide mit seinem Vulkankrater das Zentrum der felsigen Insel dominiert. Mit einer Höhe von 3718 Metern ist er der höchste Berg der Kanaren und ganz Spaniens.*

LA PALMA

Los Llanos de Aridane

Santa Cruz de la Palma

Fuencaliente

La Laguna

Puerto de la Cruz

Santa Cruz de Tenerife

La Orotava

LA GOMERA

Agulo

San Sebastián de la Gomera

TENERIFE

Los Cristianos

Valverde

Puerto de la Estaca

EL HIERRO

0 Kilometer    50

**Die Westküste von El Hierro**
*Auch wenn sie nur wenige Strände hat, bezaubert die Insel durch die Wildheit ihrer zerklüfteten Küste und durch das grüne Hinterland. El Hierro ist die kleinste Insel der Kanaren und auch nur dünn besiedelt.*

## LEGENDE

✈ Flughafen

═ Autobahn

━ Hauptstraße

⛴ Fährhafen

---- Fährlinie

◁ Farbenfroh präsentieren sich die Häuser von Las Palmas de Gran Canaria

Cádiz

**Haría aus der
Vogelperspektive**
*In einem schönen Tal
auf Lanzarote liegt
das typisch kanarische
Dorf Haría. Die nied-
rigen weißen Häuser
werden von maleri-
schen, gleichwohl
bedrohlich wirkenden
Vulkanen überragt.*

ISLA DE ALEGRANZA

ISLA DE MONTAÑA CLARA

ISLA GRACIOSA

Tinajo
San Bartolomé

LANZAROTE                    Arrecife

Playa Blanca

Corralejo    *ISLA DE LOS
LOBOS*

FUERTEVENTURA

Puerto del Rosario

Betancuria

Tuineje

Gáldar    Las Palmas
de Gran Canaria
Agaete    Arucas

Telde

Santa Lucía

Morro Jable

Maspalomas

GRAN CANARIA

**Die geografische
Lage der Inseln**
*Die Kanarischen Inseln
liegen nur 100 Kilometer
vor der afrikanischen
Küste, gehören aber zum
über 1100 Kilometer
entfernten Spanien.
Etwa 7,5 Millionen
Besucher genießen hier
jedes Jahr das gleich-
mäßig milde Klima.*

**WESTEUROPA UND NORDAFRIKA**

IRLAND    GROSS-
BRITANNIEN

FRANK-
REICH

ANDORRA

AZOREN    PORTUGAL    SPANIEN

BALEAREN

MADEIRA

MAROKKO

WEST-
SAHARA    ALGERIEN

MAURETANIEN

# Die Entstehung der Kanarischen Inseln

WIE VIELE ANDERE Inseln im Atlantik, z. B. Madeira, die Azoren und die Kapverdischen Inseln, sind die Kanaren vulkanischen Ursprungs. Sie stiegen vor vielen Millionen Jahren aus dem Meer empor: Lanzarote und Fuerteventura sind mit etwa 16 bis 20 Millionen Jahren am ältesten, Gran Canaria, Teneriffa und La Gomera dürften etwa acht bis 13 Millionen Jahre alt sein. Die übrigen Inseln sind deutlich jünger. Fast alle Inseln werden von einem mächtigen Vulkankegel dominiert, um den sich kleinere Vulkane und Felder von erstarrter Lava anordnen.

*Bei El Golfo* (siehe S. 91) *auf Lanzarote ist Meerwasser in einen Vulkankrater eingedrungen. Schwarzer Sandstrand trennt das graugrüne Wasser des Beckens vom offenen Ozean.*

*Die Weinstöcke* im Tal La Gería auf Lanzarote (siehe S. 94) *gedeihen auf fruchtbarem Vulkanboden. Halbkreisförmige Mauern schützen die Reben, aus denen der bernsteinfarbige* malvasía *gekeltert wird, vor Wind.*

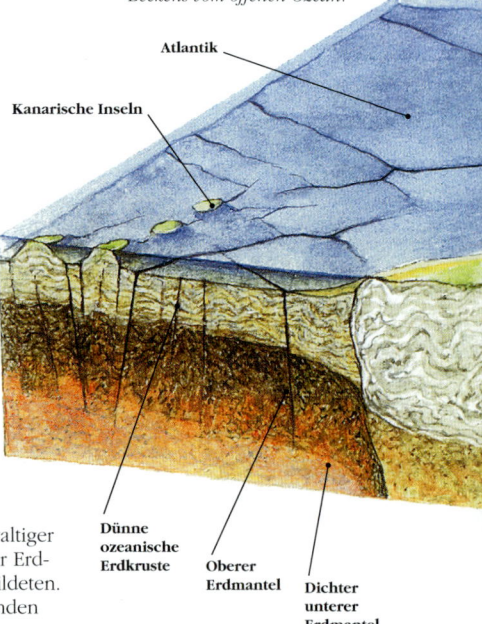

Atlantik

Kanarische Inseln

Dünne ozeanische Erdkruste

Oberer Erdmantel

Dichter unterer Erdmantel

## DER URSPRUNG DER INSELN

Die Inseln sind der sichtbare Teil gewaltiger Vulkane, die sich bei Bewegungen der Erdkruste auf dem Grund des Atlantiks bildeten. Entlang den Verwerfungslinien entstanden Bruchstellen, an denen Magma aufstieg.

*Los Azulejos* auf Gran Canaria zeigt die Schönheit und Farbenpracht des Vulkangesteins. Dank der unterschiedlichen chemischen Zusammensetzung (z. B. mit Kupfersalzen oder Eisenverbindungen) weisen die Areale eine erstaunliche Palette an Farbtönen auf, die von Grau und Braun, Ocker und Rot bis zu Blau und Grün reicht.

*Malpaís bedeutet »Ödland« und ist der Name dieser fast vegetationslosen Landschaft auf Fuerteventura (siehe S. 78f). Nur wüstenerprobte Pflanzen und Tiere überleben hier.*

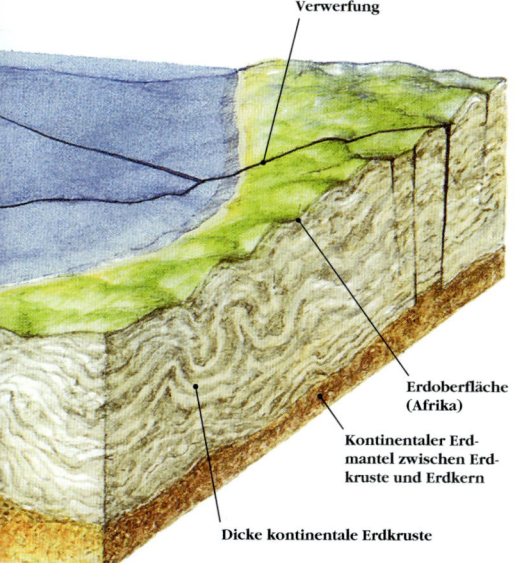

Verwerfung

Erdoberfläche
(Afrika)

Kontinentaler Erd-
mantel zwischen Erd-
kruste und Erdkern

Dicke kontinentale Erdkruste

**Um La Restinga** *auf El Hierro nehmen die Lavafelder fantastische Formen an. Die breiten Schlieren erstarrter Lava, die an Teer erinnern, entstehen bei vulkanischen Eruptionen unter Wasser. Wenn sich die Masse dann rasch abkühlt, bilden sich großflächige »Magmanester«.*

# DIE ENTWICKLUNG VULKANISCHER INSELN

Die Inseln befinden sich in verschiedenen Stadien ihrer geologischen Entwicklung. Teneriffa, El Hierro, Lanzarote und La Palma sind noch vulkanisch aktiv. La Palma erlebte 1971 den letzten Vulkanausbruch.

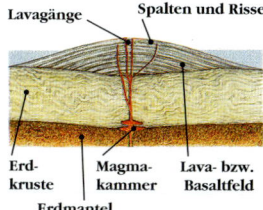

Lavagänge    Spalten und Risse

Erd-          Magma-        Lava- bzw.
kruste        kammer        Basaltfeld
Erdmantel

**1** *Die Inseln sind die Spitzen von Vulkanen, die bis zum Grund des Meeres hinabreichen. Sie bestehen aus Basaltgestein, also aus erstarrter Lava. In noch größerer Tiefe führt das Gewicht der Inseln zu Dellen und Verformungen der Erdkruste.*

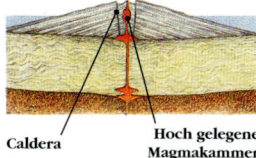

Caldera          Hoch gelegene
                 Magmakammer

**2** *Wenn sich die Magmakammer bei der Eruption entleert, kann die Spitze des Vulkankegels in sich zusammenbrechen. Dadurch entsteht die Kraterform der Caldera (z. B. die Caldera de Taburiente auf La Palma). Eine gewaltige Menge ausströmender Lava kennzeichnet dieses Stadium.*

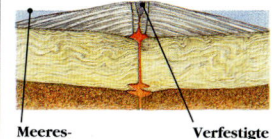

Meeres-              Verfestigte
spiegel             Magmakammer

**3** *Sobald die Eruptionen aufhören, setzt Erosion ein. Die Berge von Gran Canaria befinden sich in einem frühen Erosionsstadium, während Fuerteventuras verfestigte Lavafelder typisch für einen späteren Zeitpunkt der Vulkangeschichte sind.*

# Die Pflanzenwelt

DIE FLORA der Kanaren ist einzigartig. Auf La Gomera beispielsweise findet man seltenen, uralten Waldbestand, den die UNESCO zum Weltnaturerbe erklärt hat. Über die Hälfte der 1800 Arten der Inseln ist endemisch. Seit langem interessiert sich die Wissenschaft für diese außergewöhnlichen Pflanzen. Man sieht in ihnen Relikte einer alten mediterranen Flora, die überall sonst wegen der Klimaveränderung ausgestorben ist. Die Arten, die wir heute vorfinden, überlebten dank des relativ stabilen und in den Nordteilen der Inseln auch feuchten Klimas. Sie werden durch zahlreiche eingeführte exotische Pflanzen ergänzt.

***Die Kanarische Kiefer*** *gehört zu den einheimischen Arten; ihre Nadeln werden über 30 cm lang. Sie wächst in Höhen über 1000 Meter.*

**Natternkopf (Echium wildpretii)**

**Kanarischer Wacholder**

***Die Kanarische Dattelpalme*** (Phoenix canariensis) *ist ebenfalls endemisch; sie besiedelt Buschland und Halbwüsten. Obwohl die Früchte essbar sind, dient sie nur als Zierpflanze.*

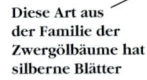

***Die basaltischen Vulkanhänge*** *sind dem Pflanzenwachstum nicht gerade förderlich. Die wenigen Arten, die man hier findet, haben die Fähigkeit, Wasser zu speichern.*

**Diese Art aus der Familie der Zwergölbäume hat silberne Blätter**

## DER DRACHENBAUM

Eine der ungewöhnlichsten Pflanzen der Kanarischen Inseln ist der Drachenbaum (*Dracaena draco*). Seine verdickten Äste enden in Büscheln stachliger Blätter. Schon zu Zeiten der Römer wurden der rote Saft (das »Drachenblut«) und die Früchte zu einem Arzneimittel verarbeitet; zudem dienten sie zum Färben und Glasieren. Ein Exemplar bei Icod de los Vinos auf Teneriffa, *Drago Milenario*, soll 1000 Jahre alt sein.

***Die wohlriechende Wolfsmilch*** *wächst in Halbwüsten und wird als Zierpflanze geschätzt. Aus der Milch wird bisweilen Kaugummi hergestellt.*

**Erysimum scoparium**, *der Teide-Lack, ist ein einheimisches Gewächs mit lila Blüten; er wächst in den Gipfelregionen.*

## PFLANZENZONEN

*Küstenregionen sind der Lebensraum für Pflanzen, die Salz und Temperaturschwankungen vertragen.*

*In der Halbwüste (über 400 m) leben Pflanzen, die Wasser in ihren fleischigen Blättern speichern.*

### TYPISCHES INSELSCHEMA

Die Berge der Kanaren bieten je nach Höhenlage Lebensraum für ganz unterschiedliche Pflanzenarten. Unten leben salzverträgliche Pflanzen und Halbwüstenpflanzen, darüber finden sich Lorbeer- und Kiefernwälder, in der Gipfelregion wachsen hartblättrige Büsche und Felspflanzen.

*Niedrige Sträucher findet man in Lagen über 500 Meter, vor allem in Gebieten mit wenig Niederschlägen.*

*Lorbeerwälder gedeihen an den Nordhängen der Inseln wegen der konstant hohen Feuchtigkeit.*

**Kanarenwolfsmilch (Euphorbia canariensis)**

**Kanarische Strohblume Helichrysum gossypium**

*Limonium papillatum*

*Kiefernwälder kommen bis 2000 m vor. Ihr dichtes Unterholz bilden Schatten liebende Sträucher.*

**Nymphendolden** (Astydamia latifolia) *gedeihen überall an den felsigen Basaltküsten. Diese einheimische Art mit ihren ungewöhnlich fleischigen grünen Blättern blüht von Dezember bis April.*

**Die Kanaren-Stechpalme** *ist ein immergrüner Strauch und häufig anzutreffender Bewohner der Lorbeerwälder. Ihre Rinde wird für Arzneimittel verwendet.*

*In der Zone über 2000 m dominiert polsterartiger Bewuchs; auf den höchsten Hängen wächst Felsgras.*

# Die Unterwasserwelt

DIE KANARISCHEN INSELN liegen zwar fast schon in den Tropen, die sie umgebenden Meeresgewässer sind jedoch relativ kalt. Deswegen gibt es hier kaum Korallenriffe – was in diesen Breiten zu erwarten wäre. Dafür fühlen sich andere Arten von Fischen, Säugetieren und Meerespflanzen umso wohler. Wer hier taucht, findet ein reiches maritimes Leben vor, zu dem auch mehrere Wal- und Delfinarten sowie Kardinalbarsche, riesige Krabben, farbenfrohe Papageienfische und winzige Seepferdchen gehören.

*Die langflossigen Grindwale* gehören zur Familie der Delfine. In den Küstengewässern vor Teneriffa lebt die weltweit zweitgrößte Kolonie dieser Säugetiere.

## LEBEN IM MEER

Der Meeresboden um die Kanarischen Inseln besteht hauptsächlich aus Fels mit nur wenigen sandigen Stellen. Die hier skizzierte Umgebung zeigt den Reichtum der einheimischen Fauna, die auch etwa 600 Arten von Seetang (Algen) umfasst.

*Seepferdchen* findet man dort, wo es große Seegrasbüschel gibt; sie hängen sich kopfüber an die Sprösslinge. Ihren Laich legen die Weibchen im Brutbeutel der Männchen ab.

*Der blau gepunktete Igelfisch* kann sich bei Gefahr aufblasen: Um größer zu erscheinen, pumpt er Luft in seinen Verdauungskanal.

**Geperlter Kugelfisch**

**Wurmschnecke**

**Schermesserfisch**

**Seestern**

*Der Papageifisch* gehört zu den buntesten Meeresbewohnern. Sein schnabelartiges Maul verdankt er seinen auffälligen, ungewöhnlich langen Zähnen.

**Koralle**

**Seeigel**

**Spinnenkrabben** verstecken sich in den Nischen des Meeresgrunds. Ihre Panzer sind über und über mit Stacheln besetzt.

*Des Braune Drachenkopf* passt sich durch Farbe und Zeichnung dem felsigen Meeresboden nahezu perfekt an. Er ist nachtaktiv und tötet seine Beute mit Gift, das aus den harten Stacheln seiner Rückenflosse kommt.

*Den Marokkanischen Oktopus* sieht man häufig auf dem felsigen Meeresboden um die Kanarischen Inseln. Er schnappt sich seine Beute mit den saugnapfbewehrten Tentakeln.

**Die Purpurschnecke** *(Murex trunculus)* wird seit 2000 Jahren zum Herstellen rotvioletter Farbe verwendet. Das Tier ernährt sich von Aas, z. B. von anderen toten Mollusken.

**Napfschnecke**

**Käferschnecke**

## TAUCHEN UND SCHNORCHELN

Die Kanaren bieten sehr attraktive Tauchgründe: Anfänger können hier trainieren und Erfahrung sammeln, Fortgeschrittene die Unterwasserhöhlen vor Gran Canaria, La Palma und El Hierro sowie die Korallenriffe bei Lanzarote erkunden. Das Wasser ist zwischen November und Februar am klarsten; die Wassertemperatur liegt dann bei etwa 15 bis 20 °C. Eine Gefahr stellen allerdings die starken Strömungen dar, die vor allem in größerer Tiefe herrschen.

*Der Meeraal* (Conger conger) *hat einen schwärzlichen Körper mit hellerem Bauch und ein breites Maul. Er versteckt sich am Tag in Höhlen und Spalten.*

*Die Muräne* *mit ihrem langen, schlangenähnlichen Körper und den scharfen Zähnen ist eines der erfolgreichsten Raubtiere der Küstengewässer. Sie wird bis zu drei Meter lang und bewohnt Höhlen und Spalten im Felsgestein.*

*Kardinalbarsche* sind kleine flinke Fische, die man meist vor dem Eingang von Unterwasserhöhlen sieht. Bei Gefahr sammelt das Männchen die Brut in seinem Maul.

# Kunsthandwerk

**Kerzenhalter aus Ton**

DIE BEWOHNER der Kanarischen Inseln sind stolz auf die große Tradition ihrer Handwerkskünste: Sticken, Klöppeln von Spitze, Korbflechten, Töpfern und Holzschnitzen werden hier noch lebendig gehalten. Die einzelnen Inseln haben sich dabei spezialisiert: La Gomera ist berühmt für Korbwaren sowie für Keramik, die ohne Töpferscheibe hergestellt wird. Auf Teneriffa findet man traditionelle Tonwaren im Stil der Guanchen, auf El Hierro kunstvoll gewebte Teppiche sowie Taschen, in Ingenio *(siehe S. 64)* auf Gran Canaria die schönsten Stickereien der Inseln.

![Aus Ton wird Form – Töpferei in La Orotava, Teneriffa]

**Aus Ton wird Form – Töpferei in La Orotava, Teneriffa**

## TONWAREN

DANK ARCHÄOLOGISCHER Funde wissen wir heute, dass die Guanchen, die Ureinwohner der Kanarischen Inseln, die Kunst des Töpferns auf sehr hohem Niveau betrieben. Sie benutzten den einheimischen Ton u. a. zur Herstellung von Kochtöpfen, Vorratsgefäßen oder Wasserkrügen.

Keramik kann man eigentlich auf jeder Insel finden; es gibt jedoch einige Zentren, die für die besondere Qualität ihrer Produkte berühmt sind. Vor allem La Gomera, Teneriffa und La Palma sind für ihre traditionellen Tonwaren bekannt. Ausgangsmaterial ist ein dunkler Ton, der ohne Töpferscheibe verarbeitet wird. Die Produkte stehen ganz in der Tradition des Guanchen-Stils und gehören zu den beliebtesten Keramikwaren. Auch auf anderen Inseln wird der Guanchen-Stil kopiert, und die Tonwaren werden nach alter Methode gebrannt. Wie auf dem spanischen Festland erhält man in den Töpferläden auch bunte Kacheln, Teller und Vasen im maurisch beeinflussten Azulejos-Stil.

In vielen Dorfläden fallen die bunten Auslagen mit Tonwaren ins Auge, auf den meisten Märkten gibt es wenigstens einen Stand mit Keramik. Auch die Töpfereien, in denen man bei der Herstellung von Keramik zuschauen kann, haben stets einen Verkaufsraum.

**Dekoratives Wassergefäß**

## STICKEREIEN

STICKEN WIRD vor allem von Frauen betrieben, wobei Techniken und Muster von Mutter zu Tochter weitergegeben werden. In den entsprechenden Gegenden ist man auf diese Stickarbeiten sehr stolz. Dies gilt für ganz Gran Canaria, vor allem aber für die Orte Ingenio *(siehe S. 64)* und Agaete *(siehe S. 57),* sowie für La Orotava auf Teneriffa *(siehe S. 108–111).* Handgearbeitete Stickereien auf Seiden- oder Leinenstoffen gehören zu den hochwertigen Souvenirs, die man auf den Kanarischen Inseln erwerben kann. Die beliebtesten Mitbringsel sind reich verzierte Bettdecken, Tischtücher und Servietten. Sie sind allerdings oft hochpreisig, da die Herstellung äußerst zeitaufwendig ist.

Auch Kleidungsstücke, vor allem die traditionellen Trachten, werden meist mit Stickereien versehen. Zur Verzierung der weißen Hemden, Blusen und Schürzen dienen durchbrochene, mit Bändern durchzogene Rüschen. Etwas derbe Nachahmungen solcher Stücke findet man auf Märkten.

**Traditionelle Stickarbeiten in Betancuria auf Fuerteventura**

## GEKLÖPPELTE SPITZE

DAS KLÖPPELN von Spitze gehört zu den feinsten Handwerkskünsten auf den Kanarischen Inseln. In der Raffinesse von Mustern und Farben spiegeln sich alte europäische und mediterrane Traditionen wider.

Es gibt einige kleine, hoch spezialisierte Kooperativen auf den Inseln, die Tischtücher und Vorhänge aus Spitze herstellen. Diese sind bei den Einheimischen genauso beliebt wie bei Urlaubern; im Vergleich zu Stickereien sind sie übrigens deutlich günstiger.

Die herrlichen durchbrochenen Tischtücher und Platzdeckchen werden stets in Weiß und Beige angefertigt. Sie haben meist symmetrische Muster mit abstrakten Formen oder Blumenmotiven, mit Kreisen oder mit dem Sonnenmotiv.

Nach dem Urteil von Fachleuten ist die Spitze aus Vilaflor auf Teneriffa die qualitativ beste und schönste.

**Spitzendeckchen aus
San Bartolomé, Lanzarote**

## WEBWAREN

WEBEN IST ein weiteres Traditionshandwerk, das auf den Kanarischen Inseln ausgeübt wird. Noch heute findet man auf jeder Insel kleine Webereien, in denen wie in vergangenen Jahrhunderten auf einfachen Handwebstühlen Teppiche in traditionellem Design hergestellt werden. Die bei den Einheimischen sehr beliebten Teppiche sind lang und

**Am Webstuhl entstehen Teppiche mit typischem Streifenmuster**

schmal – in oft zufällig wirkenden Farbkombinationen. Daneben gibt es entsprechend lokaler Traditionen auch Teppiche mit regelmäßigen Streifen – oder aber mit ausgeklügelten Mustern. Handgewebte Stoffe werden zu Bettvorlegern oder Wandteppichen sowie zu Taschen verarbeitet. Bis vor kurzem wurden auch noch Trachten gewebt.

Vor allem La Palma und La Gomera sind für ihre Webwaren bekannt.

**Bunter, handgewebter
Läufer**

## WEITERES HANDWERK

BESONDERS BELIEBT bei Besuchern sind aus Palmblättern oder Weidenruten geflochtene Gegenstände. Die Flechtwerke – etwa Körbe und Schalen – sind zwar nicht besonders lange haltbar, dafür aber preisgünstig. Auch die breitkrempigen Hüte der Bauern kann man käuflich erwerben.

An Feiertagen tragen die Frauen der Inseln eine besondere Kopfbedeckung: kleine Strohhüte mit nach oben gebogener Krempe. Dank dieser Tradition entstand eine rege touristische Nachfrage nach den leichten, luftigen Hüten.

In hohem Ansehen stehen auch das einheimische Zimmermannsgewerbe und die Holzschnitzerei. Die Tradition, Türen und Tore mit geschnitzten Motiven zu verschönern, lässt sich über einige Jahrhunderte zurückverfolgen. Alte Türen und Fensterläden, aber auch sakrale Objekte sind oft wahre Meisterwerke. Die typischen Holzbalkone und Erker mit den verzierten Geländern werden nach alten Entwürfen angefertigt. Auch viele Haushaltsgegenstände wie Schüsseln, Löffel und Schöpfkellen sind aus einheimischen Hölzern, etwa aus Kiefer, Walnuss oder Buche, geschnitzt.

Ein beliebtes Souvenir ist die *timple*, ein kleines, an eine Ukulele erinnerndes Holzinstrument mit fünf Saiten. Die besten Instrumente werden im Dorf Telde auf Lanzarote angefertigt.

***Timple*-Schnitzer bei der Arbeit**

# Der Karneval auf den Inseln

OFT WIRD DER KARNEVAL von Santa Cruz de Tenerife mit dem von Rio de Janeiro oder New Orleans verglichen. Er findet alljährlich in den letzten zehn bis 14 Tagen vor Aschermittwoch statt und gehört zu den größten Karnevalsveranstaltungen Europas. In Gran Canaria beginnen die Feierlichkeiten, wenn der Karneval von Teneriffa beendet ist. Die große Fiesta auf Lanzarote findet Anfang März statt, Fuerteventura folgt zwei Wochen später. Unter der Diktatur Francos waren öffentliche Karnevalsumzüge zwar verboten, sie lebten aber als »Winterfeiern« weiter. Seit 1975 gibt es den Karneval mit viel lateinamerikanischer Musik und in alter Frische und ungetrübter Freude wieder.

Eine Kandidatin für den Titel der Karnevalskönigin

Farbenfroher Umzug in den Straßen von Santa Cruz de Tenerife

## KARNEVALSUMZÜGE

DIE KARNEVALSFEIERN stehen jeweils unter einem eigenen, meist religiösen Motto, das den Charakter der Umzüge, der Kostüme und der Dekorationen bestimmt. Während des Karnevals gibt es täglich Umzüge. Wichtiger Bestandteil sind die Umzugswagen, auf denen allegorische oder historische Szenen dargestellt werden. In den prächtigen Kostümen und den zahlreichen musikalischen Darbietungen steckt eine Menge harter Arbeit.

## DIE BÜHNE

EIN WEITERER zentraler Bestandteil jedes Karnevals ist die Bühne, die meist im Stadtzentrum errichtet wird. Sie ist der Treffpunkt der Nachtschwärmer; sie ist nämlich der Ort, wo jeden Abend die spektakulären Karnevalshows stattfinden und Massen an Zuschauern die Musikgruppen und Akrobaten bejubeln. Hier gibt es hitzig ausgetragene Wettbewerbe, z. B. in der Kategorie »Beste Tanzgruppe«. Auf der gleichen Bühne finden auch Comedy-Shows und klassische Konzerte statt.

## DIE KARNEVALSKÖNIGIN

DER KARNEVAL beginnt mit der Wahl der Regentin. Auf aufwendig geschmückten Prunkwagen und unter dem Jubel der Karnevalsgemeinde präsentieren sich die hoffnungsfrohen Kandidatinnen der Jury.

Die Bewerberinnen sind meist einheimische Schönheiten, doch prinzipiell darf jedes Mädchen mitmachen. Die traumhaften Kostüme verfehlen ihre Wirkung nicht. Das Kleid der Königin muss einzigartig sein und wird von allen bewundert.

Die frisch gewählte Regentin darf dann in Begleitung vieler, ebenfalls wunderschöner Hofdamen allen weiteren Karnevalsaktivitäten präsidieren. Ihr Wagen hat stets den Ehrenplatz bei allen Umzügen inne. Die glückliche Königin winkt von ihrem Thron aus den jubelnden »Untertanen« zu.

Transvestitenshow auf der Bühne von Las Palmas de Gran Canaria

## KINDER

NICHT NUR die Erwachsenen haben ihren Spaß im Karneval, sondern auch die Kinder. Für sie werden spezielle Veranstaltungen organisiert. Sie haben auch ihre eigenen »kleinen« Umzüge, ihre eigenen Bühnenshows und Wettbewerbe. Die Mädchen wetteifern um den Titel der Karnevalsprinzessin.

Die Kostüme der Kinder, die nur für dieses Ereignis hergestellt werden, sind oft kleine Meisterwerke. Man sieht unter ihnen traditionelle spanische Trachten, brasilianische Samba-Kostüme, Märchen- und Zirkusmotive. Die kleinen Teilnehmer finden schnell und begeistert in ihre jeweiligen Rollen.

**Tanzende Kinder in prächtigen Kostümen**

## KARNEVALSKOSTÜME UND MASKEN

ES DAUERT OFT mehrere Monate, um die extravaganten Kostüme und Masken anzufertigen sowie die Umzugswagen zu entwerfen und herzustellen. Manche Karnevalisten fangen gleich am Ende des Karnevals mit den Vorbereitungen für den nächsten an.

Oberstes Ziel ist immer Originalität, und tatsächlich sind viele Karnevalskostüme einzigartig. Man kann Einflüsse aus vielen Kulturen erkennen. Ganz wichtig ist eine ungewöhnliche Frisur – je verrückter, desto besser.

Ein weiterer wichtiger Faktor ist die Schminke, ohne die die Kostümierung unvollständig wäre. Während der Karnevalszüge sieht man oft ausgefallene Formen von Körperbemalung.

## DRAG QUEENS

EIN BESONDERER Aspekt des Karnevals sind die Auftritte von Transvestiten. Selbst in der maskierten Menge fallen sie durch ihre Größe auf, wenn sie auf High Heels oder Plateausohlen daher-

stöckeln. Nachts präsentieren die Drag Queens stolz ihre schrillen Kostüme, zeigen ihre Tanzkünste und wetteifern darum, die Königin der Nacht zu sein.

**Zum Medusenkostüm passend: ein gespenstisches Make-up**

## VERKLEIDUNGSFIEBER

GANZ IM GEGENSATZ zum Karneval von Rio de Janeiro, wo die großen Umzüge ausschließlich aus Mitgliedern der Samba-schulen bestehen, trägt auf den Kanaren fast jeder Kostüm und Maske. Da das Verkleidungsfieber auch auf die Urlauber überschwappt, wird aus jedem Umzug auch ein Kostümball mit Druiden, Piraten, Samuraikriegern, Charlie Chaplins und Figuren aus Walt Disneys Comics. Die Verkleidung führt zu euphorischer Stim-

mung. Oft vergessen die Karnevalsteilnehmer dann alle Hemmungen und feiern den ganzen Tag über ausgelassen große Partys.

## DAS »BEGRÄBNIS DER SARDINE«

DER KARNEVAL von Santa Cruz endet mit einer Prozession, die »El Entierro de la Sardina« genannt wird. Der Brauch stammt aus Zeiten, als der Karneval die einzige Gelegenheit bot, mächtige Institutionen wie die Kirche zu verspotten. Noch heute verkleiden sich viele Teilnehmer als Mitglieder des Klerus. An der Spitze der Prozession wird eine riesige Sardine aus Pappmaché getragen. Die »Trauergäste« weinen und lachen, wenn sie sie zum Meer geleiten. Dort wird sie angezündet und explodiert in einem Feuerwerk.

**Pirat beim Karnevalsumzug**

# Sport

DANK DER ganzjährig guten Wetterbedingungen kann man auf den Kanaren fast jede Sportart betreiben. Beliebt sind natürlich Sportarten, die mit Wasser zu tun haben, etwa Segeln oder Windsurfen. Golfturniere, internationale Rallyes und Fußballspiele ziehen regelmäßig zahlreiche Zuschauer an. Obwohl noch kein Sportler der Kanarischen Inseln in irgendeiner Disziplin bedeutende Erfolge erzielen konnte, sind die Insulaner sportbegeistert, feuern ihre Fußballmannschaften an und lieben die kanarische Form des Ringkampfs: *Lucha Canaria.*

**Ballvergnügen am Krater – Golfplatz von Caldera de Bandama**

## GOLF

ES GIBT 14 exzellente Golfplätze auf den Kanaren: auf Gran Canaria, Lanzarote, Teneriffa und Fuerteventura; dank der klimatischen Bedingungen sind die Inseln für Golfer ideal. Regelmäßig finden wichtige internationale Wettkämpfe wie die PGA Spanish Open statt; die Showturniere der Shell Wonderful World of Golf werden auf Teneriffa abgehalten.

## SURFEN

DIE BEDINGUNGEN zum Wellenreiten sind auf den Kanaren hervorragend. Insbesondere Lanzarote und Gran Canaria werden wegen ihrer hohen Wellen und der günstigen Windverhältnisse von Surfern geschätzt. Auf den Kanarischen Inseln finden deshalb zahlreiche Wettbewerbe mit den besten Surfern der Welt statt; bei den kleineren Veranstaltungen kommen dann auch die Lokalmatadore zum Zuge, die das Wellenreiten in den Surfschulen vor Ort erlernt haben.

Die bekanntesten »Longboard«-Wettbewerbe sind der Trofeo O'Neil de Surf am Strand von El Socorro auf Teneriffa sowie das Festival Longboard de Canarias an der Playa de la Caleta auf Gran Canaria. Hier wurden 2001 im Rahmen der Europameisterschaften auch die Wettkämpfe der Copa Federación de Bodyboard ausgetragen.

## RALLYES

WIE AUF DEM spanischen Festland sind Rallyes auch auf den Kanaren sehr beliebt, bei diesen Rennen treten stets Fahrer der Weltspitze an. Die sportliche Herausforderung auf den gewundenen Gebirgsstraßen und langen wüstenartigen Abschnitten ist genauso groß wie bei den bekannteren Rallyes andernorts.

Die wichtigsten Rennen werden immer von riesigen Menschenmengen verfolgt und enden meist mit einer großen Party. Das wichtigste Ereignis des Jahres ist das Michelin Race of Champions auf Gran Canaria, wo einige der weltbesten Fahrer in Nationalteams gegeneinander antreten.

## RADRENNEN UND MOUNTAINBIKE-TOUREN

SPANISCHE RADFAHRER gehören zu den besten Rennfahrern der Welt; bei vielen internationalen Rennen werden die Teilnehmer vom Publikum gefeiert. Am bekanntesten ist die Vuelta Cicloturista International auf Gran Canaria, die alljährlich im Dezember stattfindet.

**Bei der Rallye Isla Gran Canaria**

Radfahren ist auch eine ideale Fortbewegungsart, um die Inseln zu erkunden. Es werden Package-Touren angeboten; in vielen Orten gibt es Mountainbikes zu mieten.

## TRIATHLON

SEIT 1992 findet auf Lanzarote ein Triathlon-Ironman statt, der eine Schwimmstrecke von 3,8 Kilometern, ei-

**Die Küste Gran Canarias: ein Paradies für Surfer**

**Endlich im Ziel: Ironman-Marathon auf Lanzarote**

Eines der besten Teams ist Guaguas Las Palmas de Gran Canaria. In der spanischen Liga spielt Hotel Centaur aus Gran Canaria um den Titel mit; CV Construcciones Marichal aus Teneriffa gehört zu den besten Mannschaften Europas.

## FUSSBALL

WIE NAHEZU alle Spanier sind auch die Bewohner der Kanarischen Inseln große Fußballfans. Fast jedes Städtchen auf den Inseln hat sein eigenes Fußballstadion. Zur Zeit spielen mit Unión Deportivo Las Palmas und Club Deportivo Tenerife (bis 2001 in der ersten Liga) zwei Mannschaften von den Kanaren in Spaniens *Segunda Division*. Ebenso wie die Teams aus den unteren Ligen haben sie eine Menge treuer Fans.

Es gibt auf den Kanaren auch einige bedeutende Fußballereignisse außerhalb des Ligaspielbetriebs. Im Winter findet in Maspalomas ein traditionsreiches Turnier statt, an dem auch bekannte Erstligateams aus Deutschland, Dänemark und Großbritannien teilnehmen.

Zur *Mundialito* (kleinen Weltmeisterschaft), die auf Gran Canaria abgehalten wird, strömen Tausende junge Fußballer aus aller Welt.

nen Marathon von 42,2 Kilometern und eine Radtour von 180 Kilometern umfasst. Der Wettkampf wird jedes Jahr im Mai an der Playa del Carmen ausgetragen.

## WINDSURFEN

DIE KANAREN rangieren bei den Austragungsorten für Windsurf-Wettbewerbe an der Weltspitze, was größtenteils darauf zurückzuführen ist, dass Björn Dunkerbeck, der Champion dieser Sportart, hier lebt und trainiert. Eines der wichtigsten Zentren für Windsurfer ist El Médano auf Teneriffa. Zu den Wettbewerben der World-Cup-Serie gehört der Grand Prix de Fuerteventura. Zu den größeren Wettkämpfen auf Gran Canaria zählt der Gran Canaria PWA Grand Slam in Pozo Izquierdo.

## SEGELN UND TAUCHEN

SEGELN erfreut sich hier enormer Popularität – König Juan Carlos ist selbst enthusiastischer Segler und Mitglied der spanischen Nationalmannschaft. Jährlich werden auf den Inseln mehrere Regatten abgehalten. Segelboote und Dingis können auch gechartert werden.

Das klare und warme Wasser um die Inseln, vor allem vor Teneriffa und Lanzarote, lockt Taucher an. In den Meeresparks gibt es Packageangebote für Tauchgänge.

## VOLLEYBALL

VOLLEYBALL wird an vielen Stränden und in den Ferienklubs gespielt. Es gibt aber auch Punktspiele auf höchstem internationalen Niveau.

**Windsurf-Wettbewerb vor dem Strand von Pozo Izquierdo**

## LUCHA CANARIA

Diese Variante des Ringkampfs ist auf den Kanaren sehr populär. Jedes Team besteht aus zwei Ringern, die jeweils einzeln kämpfen. Jedes Paar muss Kämpfe über drei Runden bestehen. Sieger ist das Team, das die meisten Runden gewonnen hat. Die Regeln verbieten das Treten, Boxen oder Kneifen; zudem dürfen die Ringer während des Kampfs den Boden nur mit den Fußsohlen berühren. Das Ganze findet in einem sandigen Kampfring mit einem Durchmesser von neun bis zehn Metern statt.

**Kein Treten und Boxen: Ringer bei einer *Lucha Canaria***

# DAS JAHR
# AUF DEN INSELN

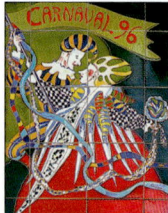

**Teneriffa 1996 – ein Karnevalsouvenir**

DIE BEWOHNER der Kanarischen Inseln sind noch tief in Traditionen verwurzelt, wie man vor allem an den vielen kirchlichen Festtagen, den Fiestas, beobachten kann. Einige dieser Traditionen gehen bis in die Zeit der Guanchen *(siehe S. 30f)* zurück. Fiestas werden meist zu Ehren eines Heiligen, oft eines Schutzpatrons, abgehalten; Romerías sind meist mit Prozessionen verbunden. Während der Fiesta lassen die Menschen die Arbeit ruhen; sie beten, tanzen und versammeln sich zu farbenfrohen Prozessionen. Fiestas dauern meist mehrere Tage lang, manche auch bis zu zwei oder drei Wochen. In den größeren Städten finden gleichzeitig Musik-, Theater- oder Filmfestivals statt, einige davon mit internationalem Flair. Neben den Fiestas ziehen Sportereignisse, vor allem Fußballspiele oder eine *Lucha Canaria,* die meisten Zuschauer an.

**Apfelblüte am Fuße des Roque Nublo, Gran Canaria**

## FRÜHLING

OBWOHL MAN beim milden Klima der Kanarischen Inseln den Eindruck von immerwährendem Frühling bekommen kann, ist die Zeit zwischen März und Mai der tatsächliche Frühling. Dann ist die Landschaft am grünsten, dann gibt es aber auch heftigen Regen, vor allem auf Teneriffa.

## MÄRZ

**Fiesta del Almendro en Flor** *(Anfang März)*, alle Inseln. Das Fest der Mandelblüte wird in großem Stil in Tejeda und Valsequillo auf Gran Canaria gefeiert. Neben Volkstanzdarbietungen gibt es Mandeln, Weine und Süßigkeiten aus den verschiedenen Dörfern.
**Rallye El Corte Inglés** *(März/Apr)*, Gran Canaria. Rallye mit internationaler Beteiligung.
**Semana Santa** *(März/Apr)*, alle Inseln. Osterwoche mit Karfreitagsprozession.

## APRIL

**Festival Internacional de Cine** *(März/Apr)*, Las Palmas de Gran Canaria. Internationales Filmfestival.
**Fiesta de los Pastores** *(25. Apr)*, La Dehesa auf El Hierro. Jährliches Fest der Schäfer der Insel.
**Fiesta de Ansite** *(29. Apr)*, Gran Canaria. Mit Musik und Tänzen wird an den letzten Aufstand der Guanchen gegen die Spanier und den Sieg der Spanier erinnert.

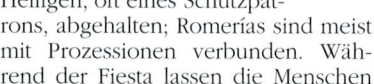

**Bananen – frisch geerntet**

## MAI

**Festival de Ballet y Danza** *(Mai)*, Las Palmas de Gran Canaria. Konzerte und Tanzveranstaltungen.
**Fiesta del Queso del Flor** *(30. Apr–7. Mai)*, Santa María de Guía auf Gran Canaria. Die Kleinstadt ist berühmt für ihren Käse, der auch im Mittelpunkt des Festes steht.
**Feria del Caballo** *(1. Mai)*, Valsequillo auf Gran Canaria. Jährlicher Pferdemarkt.
**Romería de San Isidro** *(15. Mai)*, Uga auf Lanzarote. Große Festprozession.

**Traditioneller Festumzug auf El Hierro**

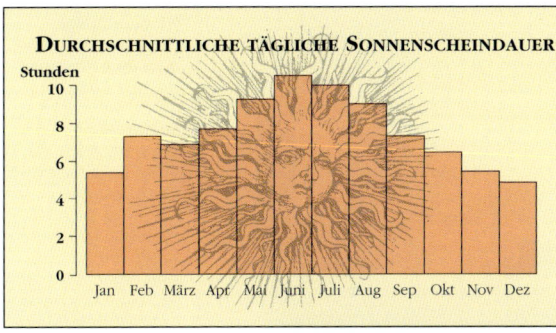

**DURCHSCHNITTLICHE TÄGLICHE SONNENSCHEINDAUER**

Stunden

Jan Feb März Apr Mai Juni Juli Aug Sep Okt Nov Dez

### Sonnenschein

*Die tägliche Sonnen-scheindauer unter-scheidet sich auf den einzelnen Inseln deutlich: Lanzarote und Fuerteventura haben im August nur zwölf Sonnentage. In der Nordhälfte von Teneriffa und Gran Canaria kann es bis-weilen wolkig sein, während der Süden in Sonnenschein badet.*

## SOMMER

DIE TEMPERATUREN auf den Inseln können im Som-mer bis auf 35 °C ansteigen. Im Juli und August fällt – außer in der Region von Las Palmas de Gran Canaria – fast kein Regen. Im August kommen zur großen Anzahl ausländischer Besucher noch die Urlauber vom spanischen Festland hinzu. Jetzt finden die meisten Fiestas statt.

**Strandfreuden bei Puerto del Carmen auf Lanzarote**

**Koschenilleschildläuse werden von Feigenkakteen »geerntet«**

## JUNI

**Corpus Christi** *(Juni),* alle Inseln. Die Fronleichnams-prozessionen sind in Las Pal-mas de Gran Canaria sowie in La Laguna und La Orotava auf Teneriffa am beeindru-ckendsten.
**Festival Internacional de Música Popular** *(Juni),* Las Palmas de Gran Canaria. Volksmusik und Tanzdarbie-tungen mit einheimischen und Gastgruppen.

**Día de San Juan** *(24. Juni),* Las Palmas de Gran Canaria. Stadtgründungsfest.
**Bajada de la Virgen de las Nieves** *(alle 5 Jahre: 2010, 2015…; Ende Juni),* Santa Cruz de La Palma/Las Nieves. Prächtige Prozessionen.
**Bajada de la Virgen de los Reyes** *(alle 4 Jahre: 2009, 2013…, Juni),* Valverde, El Hierro. Prozession und Fiesta.
**Día de San Pedro y San Pablo** *(29. Juni),* regionale Feiern zu Peter und Paul.

## JULI

**Festival Internacional Canarias Jazz & Mas Hei-neken** *(3 Wochen im Juli),* alle Inseln. Jazzkonzerte mit internationalen Musikern.
**Fiesta de San Marcial del Rubicon** *(1 Woche im Juli),* Femés und Yaiza. Fest des Schutzpatrons von Lanzarote.
**Día de San Buenaventura** *(14. Juli),* Betancuria, Fuerte-ventura. Prozession zu Ehren des Schutzpatrons der Stadt.
**Romería de San Benito Abad** *(Juli),* La Laguna auf Teneriffa. Fest, Prozession, Volkstänze und Markt.

**Día de Santiago Apóstol** *(25. Juli),* Santa Cruz auf Teneriffa. Man feiert den Schutzpatron der Insel und den historischen Sieg über die Engländer unter Nelson.

## AUGUST

**Bajada de la Rama** *(4. Aug),* Agaete auf Gran Canaria. Das Fest geht auf den Regentanz der Guanchen zurück.
**Día de San Bartolomé** *(24. Aug),* San Bartolomé auf Lanzarote. Prozessionen, Musik und Tanz.
**Fiesta de San Ginés** *(25. Aug),* Arrecife auf Lanzarote. Fest zu Ehren des Schutzheiligen der Stadt.

**Prächtige Kostüme: Bajada de la Virgen de las Nieves, La Palma**

## DURCHSCHNITTLICHE MONATLICHE NIEDERSCHLÄGE

mm
60
50
40
30
20
10
0

Jan  Feb  März  Apr  Mai  Juni  Juli  Aug  Sep  Okt  Nov  Dez

**Niederschläge**
*Der monatliche Niederschlag übersteigt auf den Kanaren selten 50 Millimeter. La Palma und La Gomera verzeichnen die größten Regenmengen, Lanzarote und Fuerteventura die niedrigsten. Auf Teneriffa und Gran Canaria sind Regenfälle häufiger, vor allem auf der Nordseite der Inseln.*

Prozession zu Ehren des Erzengels Michael in Tuineje

## HERBST

**D**ER HERBST unterscheidet sich nicht wesentlich vom Sommer, nur die Nächte werden etwas kühler. Stärkere Temperaturunterschiede kann man in den höheren Lagen von Teneriffa oder Gran Canaria feststellen, wo man sich unvermittelt in dichtem Nebel bei deutlichem Temperaturrückgang wiederfinden kann.

## SEPTEMBER

**Encuentro Internacional Tres Continentes** (*Sep*), Agüimes auf Gran Canaria. Innovatives Theaterfestival mit europäischen, lateinamerikanischen und afrikanischen Theatergruppen.
**Kolumbus-Woche**
(*1.–6. Sep*), San Sebastián auf La Gomera. Shows und Prozessionen zu Ehren von Christoph Kolumbus.
**Fiesta de la Virgen del Pino** (*6.–8. Sep*), Teror auf Gran Canaria. Die wichtigste Fiesta der Insel – mit einer

abendlichen Prozession und Opfergaben für die Schutzpatronin von Gran Canaria.
**Fiesta del Charco**
(*7.–11. Sep*), San Nicolás auf La Palma. Die Teilnehmer springen in einen Pool, um Fische zu fangen.
**Romería de Nuestra Señora de Los Dolores**
(*21. Sep*), Lanzarote. Wallfahrt zum Heiligtum von Los Dolores in Mancha Blanca.

Fischen kann man auf den Kanaren das ganze Jahr über

**Fiesta de la Nuestra Señora del Pino** (*Sep*), Fest zu Ehren der Schutzheiligen von Fuerteventura.
**Fiesta del Santísimo Cristo** (*Ende Sep*), La Laguna auf Teneriffa. Spektakuläres Volksfest mit Umzug, Feuerwerk, einer Oldtimer-Rallye und *Lucha-Canaria*-Ringkämpfen.

## OKTOBER

**Bajada de la Virgen de Guadelupe** (*5. Okt*), La Gomera. Fischer bringen eine Statue der Jungfrau Maria auf Booten von Puntallana nach San Sebastián de La Gomera.
**Fiesta de la Naval** (*6. Okt*), Las Palmas de Gran Canaria. Gefeiert wird der historische Sieg der Insulaner über Sir Francis Drake.
**Romería de Nuestra Señora de la Luz** (*Mitte Okt*), Las Palmas de Gran Canaria. Schiffsprozession zu Ehren der Heiligen Jungfrau.

## NOVEMBER

**Internationales Ökologisches Filmfestival** (*Nov*), Puerto de la Cruz auf Teneriffa. Filme über die Kanarischen Inseln.
**Fiesta del Pico de Teide** (*16. Nov*), Guía de Isora auf Teneriffa. Im Mittelpunkt der Feiern steht Spaniens höchster Berg, der Pico de Teide.
**Atlantic Rally for Cruisers** (*letzter So im Nov*), Gran Canaria. Die Rallye für Yachten führt von Las Palmas de Gran Canaria aus über den Atlantik in die Karibik.

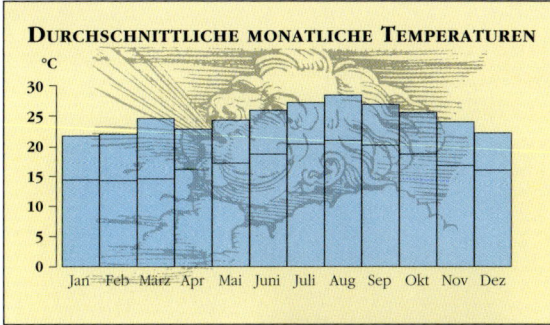

## DURCHSCHNITTLICHE MONATLICHE TEMPERATUREN

°C
30
25
20
15
10
5
0
Jan Feb März Apr Mai Juni Juli Aug Sep Okt Nov Dez

**Temperaturen**
*Das milde Klima führt zu Durchschnittstemperaturen von 18 °C im Winter und 24 °C im Sommer. Das Klima von Fuerteventura und Lanzarote ist etwas extremer als das von Teneriffa und Gran Canaria. Auf El Hierro, der westlichsten Insel, ist es häufiger kühl und feucht.*

## WINTER

VIELE MENSCHEN verbringen wegen des gleichmäßig milden Klimas den Winter auf den Kanarischen Inseln. Deshalb ist auf allen Inseln von Dezember bis Februar Hauptsaison. Auch wenn der Gipfel des Pico de Teide manchmal von Schnee bedeckt ist, bleiben die Küstenregionen doch warm und sonnig.

### DEZEMBER

**Día de Santa Lucía**
*(13. Dez)*, Gran Canaria. Bei den Feiern werden Kirchen und Dörfer beleuchtet.
**Santos Inocentes** *(28. Dez)*, alle Inseln. An diesem Tag darf man in Spanien Leute hereinlegen, wie bei uns am 1. April.
**Carrera de San Silvestre** *(31. Dez)*, Maspalomas auf Gran Canaria. Traditioneller jährlicher Silvesterlauf.
**Noche Vieja** *(31. Dez)* heißt in Spanien die Silvesternacht.

**Sturmschaden: angeschlagenes Schiff am Strand von Lanzarote**

### JANUAR

**Festival de Música de Canarias** *(Jan – März)*, auf den meisten Inseln. Klassikkonzerte mit internationalen Orchestern und Musikern.
**Fußballturnier** *(Jan/Feb)*, Maspalomas auf Gran Canaria. Für europäische Vereine.
**Día de los Reyes** *(6. Jan)*, alle Inseln. Hl. Drei Könige mit farbenfrohen Prozessionen, wo den Kindern Süßigkeiten zugeworfen werden.

### FEBRUAR

**Festival de Opera** *(Feb/März)*, auf den meisten der Inseln. Internationales

Opernfestival im Teatro Pérez Galdós in Las Palmas.
**Carnavales** *(Feb/März)*, alle Inseln. Mehrere Wochen lang Feiern und Maskenumzüge, die mit der Wahl der Karnevalskönigin beginnen.
**Romería de la Virgen de Candelaria** *(2. Feb und 15. Aug)*, Candelaria auf Teneriffa. Feiern an Lichtmess und Mariä Himmelfahrt zu Ehren der Schutzpatronin der Kanaren. Gleichzeitig wird an den Tag erinnert, an dem Maria der Legende nach den Guanchen erschienen ist.

### FEIERTAGE

**Año Nuevo** *Neujahr (1. Jan)*
**Día de los Reyes** *Hl. Drei Könige (6. Jan)*
**Jueves Santo** *Gründonnerstag (März/Apr)*
**Viernes Santo** *Karfreitag (März/Apr)*
**Día de Pascua** *Ostern (März/Apr)*
**Fiesta del Trabajo** *Tag der Arbeit (1. Mai)*
**Día de las Islas Canarias** *Tag der Kanarischen Inseln (30. Mai)*
**Corpus Christi** *Fronleichnam (Anfang Juni)*
**La Asunción** *Mariä Himmelfahrt (15. Aug)*
**Día de la Hispanidad** *Nationalfeiertag (12. Okt)*
**Todos los Santos** *Allerheiligen (1. Nov)*
**Día de la Constitución** *Verfassungstag (6. Dez)*
**La Immaculada Concepción** *Mariä Empfängnis (8. Dez)*
**Navidad** *Weihnachten (25. Dez)*

**Drag Queen auf einem Karnevalsumzug**

# DIE GESCHICHTE DER KANARISCHEN INSELN

DIE FRÜHESTE GESCHICHTE *der Kanarischen Inseln liegt hinter Mythen und Sagen verborgen. Manche glauben, die Inseln seien das legendäre Atlantis, das nach Platon untergegangen ist. Für andere stellten sie die »Glücklichen Inseln« am Rand der Welt dar, deren Einwohner keinerlei Sorgen kannten.*

Wahrscheinlich kamen die ersten Bewohner der Kanaren aus Nordafrika und landeten um 3000 v. Chr. auf den Inseln. Die Historiker streiten sich zwar über die Zuordnung der ersten Siedler, doch nach einer weit verbreiteten These handelte es sich dabei um Cro-Magnon-Menschen aus dem Neolithikum; sie waren groß und kräftig und hatten einen schmalen Schädel.

**Statuette von Tara aus der Zeit der Guanchen**

Um das 2. Jahrhundert v. Chr. kamen mit der nächsten Einwanderungswelle die Guanchen auf die Inseln. Auch ihre Ursprünge liegen im Dunkeln. Man nimmt an, dass vor der Eroberung der Inseln durch die Spanier im 15. Jahrhundert etwa 30 000 Guanchen auf Teneriffa und Gran Canaria lebten, über 4000 auf La Palma, über 1000 auf El Hierro und ein paar Hundert auf Fuerteventura und Lanzarote.

In der Antike waren die Kanaren bereits bekannt und wurden regelmäßig von Schiffen angelaufen. Informationen über den Archipel findet man bei römischen Historikern. Auf einer sehr genauen Karte des alexandrinischen Geografen Ptolemäus von 150 n. Chr. findet man die Kanaren am Ende der damals bekannten Welt. Nach dem Untergang des römischen Imperiums wurden sie dann von den Europäern über 1000 Jahre lang vergessen.

### SPANISCHE EROBERUNG

Die Kanarischen Inseln wurden von den Seefahrern des Mittelmeers wiederentdeckt. Kapitän Lanzarotto (auch Lancelotto) Malocello, ein gebürtiger Genuese, erreichte 1312 die nordöstlichste Insel, wo er den Guanchen begegnete. Die Insel wurde in der Folge nach ihrem »Entdecker« Lanzarote genannt.

Im gesamten 14. Jahrhundert steuerten Italiener, Portugiesen und Katalanen die Inseln an und kehrten mit Sklaven und Fellen zurück.

Die eigentliche Eroberung der Inseln begann 1402 mit der Landung des normannischen Ritters Jean de Béthencourt auf Lanzarote. Zwei Jahre später kehrte er mit Rückendeckung durch die Krone Kastiliens zurück. Die Konquistadoren trafen auf wenig Gegenwehr und eroberten die dünn besiedelten Inseln El Hierro, La Gomera und Fuerteventura.

## ZEITSKALA

| 2.–1. Jh. v. Chr. Ankunft der Guanchen | 24 n. Chr. Feldzug des maurischen Königs Juba II. | | | 1402–1405 Jean de Béthencourt erobert La Gomera, Fuerteventura und El Hierro | |
|---|---|---|---|---|---|
| 3350 v. Chr. | 1 n. Chr. | 350 | 700 | 1050 | 1400 |
| 3000 v. Chr. Ankunft afrikanischer Einwanderer | 150 n. Chr. Ptolemäus zeichnet die Kanarischen Inseln auf seiner Weltkarte ein | | | 1312 Lanzarotto Malocello landet auf der nordöstlichsten Insel des Archipels | |

*Anaterue – ein Anführer der Guanchen*

◁ **Christoph Kolumbus, der Entdecker Amerikas**

# Die Guanchen

**Guanchen-Tonkrug**

DIE UREINWOHNER der Kanarischen Inseln werden als Guanchen bezeichnet; »Guanche« setzt sich aus »Guan« (Mensch) und »che« (weißer Berg) zusammen; mit diesem Berg ist der schneebedeckte Pico de Teide auf Teneriffa gemeint. Nach Berichten der Spanier waren die Guanchen groß und kräftig, blauäugig und blond. Herkunft und Zeitpunkt ihrer Ankunft auf den Inseln sind nicht restlos geklärt; auch ihre Sprache ist unbekannt. Sicher ist, dass sie im Stammesverband mit einem Anführer (oder König) lebten. Sie beteten Abor (auch Aborac) an, einen mächtigen Regengott, der Lava stoppen konnte. Ihre Werkzeuge und Waffen waren aus Stein, Holz und Knochen gefertigt.

**Felsgravuren**
*Solche Felsgravuren findet man öfter. Sie schmückten einst die von Guanchen bewohnten Höhlen.*

**Guanchen-Familie in ihrer Höhle**

**Felsmalereien**
*Höhlenmalereien zeugen von der Kunstfertigkeit der Guanchen. Die Cueva Pintada bei Gáldar auf Gran Canaria ist mit beeindruckenden roten, weißen und schwarzen Mustern bemalt.*

**Handmühlen**
*Mit Mahlsteinen aus Lava verarbeiteten die Guanchen Gerste zu Mehl. Daraus bereiteten sie einen Brei* (gofio).

## ALLTAG BEI DEN GUANCHEN
Eines von drei kleinen Mosaiken im Stadtpark von Santa Cruz de Tenerife zeigt das Leben eines Stamms in Friedenszeiten. Landschaft und Klima waren ähnlich wie heute, die Guanchen betrieben Ackerbau und Viehzucht.

**Höhlenwohnungen**
*Die Guanchen wohnten in natürlichen Höhlen wie der Cueva de Belmaco oder in Grotten, die aus dem Fels gehauen wurden. Höhlen dienten auch als Vorratslager sowie als Kult- und Grabstätten.*

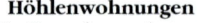

### Haustiere

*Ziegen und Schafe sind die einzigen Tiere, die im gebirgigen Gelände der Kanarischen Inseln Futter finden können. Die Guanchen brauchten die Tiere, um sich mit Fellen, Milch und Fleisch zu versorgen.*

**Die Schäfer** kämpften gegeneinander um bessere Weidegründe für ihre Schaf- und Ziegenherden. Bei einer Bedrohung von außen schlossen sie sich aber zusammen.

### Anführer der Guanchen

*In den Krieg zogen die Guanchen unter Führung ihrer Stammeskönige, die auf Gran Canaria »Guanarteme«, auf Teneriffa und La Palma »Menceyes« hießen.*

**Lange Stangen** oder Speere wurden im Krieg als Waffen benutzt, waren aber auch beim Überqueren von gebirgigem Terrain nützlich.

## FUNDE DER GUANCHEN-KULTUR

Außer in Höhlen wohnte die Urbevölkerung in eher primitiven niedrigen Steinhütten, wie sie teilweise im ethnografischen Themenpark von Mundo Aborigen auf Gran Canaria rekonstruiert wurden. Die Leichen der Stammesältesten wurden mumifiziert; man kann sie in den Museen der Inseln zusammen mit Stein- und Knochenornamenten, Keramik und Webarbeiten besichtigen.

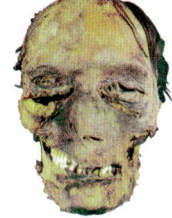

*Der mumifizierte Schädel eines Guanchen ist eines von vielen interessanten Exponaten des Museo de la Naturaleza y el Hombre auf Teneriffa.*

**Die runden Guanchen-Gräber von Mundo Aborigen**

**Die Gründung von Santa Cruz de Tenerife**

### DAS 15. JAHRHUNDERT

Mitte des 15. Jahrhunderts traten die Portugiesen in die Fußstapfen der spanischen Konquistadoren. Die Rivalität der beiden Seefahrermächte sollte bis zum Vertrag von Alcáçovas (1479) bestehen, der die Kanarischen Inseln den Spaniern zusprach, während diese den Portugiesen die Azoren, die Kapverden und Madeira überließen.

**Mosaik mit dem Schiff von Christoph Kolumbus**

In den nächsten Jahren gab es eine neue Welle blutiger Eroberungen: 1483 fiel Gran Canaria, fünf Jahre später La Gomera und 1496 La Palma. 1496 kam auch Teneriffa, nach drei Jahren heftigsten Widerstands, zu Spanien. Die Guanchen wurden ihres Landes beraubt und in die Sklaverei getrieben; bald waren sie so gut wie ausgerottet. Wer überlebte, musste wohl oder übel zum Christentum übertreten und sich assimilieren.

Girolamo Benzoni, ein Italiener, der 1541 die Inseln besuchte, berichtete, dass die Guanchen »fast ausgestorben« seien und dass ihre Sprache das Jahrhundert nach ihrer Unterwerfung durch Spanien nicht überlebt hätte.

### DIE ÄRA DES ZUCKERS

Im 16. Jahrhundert kamen viele europäische Siedler, vor allem nach Gran Canaria und Teneriffa. Aus Madeira importierte man Zuckerrohr und verarbeitete es zu Zucker für den Export. Auf jeder Insel entstanden Zuckerrohrplantagen mit europäischen Arbeitern und afrikanischen Sklaven – trotz des Verbots des Sklavenhandels durch Spanien im Jahr 1537. Die Zuckerproduktion führte zur Veränderung des Ökosystems. Es wurden massenhaft Bäume gefällt, anstelle der Wälder entstanden Zuckerrohrfelder, die nackten Hänge fielen der Erosion zum Opfer. Der Boom der Zuckerindustrie wurde erst durch die Kolonisierung Südamerikas und der Karibik gebremst, da dort Zucker weitaus billiger produziert werden konnte.

**Das Castillo San Miguel sollte Garachico vor Piraten schützen**

### ZEITSKALA

**1478–1483** Spanier unter der Führung von Juan Rejón und Pedro de Vera besetzen Gran Canaria

**1494–1496** Alonso Fernández de Lugo unterwirft Teneriffa und nimmt es als letzte Insel für Spanien in Besitz

**1537** Spanien verbietet den Sklavenhandel, doch die Kanarischen Inseln widersetzen sich diesem Gesetz

| 1450 | 1500 | 1550 | 1600 |

**1479** Der Vertrag von Alcáçovas teilt die Kanarischen Inseln Spanien zu

**1590** *Descripción de las Islas Canarias* von Leonardo Torriani

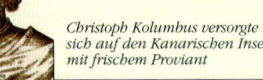

*Christoph Kolumbus versorgte sich auf den Kanarischen Inseln mit frischem Proviant*

## WEINHANDEL

Die Wirtschaft der Kanarischen Inseln wurde durch die steigende Nachfrage nach Weinen aus Teneriffa und Gran Canaria gerettet. Dieser *vino seco* war so berühmt, dass ihm sogar Falstaff, die lebensfrohe Figur in Shakespeares

Landkarte von ca. 1600, auf der die Kanarischen Inseln vor der Westküste Afrikas eingetragen sind

Drama *Heinrich IV.*, Lob zollt. 1665 wurde in London die Canary Islands' Company gegründet, die bald das Monopol auf den Weinhandel mit Großbritannien hatte.

Ende des 17. Jahrhunderts sanken die Erlöse aus dem Weinhandel dramatisch. Einer der Gründe dafür war eine Heuschreckenplage, die vielerorts die Weinreben vernichtete. Außerdem wurde die Nachfrage durch das Aufkommen neuer Weinsorten aus Madeira und Málaga sowie durch den Spanischen Erbfolgekrieg reduziert.

Der weitere Niedergang des Weinexports führte Ende des 18. Jahrhunderts fast zum völligen Bankrott der Inseln. Zu dieser Zeit wurde Karminrot, ein natürlicher Farbstoff, der aus Koschenilleschildläusen gewonnen wird, zum Ausfuhrschlager. Bis heute sind die Kanarischen Inseln Hauptexporteur dieses roten Farbstoffs, der in der Nahrungsmittel- und Textilindustrie eingesetzt wird.

### DAS ZIEL VON ANGRIFFEN

Von Beginn an war die spanische Herrschaft über die Kanarischen Inseln bedroht. Im 16. und 17. Jahrhundert überfielen Piraten und Sklavenhändler aus Europa und dem Nordwesten Afrikas regelmäßig die Inseln. In dieser unsicheren Zeit wurden zahlreiche Festungsanlagen errichtet, um die Hafeneinfahrten gegen jederzeit mögliche Angriffe französischer, britischer und holländischer Flotten zu sichern und der Bevölkerung Schutz zu bieten.

Den letzten Versuch, die Kanarischen Inseln zu erobern, unternahm 1797 Admiral Horatio Nelson. Er griff Santa Cruz de Tenerife an, scheiterte aber und verlor zudem einen Arm in der Schlacht. Der Gouverneur von Santa Cruz beschenkte den besiegten Feind in einer edelmütigen Geste mit Wein von der Insel.

Barockaltar der Iglesia de Nuestra Señora de la Regla in Pájara, Fuerteventura

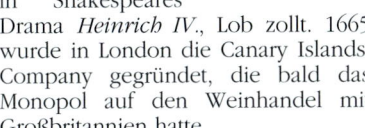

**1665** Gründung der Canary Islands' Company in London

*Die britische Flotte beim Angriff auf San Sebastián de La Gomera*

**1797** Die britische Flotte unter Admiral Horatio Nelson greift Santa Cruz de Tenerife an

| 1650 | 1700 | 1750 | 1800 |

**1666** Bauern zerstören englische *bodegas* in Garachico

**1706** Garachico wird beim Ausbruch des Volcán Negra zerstört

**1744** Benedikt XIV. erlaubt einem Augustinerorden, in La Laguna eine Universität zu gründen

*Die Kanone* El Tigre *in Santa Cruz de Tenerife*

## IM 19. JAHRHUNDERT: RIVALITÄT DER INSELN

Im Jahr 1821 wurden die Kanarischen Inseln spanische Provinz mit Santa Cruz de Tenerife als Hauptstadt. Diese Entscheidung führte zur Verschärfung der Rivalität zwischen den beiden größten Inseln,

Casa de la Coroneles, Sitz der regierenden Militärs auf Fuerteventura

Teneriffa und Gran Canaria. 1852 verlieh Königin Isabella II. den Kanarischen Inseln den Status eines zollfreien Gebiets.

Angesichts der wachsenden Dominanz von Teneriffa verstärkten die einzelnen Inseln 1911 ihre Unabhängigkeitsbestrebungen. Die Oberhoheit von Santa Cruz über den Archipel wurde dadurch geschwächt. 1927 führte die Rivalität zwischen Santa Cruz de Tenerife und Las Palmas de Gran Canaria zur Teilung der Inselgruppe in zwei Provinzen: die westliche Pro-

Manuel Velásquez Cabrera – kanarischer Freiheitskämpfer

vinz (mit Teneriffa, La Gomera, La Palma und El Hierro) und die östliche Provinz (mit Gran Canaria, Fuerteventura und Lanzarote). Diese Trennung gilt bis heute.

### DER BANANENHANDEL

Der Zusammenbruch der Produktion des Karminfarbstoffs führte in den 1870er Jahren zur ersten Auswanderungswelle nach Lateinamerika. Die Wirtschaft wurde erst durch den Anbau und Export von Bananen wieder saniert. Mit dem Bananenanbau im großen Stil hatte der französische Konsul Berthelot 1855 begonnen; 1913 führten Teneriffa, Gran Canaria und La Palma über drei Millionen Bananenstauden aus. Der Ausbruch des Ersten Weltkriegs brachte den internationalen Handel zum Erliegen, die Bananenexporte gingen um über 80 Prozent zurück. Die harten wirtschaftlichen Bedingungen führten zur zweiten großen Emigrationswelle.

### DAS FRANCO-REGIME

Die Ausrufung der Zweiten Republik in Spanien im Jahr 1931 zog starke Spannungen nach sich. Aus Angst vor einem Staatsstreich schickte die republikanische Regierung General Francisco Franco 1936 nach Teneriffa ins

Mitglieder der ersten Provinzregierung von Teneriffa im Jahr 1912

## ZEITSKALA

**1852** Königin Isabella II. erklärt die Kanarischen Inseln zur Freihandelszone

**1882** Beginn des Hafenausbaus von Las Palmas (Puerto de la Luz)

**1912** Bildung der ersten Inselprovinzregierung

| 1825 | 1850 | 1875 | 1900 |

**1821** Die Kanarischen Inseln werden spanische Provinz, Hauptstadt wird Santa Cruz de Tenerife

**1888** Erste dampfbetriebene Fähre zwischen den Inseln

Emigrationsdenkmal

»Exil«. Im Juli 1936 ergriff Franco die Macht auf den Kanarischen Inseln und löste damit den Spanischen Bürgerkrieg aus, der bis 1939 andauerte. Francos Spanien wurde international geächtet, was auch die wirtschaftliche Entwicklung auf den Kanarischen Inseln lähmte und in den 1950er Jahren zu weiterer Auswanderung führte.

In den 1960er Jahren wurden zwar die Grenzen für Urlauber geöffnet, doch dies führte zu keiner Verbesserung. Der Widerstand gegen Franco wuchs. Er wurzelte in einem wieder-erstarkten kanarischen Nationalismus. Die 1963 gegründete separatistische MPAIC wurde zum Motor der Unabhängigkeitsbewegung. In den späten 1970er Jahren waren Firmen und militärische Einrichtungen auf dem Festland Ziele für Terrorangriffe der kanarischen Nationalisten.

**General Francisco Franco, bis 1975 Spaniens Staatschef**

## DIE KANARISCHEN INSELN HEUTE

Die Veränderungen in Spanien nach Francos Tod 1975 zeigten sich auch in einer Regionalisierung: Im August 1982 erlangten die Kanarischen Inseln die Autonomie. Heute bestimmen die kanarischen Behörden über Bildung, Gesundheit und Verkehr, während Außen-, Finanz- und Verteidigungspolitik in den Händen der spanischen Zentralregierung liegen. 1986 trat Spanien der EU bei.

Mittlerweile lebt der Archipel zu 80 Prozent vom Fremdenverkehr. Auf den kleineren Inseln sind jedoch weiterhin Landwirtschaft und Fischerei von Bedeutung. Hohe Arbeitslosigkeit und niedrige Löhne sind nach wie vor Anlass zur Sorge. Die Lösung dieser Probleme sowie mehr Umweltschutz gehören zu den vordringlichen Aufgaben der kanarischen Behörden.

**Bei Urlaubern beliebt: die Sandstrände von Maspalomas**

**927** Teilung der Kanarischen Inseln in zwei Provinzen

*Der Tourismus blüht in den 1960er Jahren auf*

**1982** Die Kanarischen Inseln werden eine autonome Region Spaniens

**1986** EU-Beitritt Spaniens

**1925**          **1950**          **1975**          **2000**

**1930** Bau des Flughafens von Gran Canaria

**1936** General Franco ergreift die Macht auf den Inseln; Ausbruch des Spanischen Bürgerkriegs

*Fantastisch kostümiert: Karneval wird auf allen Inseln gefeiert*

**seit 2002** Zunahme von Bootsflüchtigen aus Afrika

# DIE KANARISCHEN INSELN

# Die Inseln im Überblick

D IE VIELFALT der Kanarischen Inseln garantiert, dass hier jeder etwas nach seinem Geschmack findet – vom Individualreisenden bis zum Pauschalurlauber. Wem es in den Ferienorten von Teneriffa und Gran Canaria zu laut ist, der erlebt Ruhe und Natur im Insel-inneren. Fuerteventura ist für seine windumtosten Strände bekannt, auf Lanzarote stößt man auf karge Mondlandschaften mit Kratern und auf die Bauwerke und Artefakte des berühmtesten kanarischen Künstlers, César Manrique. Das wilde La Gomera und das grüne La Palma sind Wanderparadiese. Auf El Hierro gibt es unberührte Natur und traditionelles Kunsthandwerk.

**Pico de Teide** (siehe S. 118f), *Spaniens höchster Berg, ist zugleich ein aktiver Vulkan. Dies ist das einzige Gebiet der Kanarischen Inseln, wo es schneit und der Schnee auf dem Gipfel liegen bleibt.*

**In Santa Cruz de La Palma** (siehe S. 144) *steht ein Nachbau der* Santa María, *des Schiffs, mit dem Christoph Kolumbus Amerika entdeckte.*

**LA PALMA**
*Seiten 140–151*

**TENERIFE**
*Seiten 96–121*

**LA GOMERA**
*Seiten 122–131*

**EL HIERRO**
*Seiten 132–139*

**Hermigua** (siehe S. 126) *liegt idyllisch in einem grünen Flusstal; an den steilen, terrassierten Hängen erstrecken sich Bananenplantagen.*

**El Sabinar** (siehe S. 137) *an der Westseite von El Hierro hat seinen Namen von den Wacholderbäumen, die hier dem ständigen Wind trotzen und bizarre Formen annehmen.*

0 Kilometer        30

◁ **Yachten im Hafen von Puerto Rico, Gran Canaria**

*Haría*
(siehe S. 88),
ein winziges
Städtchen auf
Lanzarote, er-
innert mit seinen
weiß gekalkten
Häusern sowie
den vielen
Palmen und
Akazien an
eine Oase in
der Sahara.

**Ziegen** – auf sie trifft man überall
auf Fuerteventura. Es ist kein
Wunder, dass sie zum Wahrzeichen der Insel wurden.

**LANZAROTE**
*Seiten 80–95*

**Orchideen** in den
allerprächtigsten
Farben, viele exoti-
sche Vogelarten und
Schmetterlinge aus
der ganzen Welt
erfreuen den Besucher in
Palmitos Parque (siehe S. 61).

**FUERTEVENTURA**
*Seiten 66–79*

**GRAN
CANARIA**
*Seiten 40–65*

**Puerto Rico** (siehe S. 60), der moderne Ferienort an
der Südküste von Gran Canaria, bietet alle möglichen
Freizeit- und Sportaktivitäten rund ums Wasser.

**Der Ibis**, ein
Stelzvogel mit
langem, gebogenem
Schnabel, ist eine der
Attraktionen im Parque
Tropical in Guinate
(siehe S. 88). Themen-
parks findet man
auf jeder
größeren
Insel.

# GRAN CANARIA

GRAN CANARIA, *mit einer Fläche von 1533 Quadratkilometern die drittgrößte Insel des Archipels, liegt in dessen Zentrum. Sie ist am dichtesten bevölkert; die 710 000 Einwohner stellen fast die Hälfte der Bevölkerung der Kanaren. Auch in Sachen Tourismus ist Gran Canaria Spitzenreiter: Rund 1,5 Millionen sonnenhungrige Besucher kommen pro Jahr hierher, die meisten als Pauschalurlauber.*

Gran Canarias Zentrum wird vom Vulkankegel des Pico de las Nieves *(siehe S. 62f)* beherrscht. Tiefe Cañons durchziehen die Berghänge fast bis hinunter zum Meer. Der Gebirgszug schafft zwei recht unterschiedliche Klimazonen: Im Süden ist es trocken und heiß, der Norden ist feuchter und damit fruchtbarer; hier erstrecken sich entlang der Küste große Bananenplantagen.

**Bauer mit Esel – ein häufiges Bild**

Auch das Landschaftsbild der Insel präsentiert sich äußerst vielfältig: An der nördlichen und westlichen Küste fallen Felsklippen steil zum Meer hinab, im Osten und Süden dagegen laufen die Berge sanft zu den Stränden hin aus. Mit gewissem Recht wird die Insel daher als »Miniaturkontinent« bezeichnet.

Gran Canaria kann ein ganzjährig ausgeglichenes Klima vorweisen; die durchschnittliche Lufttemperatur liegt bei 21 °C. Aufgrund des kühlen Kanarenstroms sind die Wassertemperaturen allerdings etwas niedriger, als in diesen Breiten zu erwarten.

Die Insel wurde zwischen 1478 und 1483 von den Spaniern unter Pedro de Vera erobert und in den 1520er Jahren voll besiedelt. Heute bietet sie eine Vielzahl touristischer Attraktionen. Las Palmas fasziniert mit Museen und schönen alten Gebäuden; am Hausstrand, der Playa de las Canteras, reihen sich Nachtklubs, Cafés und Läden. In den Gebirgsregionen hingegen kann man auf die Spuren der Guanchen-Kultur stoßen.

Kleine Bühne auf einem Platz in Puerto de Mogán

◁ Beeindruckende Dünenlandschaft bei Maspalomas

# Überblick: Gran Canaria

G RAN CANARIA IST die meistbesuchte Insel
der Kanaren; das milde Klima, die weiten
Sandstrände und die zahlreichen touristischen
Einrichtungen ziehen seit den 1960er Jahren
viele Besucher an. Die Hauptstadt Las Palmas
de Gran Canaria im Nordosten weist eine faszinierende Geschichte *(siehe S. 29–35)* auf. Spuren der bewegten Vergangenheit entdeckt man
in der schönen Altstadt und in vielen Museen.
Wer vor allem Sonne und Strand sucht, für den
ist der wärmere Süden der Insel ideal. Hier
kann man dem nasskalten Wetter Nordeuropas
am besten entkommen. Maspalomas ist einer
der größten, planmäßig angelegten Ferienorte
Spaniens. An der Playa del Inglés reihen sich
Hotels, Restaurants, Bars und Diskotheken.

## ANREISE
Aus vielen europäischen Städten gibt es zahlreiche Charterflüge direkt nach Gran Canaria;
zudem verbinden Linienflüge die Insel mit
anderen des Archipels und mit dem spanischen
Festland. Fähren und Tragflächenboote verkehren von Gran Canaria nach Teneriffa, Lanzarote
und Fuerteventura. Das Busnetz auf der
Insel ist dicht und verlässlich, nur wenige
Dörfer, vor allem im Inselinneren, sind ausschließlich mit dem Auto erreichbar. Alle
wichtigen Straßen und selbst die kleineren
Nebenstrecken sind gut ausgebaut.

## SIEHE AUCH

• *Übernachten* S. 156f

• *Restaurants* S. 168–170

**ZUR ORIENTIERUNG**

ATLANTIK

SANTA CRUZ
DE TENERIFE

LAS PALMAS
DE GRAN CANARIA

SARDINA •          GÁLDAR **11**

**10**

SANTA MARÍA
DE GUÍA
DE GRAN
CANARIA

GC 2

AGAETE **12**

GC 70

GC 200

GC 210

ARTENARA

UM DEN PICO
DE LAS NIEVE

**13**
SAN NICOLÁS
DE TOLENTINO

GC 200

MOGÁN •

GC 200

PUERTO
DE MOGÁN     **14**

PUERTO RICO **15**
GC 100

**Wanderweg in der Region von Presa de los
Hornos in der Nähe des Pico de las Nieves**

**LEGENDE**

| | |
|---|---|
| | Autobahn |
| | Hauptstraße |
| | Nebenstraße |
| | Panoramastraße |
| ✈ | Flughafen |
| ⛴ | Fährhafen |
| ☼ | Aussichtspunkt |

Das Dorf Sardina an der Küste bei Gáldar

**LAS PALMAS DE GRAN CANARIA** ❶

## SEHENSWÜRDIGKEITEN AUF EINEN BLICK

Agaete ⓬
Agüimes ⓴
Arucas ❼
Barranco de Guayadeque ㉒
Caldera de Bandama ❸
Firgas ❽
Gáldar ⓫
Ingenio ㉑
*Las Palmas de Gran Canaria*
  *S. 44–51* ❶
Maspalomas ⓰
Moya ❾
Puerto de Mogán ⓮
Puerto Rico ⓯
San Bartolomé de Tirajana ⓱
San Nicolás de Tolentino ⓭
Santa Brígida ❹
Santa Lucía ⓳
Santa María de Guía
  de Gran Canaria ❿
Tafira Alta ❷
Telde ㉓
Teror ❻
Vega de San Mateo ❺

**Tour**

*Um den Pico de las Nieves*
*S. 62f* ⓲

Orchidee in Palmitos Parque
bei Maspalomas

# Im Detail: Las Palmas de Gran Canaria ❶

**Der Hund im Stadtwappen**

DIE GRÖSSTE STADT der Kanaren, Las Palmas, wurde am 24. Juni 1478 von spanischen Konquistadoren gegründet. Bald war sie ein wichtiger Hafen für die Schiffe, die um Afrika segelten oder nach Amerika aufbrachen. Der Wohlstand der Stadt zog Piraten an – 1599 wurde sie von niederländischen Freischärlern geplündert. Im späten 19. Jahrhundert gründete Sir Alfred Lewis Jones die Gran Canaria Coal Company; Las Palmas blühte dadurch auf. Der Hafen wurde als Hauptzwischenstopp auf der Transatlantikroute genutzt; ein ganzes neues Viertel entstand um ihn herum. 1927 wurde Las Palmas de Gran Canaria Hauptstadt der östlichen Kanarenprovinz, die aus Gran Canaria, Fuerteventura und Lanzarote besteht.

**★ Catedral de Santa Ana**
*1497 war Baubeginn für die Kathedrale.*

**Plaza de Santa Ana**
*Den Eingang zum Platz zieren Bronzestatuen von Hunden – in Erinnerung an den berühmten Hund, der schon seit 1506 das Stadtwappen schmückt.*

0 Meter          200

**Caldera de Bandama**

CARRETERA DEL CENTRO
CALVO SOTELO
PLAZA DE MESA DE LEÓN
OBISPO CODINA
JUAN DE QUESADA
FRIAS
PLAZA DE SANTA ANA
ESPÍRITU SANTO
PLAZA DEL ESPÍRITU SANTO
SANTA BÁRBARA
CASTILLO
SOR JESÚS
LÓPEZ BOTAS
LUIS MILLARES
PEDRO DIAZ
PLAZA DE SANTO DOMINGO
SOR BRIGIDA
DR. NUEZ AGUILAR TOLEDO
SAN MARCOS
FERNANDO GALVÁN

**Plaza del Espíritu Santo**
*Mittelpunkt dieses hübschen Platzes südlich der Kathedrale ist ein Brunnen, der wie ein Denkmal wirkt. Schöne historische Häuser und eine Kapelle ergänzen das Bild.*

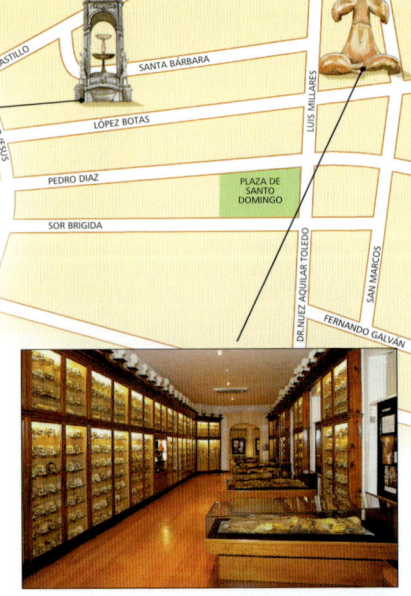

**★ Museo Canario**
*In diesem Museum findet man die größte Sammlung von Exponaten zur Geschichte und Kultur der Guanchen.*

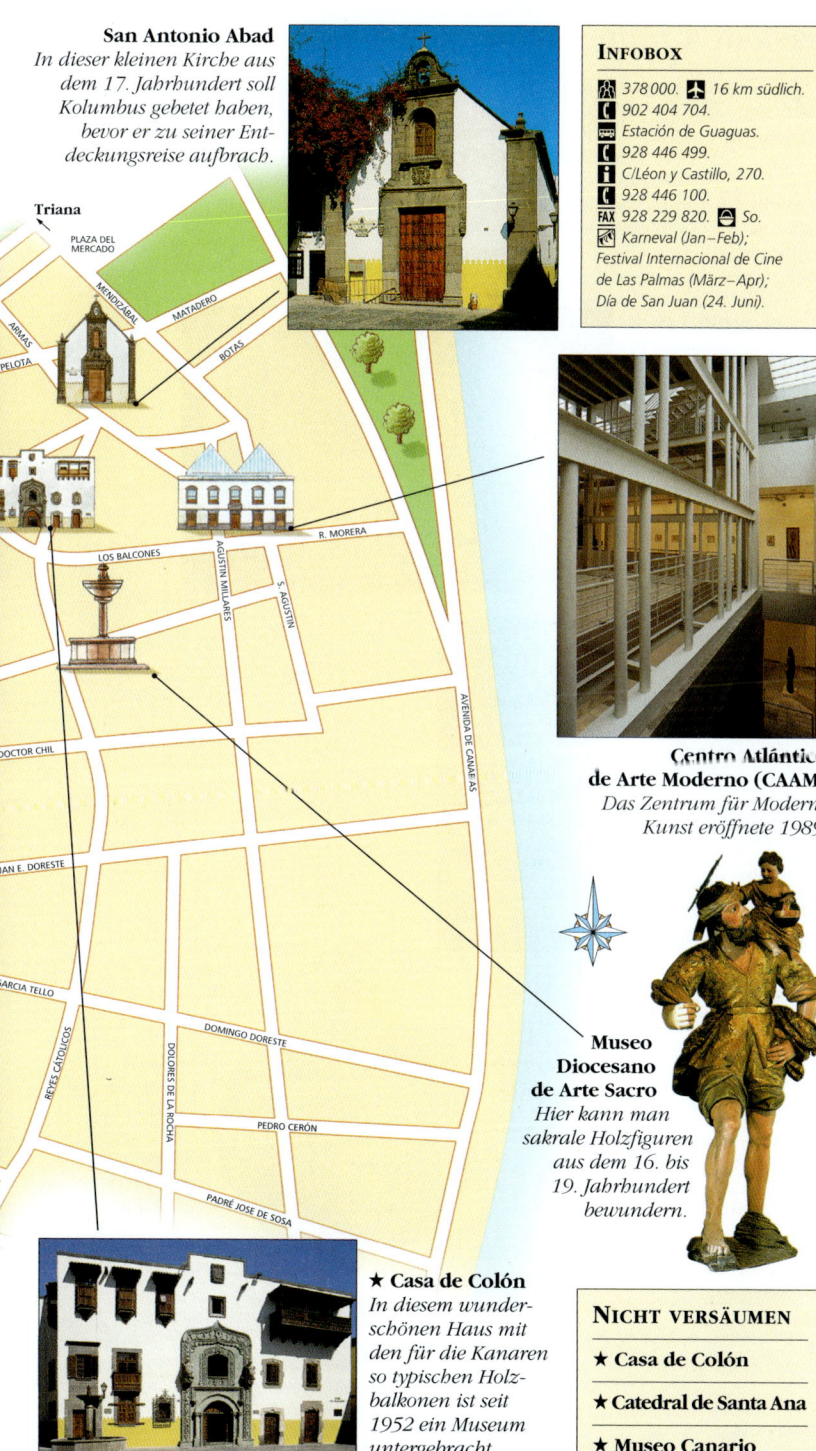

**San Antonio Abad**

*In dieser kleinen Kirche aus dem 17. Jahrhundert soll Kolumbus gebetet haben, bevor er zu seiner Entdeckungsreise aufbrach.*

Triana

PLAZA DEL MERCADO

**INFOBOX**

378 000.    16 km südlich.
902 404 704.
Estación de Guaguas.
928 446 499.
C/Léon y Castillo, 270.
928 446 100.
FAX 928 229 820.   So.
Karneval (Jan–Feb);
Festival Internacional de Cine de Las Palmas (März–Apr);
Día de San Juan (24. Juni).

**Centro Atlántico de Arte Moderno (CAAM)**

*Das Zentrum für Moderne Kunst eröffnete 1989.*

**Museo Diocesano de Arte Sacro**

*Hier kann man sakrale Holzfiguren aus dem 16. bis 19. Jahrhundert bewundern.*

**★ Casa de Colón**

*In diesem wunderschönen Haus mit den für die Kanaren so typischen Holzbalkonen ist seit 1952 ein Museum untergebracht (siehe S. 46f).*

**NICHT VERSÄUMEN**

★ **Casa de Colón**

★ **Catedral de Santa Ana**

★ **Museo Canario**

# Casa de Colón

D AS ÄLTESTE VIERTEL von Las Palmas beherbergt den Palast des
ersten Gouverneurs der Insel. Christoph Kolumbus war hier
1492 zu Gast, als eines seiner Schiffe ausgebessert werden
musste – daher der Name Casa de Colón (Kolumbus-
Haus). 1777 wurde das Gebäude mit den schönen
Holzbalkonen grundlegend restauriert und umgestaltet. Seit 1951 ist hier ein Museum zu Hause, das
Schiffsmodelle und Gegenstände rund um die Ent-
deckungsreisen des großen Seefahrers ausstellt.

**Im Schiffsbauch**
*In Originalgröße ist
ein Teil des Innen-
raums von* La Niña
*rekonstruiert, einer
der Karavellen, die bei
der Entdeckungsfahrt
von Kolumbus dabei
war. Hier wird
anschaulich, wie die
Seeleute damals auf
der Überfahrt lebten.*

Erdgeschoss

Haupteingang

**Santa María**
*Modelle von drei Schiffen* (Santa María,
La Niña, La Pinta) *aus der Kolumbus-
Flotte und Navigationsinstrumente
zeigen die technischen Möglichkeiten
der Seefahrt im 15./16. Jahrhundert.*

**Astrolabium**
*Diese Art Navigations-
instrument wurde schon im
2. Jahrhundert v. Chr. entwickelt. Mit ihm kann
die Höhe von Him-
melskörpern über
dem Horizont
gemessen werden.
Die Sammlung
besitzt ein bronzenes
Astrolabium aus dem
16. Jahrhundert.*

## LEGENDE

- Kunst aus Ecuador
- Mexikanische Kultur
- Kultur der Yanomami
- Seekarten und
  Navigationsinstrumente
- Kolumbus und seine Reisen
- Die Kanarischen Inseln und die
  Entdeckung Amerikas
- Las Palmas de Gran Canaria
- Gran Canaria
- Malerei 16.–20. Jahrhundert

## KURZFÜHRER

*Die Exponate werden auf drei Ebenen und in zwölf Sälen, die
um zwei Innenhöfe angeordnet sind, präsentiert. In den Kel-
lergewölben sieht man präkolumbische Kunst, das Erdgeschoss widmet sich den Reisen von Kolumbus, der Entwicklung
der Kartografie und der Bedeutung der Kanarischen Inseln
als Zwischenstopp auf dem Weg zur Neuen Welt. Im Obergeschoss bekommt man einen Überblick über die Geschichte von
Las Palmas vom 15. bis zum 19. Jahrhundert. In einigen
Räumen werden Leihgaben aus dem Madrider Prado gezeigt.*

### ★ St. Lucia

*Dieses Gemälde stammt von Guamart de Amberes und gehört zu einer Sammlung von niederländischen und italienischen Meistern des 16. Jahrhunderts. Unter den Werken sind Bilder von Guido Reni, Guercino und den Brüdern Carracci.*

Obergeschoss

**INFOBOX**

Colón, 1. ☎ 928 312 373, 928 312 384. FAX 928 331 156. @ casacolon@grancanaria.com ⏰ Mo–Fr 9–19 Uhr, Sa, So 9–15 Uhr. ● 22. Mai, 24. Dez, 31. Dez. ⊘ W www.grancanariacultura.com/museos

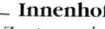

### ★ Portal

*Das prächtige Portal mit dem Tudorbogen weist Pflanzen- und Tiermotive auf. Zwei Löwen tragen das Stadtwappen.*

### Innenhof

*Im Zentrum des Innenhofs steht ein alter Brunnen. Arkaden und Galerien schützen das Gebäude vor der Sonne und halten die Räume kühl.*

Kellergewölbe

### ★ Präkolumbische Kunst

*Eine umfangreiche Sammlung mittel- und südamerikanischer Kunstgegenstände aus der Zeit vor Kolumbus enthält zahlreiche Originale und Kopien und erzählt viel von der Welt, die damals zerstört wurde.*

---

**NICHT VERSÄUMEN**

★ St. Lucia

★ Portal

★ Präkolumbische Kunst

**Fassade der Catedral de Santa Ana**

## Überblick: La Vegueta

La Vegueta, das älteste Viertel von Las Palmas, wird von einem Labyrinth enger Straßen durchzogen. Man sieht viele historische Häuser mit Holzbalkonen und schönen Innenhöfen. Besonders charmant sind die alten Plätze, etwa die **Plaza de Santo Domingo**, an der eine Dominikanerkirche aus dem 18. Jahrhundert steht. Bemerkenswert ist auch die Barockkirche **San Francisco de Borja** (1644), die früher den Augustinern gehörte und heute als Gerichtshof dient.

An der Grenze des Viertels liegen große Markthallen, in denen es Produkte aus der Umgebung – von frischen Lebensmitteln bis hin zu Kunsthandwerk – zu kaufen gibt.

## 🏛 Museo Canario

C/Dr Verneau, 2. 📞 928 336 800. ⭕ Mo–Fr 10–20 Uhr, Sa, So 10–14 Uhr. 📷 🌐 www.elmuseocanario.com

Das Museum der Kanarischen Inseln wurde 1879 eröffnet, eine Renovierung Mitte der 1980er Jahre machte es zu einem modernen Museumsbau. Zur Sammlung gehören archäologische Funde wie Götterstatuetten, Tongefäße, Schmuck und Werkzeuge der Guanchen, aber auch Schädel- und Skelettfunde sowie Mumien. Modelle historischer Häuser sind zu bewundern. Besonders interessant sind Kopien der Höhlenmalereien, die in der Cueva Pintada de Gáldar entdeckt

wurden. Außerdem sieht man schöne *pintaderas*, Terrakottastempel, mit denen Stoffe bedruckt wurden.

## 🔒 Catedral de Santa Ana

Plaza Santa Ana.

1497 war Baubeginn für die Kathedrale, es dauerte jedoch 400 Jahre, bis sie fertig wurde. So kann man hier die verschiedensten Stile entdecken.

Hinter der klassizistischen Fassade verstecken sich gotische Gewölbe mit schlanken Säulen; Altaraufsätze, Kanzeln und Skulpturen (von José Luján Pérez) stammen aus dem Barock. In der Krypta befindet sich das Grab von José de Viera y Clavijo, einem Historiker der Aufklärung, der die Kanarischen Inseln bereiste und *Noticias de la Historia General de Canarias* verfasste. Das Grab von Fernando de León y Castillo *(siehe S. 65)* liegt in einer Kapelle.

Ein Lift im Südturm bringt Besucher zu einer Plattform mit herrlichem Ausblick.

## 🏛 Museo Diocesano de Arte Sacro

C/Espíritu Santo, 20.
📞 928 314 989.
⭕ Mo–Fr 10–16.30 Uhr, Sa 10–13.30 Uhr. 📷

Neben der Kathedrale wurde 1984 das Diözesanmuseum eröffnet, in dem man sakrale Holzfiguren und einige bemerkenswerte Gemälde, darunter alte niederländische Meister, besichtigen kann.

**Keramikkrug im Museo Canario**

## 🏛 Centro Atlántico de Arte Moderno (CAAM)

Los Balcones, 9–11.
📞 928 311 824. ⭕ Mo–Fr 10–17 Uhr, Sa 10–14 Uhr. 📷

Die ständige Ausstellung des CAAM zeigt zeitgenössische Künstler, die die kanarische Kunst beeinflusst haben. Daneben werden Avantgarde-Wechselausstellungen gezeigt und Symposien zum Thema Moderne Kunst veranstaltet. Zum Museum gehört auch eine Bibliothek. Die von Francisco Sainz de Oiza und Martín Chirino gestalteten lichten Innenräume stehen in schönem Kontrast zur Fassade aus dem 18. Jahrhundert.

---

## NÉSTOR MARTÍN FERNÁNDEZ DE LA TORRE

Néstor Martín Fernández de la Torre (1887–1938) war einer der kreativsten Künstler der Kanarischen Inseln. Er wurde in Las Palmas geboren, studierte in Paris und lernte dort die Werke der Präraffaeliten, Symbolisten und des Jugendstils kennen. 1910 vertrat er Spanien bei der Weltausstellung in Brüssel. Néstor schuf Gemälde, entwarf Bühnenbilder und Kostüme für Theater und Oper, berühmt jedoch wurde er durch seine Wandbilder. 1934 ließ er sich dauerhaft auf Gran Canaria nieder und widmete seine letzten Jahre der Beschäftigung mit den Kunstformen der Kanaren.

**Gemälde von Néstor im Museo Néstor** *(siehe S. 50)*

## Überblick: Triana

Nördlich der Autobahn, die um La Vegueta führt, liegt Triana, das Geschäftsviertel der Stadt. Die Straße **Bravo Murillo** im Norden verläuft entlang der alten Stadtmauer und führt zu den Ruinen des **Castillo de Mata**. Zentrum dieses Planquadrat-Viertels ist der Boulevard **Calle Mayor de Triana**, an dem zahlreiche Läden in schönen Modernismo-Bauten residieren.

Die Kirche **San Francisco** wurde bei einem Angriff niederländischer Piraten (1599 unter der Führung von Peter van der Does) zerstört und im 17. Jahrhundert wieder aufgebaut. Gegenüber der Kirche sieht man eine Büste von Christoph Kolumbus. Sie wurde 1892 enthüllt und ist eines von vielen Denkmälern, die die Verbundenheit der Stadt mit dem Entdecker der Neuen Welt betonen.

### Teatro Pérez Galdós
C/Lentini, 1. 928 322 008.
Im Süden Trianas, fast genau gegenüber dem Mercado Público, steht ein Theater, das nach dem bedeutenden spanischen Autor Benito Pérez Galdós (1843–1920) benannt ist. Der Bau wurde 1925 von Miguel Martín Fernández de la Torre entworfen. Die opulente Innenausstattung und der Zuschauerraum, der 1400 Besuchern Platz bietet, sind das Werk seines Bruders, Néstor Martín Fernández de la Torre. Das Haus gilt als das beste Theater in Las Palmas und als eines der besten auf den Kanarischen Inseln.

Pavillon im Modernismo-Stil im Parque San Telmo

### Casa-Museo Pérez Galdós
C/Cano, 6. 928 366 976. Mo–Fr 9–21, Sa 9–18, So 10–15 Uhr.
www.casamuseoperezgaldos.com
Das 1964 eröffnete Museum befindet sich im Geburtshaus des Schriftstellers Benito Pérez Galdós (1843–1920), in dem er bis 1862 lebte. Im Hof steht eine Statue des bekannten Sohns der Stadt. In den Innenräumen kann man originale Einrichtungsgegenstände aus der Zeit bewundern, aber auch persönliche Gegenstän-

de des Autors sowie viele Fotografien von Schauspielern, die in den Stücken von Pérez Galdós auftraten.

### Gabinete Literario
Plaza Cairasco.
Das im Modernismo-Stil rekonstruierte Gebäude wurde 1842 zunächst als Theater erbaut und 1894 in einen Klub verwandelt. Jetzt beherbergt es u. a. eine Bibliothek und ein Restaurant.

### Parque San Telmo
Der Zugang zum Park erfolgt durch eine Passage in der **Calle Mayor Triana**. Am Rand stößt man auf die kleine Kapelle **San Telmo** (17. Jahrhundert), die dem Schutzheiligen der Fischer gewidmet ist. Auf der gegenüberliegenden Seite steht ein Modernismo-**Pavillon** von 1923 mit schönen Fliesenarbeiten. Neben dem Park befindet sich das **Gobierno Militar**, in dem General Franco am 18. Juli 1936 den Putsch gegen die republikanische Regierung ausrief und damit den Spanischen Bürgerkrieg auslöste.

Hof der Casa-Museo Pérez Galdós mit einer Statue des Schriftstellers

## Überblick: Ciudad Jardín

Im recht lebhaften Las Palmas stellt die »Gartenstadt« eine willkommene Oase der Ruhe dar. Der grüne Wohnbezirk wurde im frühen 20. Jahrhundert von den Briten geschaffen, die zu dieser Zeit das wirtschaftliche Leben der Stadt bestimmten. Ciudad Jardín hat eine regelmäßige Struktur; heute findet man hier viele Botschaften und – inmitten kleiner Gärten – schöne Villen in allen erdenklichen Baustilen. Im großen Parque Doramas stehen zahlreiche interessante Statuen.

**Das exklusive Hotel Santa Catalina in der Ciudad Jardín**

### ♣ Parque Doramas

Der Park ist schön angelegt, besitzt Wasserfälle und auch ein Schwimmbad. Er ist nach dem Guanchen-Anführer Doramas benannt, der im späten 15. Jahrhundert den spanischen Invasoren heftigen Widerstand bot. Ein Denkmal erinnert daran: Es zeigt Guanchen, die sich von einer Klippe stürzen, um der Gefangennahme zu entgehen.

### ⊞ Hotel Santa Catalina

C/Leon y Castillo, 227.
☎ 928 243 040. FAX 928 242 764.
Ⓦ www.hotelsantacatalina.com
Mitten im subtropischen Grün des Parque Doramas steht das Hotel Santa Catalina. Es wurde 1890 mit britischem Geld

erbaut. Zwischen 1947 und 1952 gestaltete der kanarische Architekt Miguel Martín Fernández de la Torre das Gebäude neu.

Königliche Hoheiten und viele Berühmtheiten, etwa Sir Winston Churchill und Agatha Christie, haben hier schon logiert. Die Bar mit hübscher Aussicht auf den Park kann man aber auch besuchen, wenn man kein Hotelgast ist.

### ⊞ Pueblo Canario

Parque Doramas.
Zu den Attraktionen des Parks zählt Pueblo Canario – ein Modelldorf mit Toren, Türmchen und einem Atrium. Die Anlage wurde 1937 von Néstor Martín Fernández de la Torre (siehe S. 48) entworfen. Hier verkaufen Läden allerlei Kunsthandwerk, zudem kann man bei authentischen Volkstanzaufführungen zusehen.

### 🏛 Museo Néstor

Pueblo Canario. ☎ 928 245 135. ◐ Di–Sa 10–20 Uhr, So, Feiertage 10.30–14.30 Uhr. ⬛ Ⓦ www.museonestor.com
Seit 1958 zeigt das Museum Werke von Néstor Martín Fernández de la Torre, darunter Skizzen und Stillleben sowie erotische und symbolistische Gemälde. Ein Highlight ist die Kuppel der Rotunde mit acht Wandbildern. Sie illustrieren sein Gedicht Poema del Mar.

### Überblick: Santa Catalina

Die schmalen Straßen dieses Viertels sind voller Läden von vorwiegend indischen Händlern, die Elektronik, Alkohol, Tabak, Schmuck und Kleidung anbieten. Als die Kanaren Freihandelszone waren, boomte hier das Geschäft. Heute ist das Einkaufen nicht mehr ganz so vorteilhaft, dennoch findet man immer wieder Schnäppchen und kann auch handeln. In Santa Catalina stehen viele Hotels, die meisten nach Norden ausgerichtet, mit Blick auf den Sandstrand von Las Canteras.

### ⚓ Muelle Santa Catalina

Südlich der Avenida Marítima del Norte liegt der Fährhafen, von dem aus Fähren und Tragflächenboote nach Teneriffa und zu anderen Inseln ablegen. Der moderne Bau ist schon von weitem zu sehen.

### 🏖 Playa de Alcaravaneras

Südlich des Fährhafens erstreckt sich im Viertel Alcaravaneras der ein Kilometer lange gleichnamige Strand. Nach Las Canteras ist er der zweitlängste von Las Palmas. Im modernen Yachthafen **Real Club Náutico** südlich des Strands kann man viele prachtvolle Hochseeyachten bewundern.

### ♣ Parque Santa Catalina

Das Herz des Viertels bildet der Parque Santa Catalina, der in der Entwicklung des Tourismus eine wichtige Rolle spielte. In den 1960er Jahren war der Park ein beliebter Treffpunkt von Las-Palmas-Urlaubern; auch heute noch

**Guanchen-Denkmal im Parque Doramas**

tobt hier das Nachtleben mit zahllosen Restaurants, Bars, Klubs und Diskotheken bis in die frühen Morgenstunden. Doppeldecker-Busse warten im Park auf Gäste, die eine Sightseeing-Tour unternehmen wollen; auch eine Filiale des Fremdenverkehrsamts findet man hier.

Während des Karnevals wird im Parque Santa Catalina eine große Bühne aufgebaut. Der Park ist dann der zentrale Ort für alle Festivitäten und Treffpunkt der Karnevalisten.

Einheimische beim Schachspiel im Parque Santa Catalina

### Überblick: Playa de las Canteras

Playa de las Canteras ist ein Viertel, in dem sich Hotels mit Bürogebäuden mischen. Die Hotels reihen sich mit vielen Bars und Restaurants an der Seepromenade Paseo de las Canteras. Außerdem ist hier eines der größten Einkaufszentren der Stadt, Las Arenas, zu finden.

### ♨ Auditorio Alfredo Kraus

Playa de las Canteras, s/n.
📞 928 491 770.
W www.
auditorio-alfredokraus.com
Das Auditorio Alfredo Kraus, 1997 von Oscar Tusquet und dem kanarischen Bildhauer Juan Bordes entworfen, gilt als Meisterstück moderner Architektur. Es dient als Veranstaltungsort für Opern, Konzerte und ein internationales Musikfestival, aber auch als Konferenzzentrum. Namensgeber ist der bekannte kanarische Operntenor Alfredo Kraus (1927–1999).

Statue auf dem Paseo de las Canteras

### 🏖 Playa de Las Canteras

Der 100 Meter breite Sandstrand erstreckt sich vier Kilometer lang vor Las Palmas, an der Straße dahinter liegen viele Cafés und Restaurants. Es gibt Liegestühle und Sonnenschirme zu mieten. Hier kann man sogar bei rauer See schwimmen, weil La Barra, eine natürliche Felsenbarriere vor dem Strand, gegen hohe Wellen schützt.

### Überblick: La Isleta

Die kleine runde Halbinsel La Isleta beherbergt ein Wohnviertel, das auf steilem Gelände entstand. In den engen Straßen findet man viele kleine Läden, Bars und Straßenstände, die Fisch anbieten. Mit Las Palmas ist die Halbinsel durch einen schmalen

Streifen Land verbunden. Das Zentrum von La Isleta ist die Plaza Manuel Becerra, ein lebhafter Platz, der auf einer Seite vom Hafentor, auf der anderen von einem Leuchtturm begrenzt wird. Auch eine Marinebasis liegt hier; einige Ecken des Viertels sollte man besser meiden.

### ⚓ Hafen

Der Hafen von Las Palmas hat eine lange, ruhmreiche Geschichte vorzuweisen und viel zum Wohlstand von Gran Canaria beigetragen. Rund 1000 Schiffe legen pro Monat hier an. Allerdings sind das weitaus weniger als zu der Zeit, als die Kanarischen Inseln noch den Status einer Freihandelszone hatten. Damals war der Hafen einer der wichtigsten der Welt. Vom Yachthafen aus startet alljährlich eine Segelregatta nach Barbados.

### ⚔ Castillo de la Luz

C/Juan Rejón s/n. 📞 928 464 757.
⏰ Mo–Fr 10–13, 18–21 Uhr, Sa, So 10–14 Uhr. ● zwischen den Ausstellungen.
An der Südküste von La Isleta erhebt sich das Castillo de la Luz. Die gut erhaltene Burg datiert aus dem 16. Jahrhundert und war ursprünglich zum Schutz der Stadt vor Piraten geplant. 1990 wurde die Anlage restauriert, heute kann man hier Kunstausstellungen sehen.

Playa de las Canteras – der längste Strand von Las Palmas

Jardín Botánico Canario bei Tafira Alta

Tod Direktor war. Auf den Terrassen wachsen Pflanzen von allen Kanarischen Inseln, darunter endemische Arten wie die Kanarische Kiefer und die Kanarische Palme, in ihrer natürlichen Umgebung. Aber auch Pflanzen von den Azoren, von Madeira und den Kapverdischen Inseln sowie 2000 Kakteenarten aus der ganzen Welt gedeihen hier.

♣ **Jardín Botánico Canario**
⊙ täglich 9–18 Uhr.

## Tafira Alta ❷

👤 3000. ℹ️ Jardín Canario. ☎ 928 353 604. 📷 San Francisco (Okt.).

Zwischen Hügeln liegt das kleine Städtchen Tafira Alta, das für seine schönen Villen bekannt ist. Die Bauten zeigen eine Fülle architektonischer Stile, viele Details tragen dazu bei, die Kolonialatmosphäre des Ortes aufrechtzuerhalten. Oft sieht man maurische Einflüsse oder Bauhaus-Elemente. Da die Villen zudem von schönen Gärten umgeben sind, nimmt es nicht Wunder, dass hier vor allem die wohlhabenden Leute von Las Palmas de Gran Canaria und vermögende Ausländer wohnen.

Zu Beginn des 20. Jahrhunderts errichteten die Briten einige elegante Hotels, darunter das **Los Frailes**. Hier wohnten übrigens die Anhänger General Francos, als sie 1936 den Putsch gegen die demokratische Regierung Spaniens planten.

**Umgebung:** Der **Jardín Botánico Canario Viera y Clavijo** am Stadtrand ist nach José Viera y Clavijo (1731–1813) benannt, dem Verfasser des *Lexikons der kanarischen Pflanzen.* Der Botanische Garten wurde im Jahr 1952 von dem Schweden Eric Sventenius (1910–1973) angelegt, der hier bis zu seinem

## Caldera de Bandama ❸

Sechs Kilometer sind es von Tafira bis Caldera de Bandama. Die Hälfte der Strecke ist eine schmale Bergstraße – dennoch lohnt sich die Fahrt oder die Wanderung zum Gipfel des Pico de Bandama. Der Vulkan ist mit 570 Metern zwar nicht allzu hoch, aber er bietet die beste Aussicht auf Gran Canaria. Vom **Mirador de Bandama** blickt man über ganz Las Palmas und das Gebirgsmassiv der Insel.

Unterhalb des Gipfels liegt die Caldera de Bandama mit 1000 Meter Durchmesser und 200 Meter Tiefe. Sie ist nach dem niederländischen Kaufmann Daniel von Damme benannt. Im 16. Jahrhundert zog von Damme zusammen mit seiner Frau Juana Vera,

einer gebürtigen Kanarin, Weinstöcke im Krater hoch. Heute gibt es hier Orangen- und Feigenbäume sowie Palmen; an den Hängen wachsen Eukalyptus und Agaven.

1891 legten englische Inselbewohner einen Golfplatz südlich des Pico de Bandama an. Es ist der älteste Golfplatz von ganz Spanien.

## Santa Brígida ❹

👤 13 000. 🚌 🚉 Sa, So. 📅 Fronleichnam (Juni).

Die wohlhabende alte Stadt liegt an den Hängen eines Flusstals, in dem viele Zypressen und hohe Palmen wachsen. Die engen Straßen sind von Eukalyptusbäumen gesäumt, die Balkone sind mit Blumen geschmückt. Da die Stadt so nah bei Las Palmas liegt, schauen deren Einwohner hier gern vorbei. In den Weinbergen der Umgebung wächst der *vino del monte*, laut Kennern der beste Rotwein der Insel.

Von der Terrasse vor der Kirche **Santa Brígida** hat man einen schönen Blick auf die umliegenden Palmenhaine. Die dreischiffige neugotische Basilika wurde 1904 an der Stelle errichtet, wo Isabel Guerra bereits 1520 eine Kapelle bauen ließ. Isabel war die Enkelin des Konquistadors Pedro Guerra – einem der Eroberer von Gran Canaria. Die Kapelle wurde 1580 durch eine Kirche ersetzt, die allerdings im späten 19. Jahrhundert fast gänzlich abbrannte; nur der Turm von 1756 blieb stehen.

Die Caldera de Bandama mit fast einem Kilometer Durchmesser

Casa-Museo de Cho-Zacarías in Vega de San Mateo

# Vega de San Mateo ❺

🏠 7000.   🚌 Sa, So.
🎉 San Mateo (21. Sep).

S ONNTAGS wird in diesem
Städtchen ein großer Markt
abgehalten, auf dem die Bauern der Umgebung nicht nur
Obst, Gemüse und Käse verkaufen, sondern auch Ziegen
und Kühe.

Vega de San Mateo liegt in
einem fruchtbaren, grünen
Tal. In der Kirche San Mateo
findet man eine Statue des
Schutzheiligen der Stadt, des
heiligen Matthäus. Die **Casa-
Museo de Cho-Zacarías** im
Stadtzentrum widmet sich der
Geschichte der Insel. In fünf
Bauernhäusern – eines davon
datiert aus dem 16. Jahrhun-
dert – kann man antikes
Mobiliar, aber auch verschie-
dene alte landwirtschaftliche
Gerätschaften besichtigen.

🏛 **Casa-Museo
de Cho-Zacarías**
📞 928 660 627.
⭕ Mo–Sa 10–13 Uhr.

# Teror ❻

🏠 13 000.   🚉 🛈 Plaza de Sintes, 1.
📞 928 630 143.   🚌 So.   🎉 Fiesta
del Agua (letzter So im Juli), Virgen
del Pino (8. Sep).

S EIT SIE SICH zum ersten Mal
1481 in den Ästen eines
Baums zeigte, spielt Nuestra
Señora del Pino eine wichtige
Rolle in der Geschichte und
im Alltagsleben von Gran

Canaria. 1941 machte Papst
Pius XII. sie zur Schutzheiligen der Insel, und Teror
wurde das religiöse Zen-
trum. Jedes Jahr am
8. September findet eine
große Wallfahrt statt.
Gläubige aus allen
Teilen der Insel pil-
gern dann nach
Teror.

Am Hauptplatz
der Stadt, der **Plaza
de Nuestra Señora
del Pino**, stehen
schöne alte Häuser,
ebenso in der **Calle
Real de la Plaza**.
Manche stammen
aus dem 16. Jahr-
hundert; viele ha-
ben üppig verzier-
te Holz- oder Steinbalkone.

Die Basilika **Nuestra Señora
del Pino** wurde 1767 geweiht
und ist die dritte Kirche, die
am selben Platz errichtet wurde. Von der vorhergehenden

blieb nur der Turm aus dem
Jahr 1708. Dieses Wahrzeichen der Gegend ist acht-
eckig und zeigt einen frappie-
renden Stilmix aus barocken
und maurischen Elementen.

Die dreischiffige Kirche
wird von einem großen Ba-
rockaltar mit einer Marienstatue aus dem 15. Jahrhundert
dominiert. Die Jungfrau ist als
»Virgen de las Nieves« ebenso
bekannt wie als »Nuestra
Señora del Pino«. Zu Ehren
der Schutzheiligen von Gran
Canaria findet eines der größten Feste der Insel (siehe
S. 26) statt. Der Kirchenschatz
enthält wertvolle Gaben, die
der Heiligen von den Pilgern
dargebracht wurden.

Nicht weit von der Kirche
entfernt liegt die **Plaza Doña
María Teresa de Bolívar**,
benannt nach María
Teresa, der Ehefrau von
Simón Bolívar, einem
südamerikanischen
Freiheitskämpfer,
dessen Großvater in
Teror geboren wur-
de. In der **Casa-Mu-
seo de los Patrones
de la Virgen** kann
man alte Fotos, Waf-
fen und Möbel be-
sichtigen, u. a. auch
das Bett, in dem
König Alfonso XIII.
im Jahr 1906 bei
einem Besuch
schlief.

Fassade der Kirche
von Teror

🏛 **Casa-Museo de
los Patrones de la Virgen**
Plaza Nuestra Señora del Pino, 8.
⭕ Mo–Sa 11–18.30 Uhr,
So 10.30–14 Uhr.

Salon in der Casa-Museo de los Patrones de la Virgen in Teror

# Arucas ❼

👤 30 000. 🚌 ℹ Plaza de la
Constitución, 2. ☎ 928 623 136.
📅 Mo–Sa. 🎉 Fronleichnam (Juni).

**Inselansichten auf Keramikkacheln am Paseo de Gran Canaria, Firgas**

WENN MAN SICH Arucas
nähert, sieht man zu-
nächst die Türme der neugoti-
schen Gemeindekirche **San
Juan**. Sie wurde von Manual
Vega March entworfen und
zwischen 1909 und 1977 erbaut. Neben den Buntglas-
fenstern fällt im Inneren die
Skulptur *Cristo Yacente*
(ruhender Christus) ins Auge,
ein Werk des einheimischen
Bildhauers Manuel Rasmos.

Das alte **Rathaus** an der
Plaza de la Constitución, ein
Entwurf von José A. López
de Echegarret, entstand 1875
und wurde 1932 neu gestaltet.
Auf der gegenüberliegenden
Seite des Platzes kann man im
**Stadtpark** viele seltene tropische Baumarten bestaunen;
eine von ihnen ist der Seifen-
rindenbaum *(Quillaja sapo-
naria)*.

Um den Park verläuft die
**Calle de la Heredad** mit
einem der schönsten Gebäude
der Stadt: **Heredad de Aguas
de Arucas y Firgas**. Es wurde
1908 gebaut und ist heute Sitz
des Wasseramts. Im späten
19. Jahrhundert initiierte dieses Amt den Bau eines Be-
wässerungssystems;
gleichzeitig erhielt die
Stadt ein neues
architektonisches
Gesicht.

1884 entstand in Arucas die
größte **Rumfabrik** der Kanaren. Ihr ist heute ein Museum
angeschlossen, in dem man
viel über dieses Getränk erfährt. In der Nähe der Fabrik
steht eine Kapelle aus dem
frühen 18. Jahrhundert: **La
Ermita de San Pedro**.

**UMGEBUNG:** Rund
1,5 Kilometer
nördlich von Aru-
cas erhebt sich
**Montaña de
Arucas**. Hier
gibt es ein Res-
taurant mit
Aussichtster-
rasse, die eine
fantastische
Sicht auf die
Stadt und die
ganze Insel
bietet.

# Firgas ❽

👤 5500. 🚌 🎉 San Luis (21. Juni).

FIRGAS HAT SICH wegen seines Mineralwassers einen
Namen gemacht. Fünf Kilo-
meter außerhalb der Stadt, in
Barranco de la Virgen, werden pro Tag 200 000 Flaschen
abgefüllt. Wasser aus Firgas
bekommt man überall auf
den Inseln.

Am Paseo de Gran Canaria
von Firgas, das 1988 seinen
500. Geburtstag feierte, flie-
ßen Wasserkaskaden am 1995
gestalteten Gehweg entlang.
Die Rückenlehnen der Bänke
zeigen die historischen Sym-
bole von Gran Canaria, auch
die Häuser am Paseo sind mit
den farbenfrohen Stadtwappen geschmückt. Der Ab-
schnitt des Paseo oberhalb
der **Plaza de San Roque**
wurde mit breiten Stufen angelegt. Hier sieht man großflächige Keramikarbeiten, die
Karten und Ansichten der
einzelnen Inseln zeigen. So
bekommt man beim Spazie-
rengehen am kühlenden
Wasser quasi nebenbei eine
ungewöhnliche Lehrstunde in
kanarischer Geografie. Noch
weiter oben kann man die
Flaggen aller Inseln im Wind
flattern sehen.

Zum runden Geburtstag der
Kleinstadt wurden auch **Molino de Gofio**, eine Mühle aus
dem 15. Jahrhundert, und ein
Brunnen aus dem 19. Jahr-
hundert restauriert. Zudem
findet man überall in der
Stadt moderne Skulpturen,
z. B. die eines Bauern mit
einer pinkfarbenen Kuh.

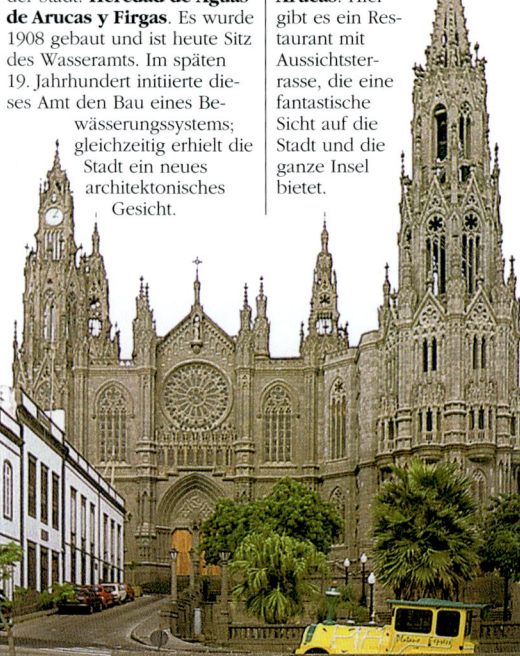

**Weithin sichtbar: die neugotische Kirche San Juan in Arucas**

# Moya ❾

🏃 7500. 🚌 ⛴ So. 🎎 *Virgen de la Candelaria (2. Feb), San Antonio (13. Juni).*

ABSEITS DER großen Touristen-attraktionen windet sich die Straße, die zur Ortschaft Moya führt, mit unzähligen Kurven und Kehren durch eine faszinierende Vulkan-landschaft. In Moya erwartet den Besucher eine große neo-romanische Kirche aus der ersten Hälfte des 20. Jahrhun-derts. Sie besitzt zwei Türme und steht am Rand der wild-romantischen Schlucht **Barranco de Moya**. Wenn Son-nenlicht in einem bestimmten Winkel in die Schlucht fällt, schimmert das Basaltgestein der Felsen in tausend Farben.

Berühmtester Sohn der Stadt ist der Dichter Tomás Morales (1884–1921), dessen Geburtshaus 1976 in ein Museum, **Casa-Museo Tomás Morales**, umgestaltet wurde. Unter den Exponaten sind Fotografien, Manuskripte und Erstausgaben; daneben finden Wechselausstellungen zeit-genössischer Kunst statt.

Am Eingang zum nahe gele-genen Friedhof, einem für die Kanaren typischen Katakom-benfriedhof, steht im Gedenk-en an die Opfer des Spani-schen Bürgerkriegs ein großes Steinkreuz.

🏛 **Casa-Museo Tomás Morales**
Plaza de Tomás Morales. 📞 928 620 217. 🕐 *Mo–Fr 9–20 Uhr, Sa 10–20 Uhr, So 10–14 Uhr.*

## TOMÁS MORALES (1884–1921)

Tomás Morales gilt als einer der ungewöhn-lichsten Dichter der Kanarischen Inseln. Im Jahr 1909 schloss er sein Medizinstudium ab und praktizierte als Arzt in Agaete und Las Palmas, doch seine wahre Liebe galt dem Schreiben. Schon mit 15 Jahren verfasste er Gedichte, sein erstes erschien 1902 in der Zeit-schrift *El Telégrafo*. 1908 wurde sein erstes Buch, *Poemas de la Gloria, del Amor y del Mar*, veröffentlicht; zwei Jahre später fand die Uraufführung eines dramatischen Gedichts im Theater von Las Palmas statt. Das Werk von Morales ist geprägt von einer starken Identifi-kation mit seiner Heimat und einer Vorliebe für die Themen Meer und Einsamkeit.

**Büste von Morales vor dem Museum in Moya**

## Santa María de Guía de Gran Canaria ❿

🏃 12 300. 🚌 🎎 *Fiesta del Queso de Flor (Mai), Nuestra Señora de Guía (15. Aug), La Rama de las Marías (3. So im Sep).*

DAS EINZIGE bemerkenswer-te Gebäude dieses Städt-chens ist die dreischiffige Kirche **Santa María de Guía**. An dem Platz wurde bereits in den Jahren 1483 bis 1509 eine Kapelle errichtet; der heutige Bau stammt teilweise aus dem 17. Jahrhundert, die Fassade wurde im 18. Jahrhundert vollendet. Guía ist der Ge-burtsort von José Luján Pérez (1756–1815), zu seinen Leb-zeiten der beliebteste kanari-sche Bildhauer. Einige seiner Werke, z. B. die Statuen *Nuestra Señora de las Mer-cedes* und *San Sebastián*, schmücken die Kirche.

Wirklich bekannt ist Guía jedoch wegen seines Käses – *queso de flor*. Er wird aus Schafsmilch unter Zugabe von Artischockensaft hergestellt, was ihm eine besondere Geschmacksnote verleiht.

**UMGEBUNG:** Fünf Kilometer östlich von Guía liegt **Ceno-bio de Valerón**, eine altkana-rische Höhlenanlage. 300 Ein-zelkammern sind hier in den Tuffstein gehauen. Die ur-sprüngliche Nutzung ist nicht ganz klar; vielleicht dienten die Höhlen zur Lagerung von Getreide oder auch zu Kult-zwecken. Eine mögliche Deu-tung besagt, dass die Anlage ein Kloster war, in dem *Hari-maguadas* (Priesterjungfrau-en) den Gott Abor um Schutz für die Insel anflehten.

🏛 **Cenobio de Valerón**
🕐 *Mi–So 10–17 Uhr.*

**Faszinierendes Farbenspiel des Vulkangesteins: Blick auf die Schlucht Barranco de Moya**

# Herstellung von Rum

Rum, ein Nebenprodukt der Zuckerherstellung, assoziiert man normalerweise mit der Karibik, mit Jamaika, Kuba, Haiti oder Martinique. Die ausgedehnten Zuckerrohrplantagen der Kanarischen Inseln *(siehe S. 32)* haben jedoch auch eine respektable Rumproduktion mit sich gebracht. Kanarischer Rum wird wegen seines besonderen

**Etwas Besonderes: Rum von den Kanaren**

Geschmacks geschätzt; sein Alkoholgehalt kann zwischen 40 und 80 Prozent betragen. Oft wird er als starker Grog (mit 50 Prozent Rumanteil) getrunken; aber auch als Zutat für viele leckere Rumcocktails, etwa Cuba Libre oder Daiquiri, ist er unentbehrlich. Eine Spezialität der Kanarischen Inseln ist *ron miel*, ein mit Honig versetzter Rum.

1 Zuckerrohr bildet die Basis für die Destillation von Rum – genauer: Die Nebenprodukte der Zuckerherstellung, etwa Melasse, werden dafür gebraucht. Da es heute auf den Inseln keine größeren Zuckerrohrplantagen mehr gibt, wird Melasse zum größten Teil importiert.

2 In großen Kesseln wird Melasse, die als nicht auskristallisierendes Nebenprodukt bei der Herstellung und Verarbeitung von Zucker anfällt, erhitzt. Für Rumverschnitt verwendet man auch ein Gemisch aus dem Schaum, der beim Erhitzen anfällt. Das Ergebnis der Destillation ist eine weiße oder strohfarbene Flüssigkeit, die 40 bis 75 Volumenprozent Alkohol enthält.

3 Seinen besonderen Geschmack erhält Rum durch die Lagerung in Eichenfässern. Dieser Reifungsprozess kann drei bis zehn Jahre lang dauern. Die Eichenfässer müssen bei bestimmter Temperatur und Luftfeuchtigkeit gelagert werden.

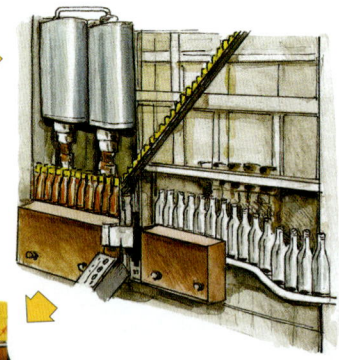

5 Kanarischer Rum ist auch außerhalb der Inselgruppe bekannt. Besonders geschätzt wird der Rum aus La Palma, als beste Marke gilt Ron de la Aldea. Bei der kanarischen Spezialität ron miel wird gut abgelagerter Rum mit Honig versetzt. Das orangebraune Mixgetränk enthält weniger Alkohol, weist dafür aber einen ganz besonderen Geschmack auf.

4 Die Abfüllung erfolgt als voll automatisierter Prozess unter möglichst keimfreien Bedingungen. Auf dem Etikett eines echten Rums sollten neben der Marke und dem Alkoholgehalt auch Herkunft und Abfülldatum stehen.

**Große Bananenplantage bei Gáldar**

## Gáldar ⑪

🏛 22 000. 🚌 🚂 San Isidro
(15. Mai), La Rama (20. Aug).

AM FUSS des Vulkans Pico de
Gáldar gelegen, war Gál-
dar früher das Zentrum der
Guanchen. Von den Bauten
ihres Herrschers (Guanarteme) gibt es keine Spuren
mehr; sie wurden – zusam-
men mit einem kleinen spanischen Fort – zerstört, um
die Kirche **Santiago de los
Caballeros** zu errichten. Der
riesige klassizistische Bau ist
dreischiffig. Nach den Plänen
von Antonio José Eduardo begannen die Bauarbeiten 1778
und dauerten bis zur Mitte
des 19. Jahrhunderts an.

Innen sticht die pila verde
ins Auge, ein grünes Becken,
das im späten 15. Jahrhundert
aus Andalusien hierher gebracht wurde und seither als
Taufbecken dient. Eine
Christus- und eine Marienstatue sind das Werk von
Luján Pérez.

Auf dem Platz gegenüber
dem Rathaus steht der älteste
Drachenbaum von Gran
Canaria: Der Árbol Sagrado
wurde 1719 gepflanzt.

Internationale Bedeutung
erhielt Gáldar wegen der
**Cueva Pintada**. Die »bemalte
Höhle« wurde 1873 entdeckt
und enthält Felsmalereien mit
polychromen geometrischen
Mustern. Zwischen 1970 und
1974 erfolgten Konservie-
rungsarbeiten. Um die Malereien zu bewahren, blieben
die Höhlen danach für die
Öffentlichkeit geschlossen;
Kopien der Malereien kann
man im Museo Canario in Las

Palmas de Gran Canaria (siehe S. 48) besichtigen. 2006
wurde der **Parque Arqueológico Cueva Pintada de
Gáldar** eröffnet, wo die
Funde an ihrem ursprüngli-
chen Ort zu sehen sind.

**UMGEBUNG:** Zwei Kilometer
nördlich von Gáldar stößt
man auf den **Tumulo de la
Guancha**. 1936 entdeckten
Bauern diesen Guanchen-
Friedhof aus dem 11. Jahrhundert. 30 runde Gräber aus
großen Lavablöcken bilde-
ten vermutlich die letzte
Ruhestätte von Edelleuten
des Stamms.

Sechs Kilometer west-
lich von Gáldar liegt **Sardina**, ein auf den ersten
Blick unbedeutendes
Fischerdorf zwischen
hohen Klippen. Hier findet
man einen Sandstrand vor,
kann in kristallklarem Wasser baden und nach dem
Schwimmen herrlich fri-
schen Fisch genießen.

## Agaete ⑫

🏛 5700. 🚌 🏨 Antonio de Armas
1. 📞 928 898 002. 🚂 Bajada de las
Ramas (4.–7. Aug).

AGAETE LIEGT an der Nord-
westküste der Insel am
Ausgang einer tiefen Schlucht,
dem **Barranco de Agaete**. An
den steilen Hängen sieht man
Plantagen mit Bananen, Papayas, Avocados und Mangos.
Der Ort selbst bezaubert mit

**»Dedo de Dios« vor Puerto de las Nieves**

seinen engen Gassen und
weiß getünchten Häusern
zwischen üppigem Grün.
Viele Künstler und Kunstlieb-
haber haben sich hier angesiedelt und Häuser und Gara-
gen in Galerien verwandelt.

Obwohl Agaete 1981 seinen
500. Gründungstag feierte,
sieht man nur wenige alte
Gebäude. Das älteste ist die
Gemeindekirche aus der
zweiten Hälfte des 19. Jahrhunderts. Charmant ist ein
kleiner botanischer Garten,
**Huerto de las Flores,**
mit vielen einheimischen
und weiteren subtropi-
schen Pflanzen.

**UMGEBUNG:** Zwei Kilometer westlich liegt der kleine Hafen **Puerto de las
Nieves**. Hier kann man
den Fähren zusehen, die
nach Santa Cruz de Tene-
rife auslaufen, findet aber
auch viele Galerien, Lä-
den mit Kunsthandwerk
und Fischrestaurants.

Da das ehemalige
Fischerdorf malerisch
vor hohen Klippen
liegt, ist es bei Urlau-
bern beliebt geworden. Beim
Hafen entstanden Apartmentanlagen. Wahrzeichen des
Ortes war der »Dedo de Dios«
(Finger Gottes), ein Basaltfelsen, der 30 Meter hoch aus
dem Wasser ragte. Seine mar-
kante Spitze wurde 2005 bei
einem Sturm abgerissen.

Von der reichen Geschichte
des Ortes zeugt die Innenausstattung der **Ermita La Virgen de las Nieves**,
einer Kapelle aus dem
16. Jahrhundert. Hier
gibt es Schiffsmodelle
zu sehen sowie ein
Triptychon der Madon-
na mit Kind, das vom
flämischen Maler Joos
van Cleve (1485–1540)
stammt. Während der
Bajada de las Ramas
(Fest der Zweige, jedes
Jahr im August) wird
der Altar der Kapelle in
einer feierlichen Pro-
zession in die Kirche
von Agaete getragen.

🌿 **Huerto de las
Flores**
C/Huertes. ⏰ Mo-Sa 10-13,
16 – 19 Uhr.

**Der Leuchtturm
Punta Sardina**

**Cactualdea – der Kakteenpark von San Nicolás de Tolentino**

## San Nicolás de Tolentino ⑬

🚶 11 000. 🚌 🎉 *Bajada de la Rama (10. Sep), El Charco (11. Sep).*

E IN FRUCHTBARES, grünes Tal mit vielen Schluchten – hier liegt San Nicolás de Tolentino inmitten von Obstplantagen. Neben Bananen-, Orangen-, Avocado-, Papaya- und Mangobäumen fallen vor allem die vielen Bambuspflanzen und Kakteen ins Auge. Einen Besuch lohnt die Kirche **San Nicolás**, die 1972 an der Stelle einer alten Kapelle im traditionellen Stil erbaut wurde. Ihre Skulpturen schuf Luján Pérez.

Eine viel besuchte Attraktion ist der Park **Cactualdea**, in dem man Tausende Kakteen bestaunen kann. Die Pflanzen wurden aus Madagaskar, Mexiko, Bolivien und Guatemala eingeführt. Daneben stehen Palmen, Drachenbäume *(siehe S. 14)* und Aloe-Gewächse. Im Amphitheater finden kanarische Ringkämpfe statt; auch eine Guanchen-Höhle kann man besichtigen.

**UMGEBUNG:** Neun Kilometer nördlich erhebt sich 500 Meter über dem Meer der **Mirador del Balcón**, von dem aus der nordöstliche Teil Gran Canarias zu sehen ist.

🌵 **Cactualdea**
☎ 928 891 228.
🕐 *tägl. 10–18 Uhr.* ♿

## Puerto de Mogán ⑭

🚶 680. 🛈 *C/General Franco.*
☎ 928 569 100. 🚌 🛥 *Fr.*
🎉 *Virgen del Carmen (16. Juli).*

W ER DIE beliebten Ferienorte Playa del Inglés und Maspalomas zu hektisch findet und dennoch eine gewisse touristische Infrastruktur vorfinden will, für den ist das

# Gran Canarias Strände

D IE KÜSTENLINIE Gran Canarias ist 236 Kilometer lang und besitzt 160 Strände. Im Norden sind sie eher felsig, im Süden herrschen dagegen weite Sandstrände vor. Bei den Haupturlaubsorten Playa del Inglés und Maspalomas erstrecken sie sich kilometerlang, dahinter reihen sich jeweils die Hotels, Restaurants und Klubs.

**Taurito ②**
Der Sandstrand in einer Bucht kann mit Playa de Cura und Arguineguín durchaus mithalten.

**Puerto de Mogán ①**
Dieser Sandstrand liegt zwischen hohen Klippen unweit von Puerto de Mogán; hier kann es schnell sehr voll werden.

**Playa de los Amadores ③**
Palmen säumen die gepflegte Promenade hinter dem langen Sandstrand in der Nähe von Puerto Rico.

ruhigere Puerto de Mogán ideal. Am Ausgang des grünen Mogán-Tals liegt der kleine Ort am Fuß eines Felsplateaus. Es gibt eine Marina mit eleganten Yachten, einen etwas schäbigeren alten Fischerhafen und – natürlich – Hotelanlagen. Der Apartmentkomplex besteht aus kleineren Häusern, die farbenfroh mit Blumen geschmückt sind. Dazwischen verlaufen kleine Fußwege; am Wasser reihen sich Restaurants, Bars und Läden.

Der Sandstrand südlich des Ortes ist künstlich angelegt: Hinter einer Steinmole und zwischen Felsen wurde ein Streifen Land mit mehreren Schichten afrikanischem Sand aufgefüllt. Wer es aktiver haben will, kann bei den Felsen und Grotten schnorcheln.

Urlauber können hier einige Unternehmungen buchen: Man kann Jetskis leihen oder von einem Tauchboot aus die Unterwasserwelt vor der Insel erleben. Kleinere Nachbauten alter Segelschiffe bringen mehrmals am Tag Gäste zu

Ein gelbes Tauchboot im Hafen Puerto de Mogán

den Stränden von Puerto Rico oder Maspalomas. Auch Angelexkursionen werden angeboten, und jedes Jahr im Juli findet hier der Angelwettbewerb »Blue Marlin« statt.

**UMGEBUNG:** Etwa acht Kilometer nördlich von Puerto de Mogán befindet sich der ursprüngliche Ort **Mogán**. Die Hauptstadt der Region liegt malerisch zwischen Obstplantagen. Hier findet man ausgezeichnete Restaurants; eines davon ist das am Ortsrand gelegene Acayama, das zu den besten der Insel zählt.

**Playa del Cura** ④
Nahe am hellen Sandstrand Playa del Cura liegt einer der wenigen Campingplätze von Gran Canaria.

**Maspalomas** ⑦
Goldener Sand und große, vom Wind geformte Dünen – wer dem blauen Meer den Rücken zukehrt, kann sich in der Sahara wähnen. Dagegen sprechen nur die vielen Menschen am Strand.

**San Agustín** ⑧
Hier gibt es dunklen Sand. Zusammen mit Maspalomas und Playa del Inglés bildet San Agustín die »Costa Canaria«.

0 Kilometer          5

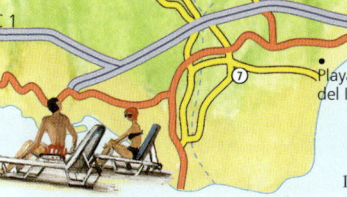

GC 1

Playa del Inglés

**Arguineguín** ⑥
Der Ferienort liegt am Rand eines alten Fischerdorfs. Fisch ist hier also stets frisch zu haben.

**Puerto Rico** ⑤
Der Sand ist goldfarben und der Strand fast immer voll. Hier gibt es eine Vielzahl von Angeboten für alle denkbaren Arten von Wassersport.

**Puerto Rico – eines der beliebtesten Urlaubsziele auf Gran Canaria**

## Puerto Rico 🟕

🏃 1500. 🛈 Avda. de Mogán.
📞 928 560 029.
📷 María de Auxiliadora (Mai).

P UERTO RICO im Süden der
Insel liegt am Ausgang
eines weiten, grünen Tals.
Der ehemalige Fischerhafen
hat sich in den letzten Jahren
zu einem der großen Ferienorte entwickelt – kein Wunder, denn es soll der sonnigste Ort ganz Spaniens sein.
Dutzende, wenn nicht Hun-
derte neuer Hotel- und Apartmentanlagen ziehen sich an
den Hängen hinauf.

Der Strand ist nicht sehr
groß und deshalb immer
ziemlich voll, aber er liegt
schön und wurde mit Sand
aus der Sahara aufgefüllt. Es
gibt Golfplätze und einen
Wasserpark mit allen möglichen Attraktionen. Wassersport wird hier groß geschrieben: Von Wasserski über
Segeln, Tauchen und Wind-
surfen bis hin zu einer Fahrt
mit dem Glasbodenboot oder
einem Abstecher aufs offene
Meer zur Delfinbeobachtung
wird alles angeboten.

Wem der Sinn eher nach
Hemingway-Abenteuern steht,
der kann von hier aus zum
Hochseeangeln starten: Im
Visier sind u. a. Dorsche, Aale,
Rochen und sogar Haie – mit
guter Aussicht auf Erfolg.
Puerto Rico hält auch einen
bemerkenswerten Rekord:
Hier wurde 1997 der größte
Blaue Marlin der Welt mit
einem Gewicht von 488 Kilo-
gramm gefangen.

## Maspalomas 🟖

🏃 36 000. 🚌 🛈 Avda. de España.
📞 928 140 664. 🛥 Mi, Sa.
📷 San Bartolomé (24. Aug).

D ER GRÖSSTE Ferienort Gran
Canarias kann mehr als
500 Hotels, Apartmentanlagen
und Chalets aufweisen und so
300 000 Gäste unterbringen.
In der Stadt tobt Tag und
Nacht das Leben, Hunderte
Restaurants, Bars, Diskotheken und Läden sorgen dafür,
dass man sich nach dem
Strandaufenthalt auf jede
mögliche Art amüsieren kann.

Der breite Sandstrand von
Maspalomas zieht sich kilometerlang dahin. Wellenreiter
und Windsurfer finden gute
Bedingungen, für Taucher
gibt es allerlei Angebote, und
auch zum Hochseeangeln
kann man auslaufen. **Aquasur**, der größte Wasserpark
der Kanarischen Inseln, sorgt
mit 29 Rutschen für allerlei

Spaß. Ebenso beliebt ist **Holi-
day World**, ein Vergnügungs-
park mit Fahrgeschäften,
darunter ein großes Riesen-
rad. Golfer finden hier den
größten Golfplatz der Insel.
Um geistliche Belange küm-
mert sich die ökumenische
Kirche **Templo Ecuménico**.

Auch wenn Maspalomas
wie eine Einheit wirkt, setzt
es sich aus drei einzelnen
Orten zusammen, die eigene
Autobahnausfahrten haben.

**San Agustín** liegt am wei-
testen östlich, ist ruhiger und
grüner mit dunklen Stränden.
Hier trifft man eher eine gehobene Klientel an. Die
Hotels gehören zur oberen
Klasse; exklusive Klubs und
ein Kasino sorgen für Unterhaltung; die Promenade am
Wasser wirkt gediegen.

In der Mitte von Maspalo-
mas liegt **Playa del Inglés**.
Hier ist am meisten los. Das
Einkaufszentrum Yumbo mit
vielen Gastronomiebetrieben
bildet das Herzstück.

Südlich von Playa del Inglés
erstrecken sich über 400 Hektar die **Dunas de Maspalomas**. Das Dünengebiet mit
Salzwassersee und Palmen-
hain ist zum Nationalpark
erklärt worden; man kann es
nur noch zu Fuß oder im
Rahmen der hier angebotenen
Kamelritte erkunden. Zwi-
schen den beeindruckenden
Dünen trifft man auf Eidech-
sen und Kaninchen – und auf
FKK-Fans (manche Gebiete
sind auch Schwulentreffs). An
der nahen Lagune machen
regelmäßig Zugvögel auf
ihrem Weg zwischen Nord-
europa und Afrika Rast.

**Die spektakuläre Dünenlandschaft von Maspalomas**

**Bunte Papageien in Palmitos Parque**

**UMGEBUNG:** Zehn Kilometer nördlich von Maspalomas liegt **Palmitos Parque** in einem Gebirgstal. In der üppigen tropischen Vegetation leben 1500 Vögel – darunter Paradiesvögel aus Neuguinea, winzige Kolibris und Tukane mit großen, bunten Schnäbeln. Bei Vogelschauen kann man sich an den Kunststückchen von trainierten Papageien, Adlern und Falken erfreuen. In der Casa de las Orquideas blühen rund 1000 Orchideen. In großen Aquarien leben Fischarten aus aller Welt. Eine weitere Attraktion des Parks ist das Schmetterlingshaus, das größte Europas. Besonders stolz ist der Park auf seine Weißhand-Gibbons, die nur auf der Malaiischen Halbinsel und in Myanmar (Birma) vorkommen und hier zum ersten Mal erfolgreich in Gefangenschaft gezüchtet werden.

Sechs Kilometer weiter in Richtung Norden erreicht man **Mundo Aborigen**, die Rekonstruktion eines alten kanarischen Dorfes. Mehrere Bauernhöfe sind auf einem Hügel mit Blick auf den Barranco de Fataga errichtet worden. Lebensgroße Guanchen-Figuren und vom Band eingespielte Tiergeräusche geben dem Ganzen einen realistischen Touch. Nachgestellte Dorfszenen zeigen, wie ein Metzger eine Ziege schlachtet, ein Heilkundiger einen Patienten operiert oder wie Ringer miteinander kämpfen. In der Nähe eines säenden Bauern erschlägt ein Aufseher einen Gefangenen mit einem Stein. Und über allem steht ein Späher und bewacht das Dorf.

Zehn Kilometer nordöstlich, am Ende eines trockenen Tals, befindet sich der Themenpark **Sioux City**. Hier wird der Besucher mit einem Sammelsurium amerikanischer Klischees konfrontiert. Am Eingang steht ein Planwagen mit Modellen der ersten Siedler, vor dem Cadillac Café parkt eine Limousine aus den 1960er Jahren. Wer im Saloon einkehrt, kann eine (inszenierte) Schlägerei erleben. In den Straßen von Sioux City blüht dann der »Wilde Westen« so richtig auf: Banküberfälle, heftige Schusswechsel (mit Platzpatronen) und Showkämpfe werden zu allgegenwärtiger Country- und Westernmusik ausgetragen. Neben Cowboykünsten und Rodeos gibt es – zur Freude der Kinder – auch Indianer mit einer »Regentanz«-Vorführung. Die »traditionellen« Wildwest-Vergnügungen werden in der Diskothek durch »Schaumpartys« ergänzt, bei denen sich die Gäste gegenseitig mit Schaum bespritzen dürfen.

### 🎭 Palmitos Parque
Barranco de los Palmitos. 📞 928 140 276. 🕐 tägl. 10–18 Uhr. 📷

### 🎭 Mundo Aborigen
Macizo de Amurga. 📞 928 172 295. 🕐 tägl. 9–18 Uhr. 📷

### 🎭 Sioux City
Cañon del Águila. 📞 928 762 573. 🕐 Di–So 10–17 Uhr. 📷

## San Bartolomé de Tirajana ⑰

🚶 24 000. 🚌 🎉 Karneval (Feb), Santiago (25. Juli).

SAN BARTOLOMÉ wurde im 16. Jahrhundert von den Spaniern gegründet und war lange Zeit lediglich eine Schäfersiedlung. Heute ist die Stadt im grünen Tirajana-Tal vor allem wegen der vielen Obstplantagen bekannt. Man sieht Mandel-, Pflaumen-, Pfirsich- und Kirschbäume. Die Früchte werden im Umland verkauft oder zur Herstellung von Likören verwendet. Eine lokale Spezialität ist *guindilla,* ein Kirschlikör.

Die erste Kapelle von San Bartolomé wurde schon im 16. Jahrhundert gebaut. 1690 begann man an der Stelle, eine größere dreischiffige Kirche zu errichten, die erst 1922 geweiht wurde. Sehenswert sind die Holzdecke im Mudéjar-Stil und einige Heiligenstatuen. Der alte Friedhof auf dem Hügel ist für die Gegend ungewöhnlich: Hier wurden die Toten in der Erde bestattet und nicht – wie sonst in Spanien üblich – in steinernen Grabstätten.

**Indianerstatue in Sioux City**

**UMGEBUNG:** Acht Kilometer südlich von San Bartolomé liegt das Bergdorf **Fataga** zwischen hohen Klippen. Es besitzt malerische alte Häuser; die Kirche San José stammt von 1880. Zwei Stauseen, Embalse de Tirajana und Embalse de Fataga, laden zu Wanderungen am Ufer ein.

**Rutschen im Wasserpark Aquasur, Maspalomas**

# Um den Pico de las Nieves ⓲

DIE TAGESTOUR durch die Berge von Gran Canaria kann man von jeder Seite der Insel aus beginnen. Die Landschaft ist sehr abwechslungsreich; kurvige Straßen führen durch bezaubernde Dörfer oder tiefe Schluchten. Eine üppige subtropische Vegetation mit exotischen Gewächsen wechselt mit terrassierten Feldern. Besonders spektakulär sind die vielen Aussichtspunktc auf dieser Tour. Es lohnt sich, überall zu halten, wo sich die Gelegenheit bietet. Von manchen Stellen kann man sogar den Pico de Teide auf Teneriffa sehen. Die Hauptroute ist gut ausgebaut, nur die Nebenstraßen sind teilweise nicht asphaltiert.

**Artenara** ⑦
In einer Höhle des Dorfes ist eine kleine Kapelle, in einer anderen ein ungewöhnliches Restaurant: Mesón de la Silla.

**Caldera Pinos de Gáldar** ⑥
An der Straße nach Artenara, mitten im Pinienwald Pinos de Gáldar, steht eine Kathedrale. Von hier kann man die ganze Nordküste der Insel überblicken.

**Tejeda** ⑧
Der ruhige Ort liegt bemerkenswert schön hoch oben am Berg und eignet sich besonders gut für eine Kaffee- oder Mittagspause.

**Roque Bentaiga** ⑨
Gemeinsam mit dem nahen Roque Nublo war dieser 1412 Meter hohe Gipfel ein heiliger Ort der Guanchen. Von ihnen fand man in der Gegend Felsgravuren, Kornspeicher und Kultstätten.

**Roque Nublo** ⑩
Den 1700 Meter hohen Berggipfel überragt ein 60 Meter hoher Basaltmonolith, der oft in Nebel gehüllt ist. Die »Fingerform« entstand durch Erosion. Hier soll eine heilige Stätte der Guanchen gewesen sein.

⑥
Caldera P de Gáldar

GC 21

⑦ Artenara

Tejada

⑨ Roque Bentaiga

SAN NICOLÁS DE TOLENTINO

GC 60

MOGÁN

0 Kilometer     2

MASPALOMAS

**LEGENDE**
■ Routenempfehlung
■ Panoramastraße
═ Andere Straße
❇ Aussichtspunkt

### Cruz de Tejeda ⑤

Die geografische Mitte Gran Canarias markiert ein Steinkreuz. Der Schriftsteller Miguel de Unamuno beschrieb die Aussicht von diesem 1450 Meter hohen Pass sehr bildstark als »Stein gewordenen Sturm«.

**ROUTENINFOS**

**Start:** *San Bartolomé de Tirajana oder jeder andere Ort.*
**Länge:** *80 km.*
**Rasten:** *Am besten kann man im ausgezeichneten Restaurant des Parador von Cruz de Tejeda essen. Es gibt aber auch gute Restaurants in Artenara und in San Bartolomé de Tirajana.*

TEROR

*Ariñez*

GC 400

⑤ Cruz de Tejeda

GC 15

La Degollada de Becerra

④

LAS PALMAS DE GRAN CANARIA

GC 60

GC 150

Roque Nublo

GC 130

② Presa de los Hornos

GC 600

Pico de las Nieves

③

GC 60

SANTA LUCÍA

① San Bartolomé de Tirajana

MASPALOMAS

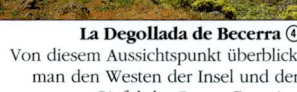

### La Degollada de Becerra ④

Von diesem Aussichtspunkt überblickt man den Westen der Insel und den Gipfel des Roque Bentaiga.

### Pico de las Nieves ③

Der höchste Berg von Gran Canaria wird auch Pozo de las Nieves (Brunnen des Schnees) genannt. In 1949 Meter Höhe ist es oft kalt und wolkenverhangen; im Winter kann hier Schnee liegen. Auf dem Gipfel steht eine militärische Sendeanlage.

### Presa de los Hornos ②

Den besten Blick auf den höchsten Wasserspeicher der Insel hat man in der Nähe des Roque Nublo *(siehe S. 62).*

### San Bartolomé de Tirajana ①

Obstgärten umgeben die in einem grünen Tal gelegene Stadt. Pflaumen, Kirschen und Pfirsiche werden zu Likören verarbeitet.

## Santa Lucía ⑲

🚌 🎨 *Fiesta de Ansite (29. Apr),*
*Santa Lucía (13. Dez).*

D AS DORF LIEGT auf einer
Höhe von 700 Metern in
den Ausläufern des fruchtbaren, mit Palmen bewachsenen
Tals von Santa Lucía de Tirajana. Die Kirche **Santa Lucía**
stammt von 1898 und steht
auf einem Platz, an dem es
schon im 17. Jahrhundert eine
Kapelle gab.
　Das **Museo del Castillo de
la Fortaleza** zeigt archäologische Funde aus der Gegend,
die meisten davon aus der
Zeit der Guanchen. Die Ausstellungsräume befinden sich
in einer erst kürzlich errichteten Pseudoburg mit Türm-
chen und Zinnen. Ebenfalls
zu besichtigen sind ein re-
konstruiertes, typisch kanarisches Schlafzimmer aus dem
17. Jahrhundert, viele Tonwaren (darunter eine Ampho-
re aus dem 3. Jahrhundert),
Leder- und Korbwaren sowie
einige Skelette.

**UMGEBUNG:** Eine landschaftlich überaus reizvolle Straße
führt fünf Kilometer in Richtung Süden zum Aussichts-
punkt **Mirador de Guriete**.

🏛 **Museo del Castillo
de la Fortaleza**
☎ 928 798 310.
🕐 Mo–Fr 10.30–17.30 Uhr,
Sa, So 11.30–17.30 Uhr. 📷

## Agüimes ⑳

🚶 22 000. 🚌 🎨 *Nuestra*
*Señora del Rosario (15. Okt).*

D ER ALTE TEIL dieser Kleinstadt mit ihren Gassen
und schönen Häusern wird
überschattet von den zwei
riesigen Türmen der Kirche
**San Sebastián** an der Plaza
del Rosario. Mit drei Kirchen-
schiffen und einer Gewölbedecke ist der in den Jahren
1796 bis 1808 entstandene
Bau – neben der Kathedrale
von Las Palmas de Gran Canaria – eines der besten Beispiele für den klassizistischen
Baustil auf den Kanarischen
Inseln. Die große Kuppel gibt
dem Gebäude eine orientali-

**Gasse im alten Teil von Agüimes**

sche Anmutung. Die Heiligenfiguren im Inneren schuf der
kanarische Bildhauer Luján
Pérez (1756–1815).
　Eine reizvolle Abwechslung
nach der Kirchenbesichtigung
bietet der **Parque de los
Cocodrilos**. Im Minizoo zeigen trainierte Krokodile und
Papageien ihre kleinen Kunststücke.
　Richtig zum Leben erwacht
die Stadt jedes Jahr im September während des inter-
nationalen Theaterfestivals
**Encuentro Internacional
Tres Continentes**. Gruppen
aus Europa, Afrika und Lateinamerika nehmen daran
teil und sorgen für Trubel.

🐊 **Parque de
los Cocodrilos**
Ctra. de los Corralillos. ☎ 928 781
723. 🕐 So–Fr 10–18 Uhr. 📷

## Ingenio ㉑

🚶 25 800. 🚌 🎨 *Virgen de la*
*Candelaria (2. Feb), Bajada del Macho*
*(2. Sa im Okt).*

N AHE BEI der Schlucht Barranco de Guayadeque
liegt eine der ältesten Städte
Gran Canarias. Im 17. Jahrhundert war sie Zentrum der
Zuckerrohrverarbeitung – daher auch ihr Name: *ingenio*
heißt Zuckermühle. Später
blühte die Rumproduktion in
der Gegend auf; heute werden hauptsächlich Tomaten

angebaut. Einen Na-
men gemacht hat sich
Ingenio allerdings mit
Stickereien. Im **Museo
de Piedras y Artesa-
nía**, einem mit Bou-
gainvillea umwucher-
ten Gebäude mit
Türmchen, ist eine
Schule für Stickkunst
zu Hause. Außerdem
werden hier Steine,
Mineralien, landwirt-
schaftliche Geräte
sowie Ton- und Korb-
waren ausgestellt. Die
beeindruckende Kir-
che **Nuestra Señora
de la Candelaria**
überragt einen Platz,
der von schönen Häu-
sern mit Holzbalkonen
gesäumt ist.

**UMGEBUNG:** Auf halbem Weg
zwischen Ingenio und Telde
liegt an einem Berghang eine
archäologische Ausgrabungs-
stätte aus dem 19. Jahrhundert. Vier Höhlen wurden hier
entdeckt. Die Höhle **Cuatro
Puertas** mit ihren vier Ein-
gängen (daher der Name) war
möglicherweise der Sitz der
Telde-Herrscher oder ein
Heiligtum. Die anderen drei
Höhlen haben Eingänge zur
Meeresseite hin. Hier bestatteten die Guanchen ihre ein-
balsamierten Toten.

🏛 **Museo de Piedras
y Artesanía**
Camino Real de Gando, 1.
☎ 928 781 124. 🕐 Mo–Sa
8–18.30 Uhr, So 8–10 Uhr. 📷

**Eingang zum Museo de Piedras
y Artesanía in Ingenio**

Blick auf die Plaza de San Juan im historischen Zentrum von Telde

# Barranco de Guayadeque ㉒

2 km nördlich von Ingenio.

EINE WILDROMANTISCHE Straße windet sich sieben Kilometer den Barranco de Guayadeque (in der Sprache der Guanchen »Platz des fließenden Wassers«) hinauf. Bis heute versorgt das Wasser die benachbarten Städte Ingenio und Agüimes.

Kakteen, Agaven, Palmen und Eukalyptus bestimmen das Landschaftsbild dieser Schlucht; zudem kann man über 80 endemische Pflanzenarten entdecken. Im Frühling setzen rosa blühende Mandelbäume ihre Farbakzente im felsigen Terrain.

Bedeutung hat die Schlucht als Ort einer der wichtigsten prähistorischen Bestattungsstätten. Die Toten wurden – oft in Tierhäute gehüllt – in unzugänglichen Höhlen beigesetzt, wo sie mumifizierten. Viele dieser Grabstätten wurden im 19. Jahrhundert geplündert und die Mumien an das Museo Canario von Las Palmas de Gran Canaria verkauft. Einige der Höhlen nutzten die Guanchen auch zum Wohnen, als Lagerräume oder als Kultstätten.

In den Höhlen des Barranco de Guayadeque leben auch heute noch Menschen. Es gibt zwei **Höhlendörfer**, eine Höhlenkirche sowie ein Höhlenrestaurant und diverse Bars, in denen man den starken regionalen Wein mit Brot und Oliven in grüner *mojo*-Sauce kosten kann. Ein Höhlenmuseum mit Ausstellungsräumen für kanarisches Kunsthandwerk ist im Entstehen.

Guayadeque ist ein beliebtes Ausflugsziel für die Einheimischen, die dort sonntags gern mit der ganzen Familie picknicken. Befahrbar ist die Straße im Cañon bis zum Restaurant Montaña de las Tierras, danach kommt man auf dem schmalen Pfad nur zu Fuß oder auf Eseln weiter. Im Sommer zaubern die Sonnenstrahlen oft faszinierende Farben an die Felswände.

Wolkenverhüllte Gipfel über dem Barranco de Guayadeque

# Telde ㉓

🏃 92 700. 🚌 🖼 San Juan (24. Juni).

VOR DER Kolonialisierung war Telde Sitz der Guanchen-Anführer, nach der Eroberung der Insel wurde vom Hafen der Stadt aus das Zuckerrohr verschifft.

Ende des 15. Jahrhunderts errichteten die Spanier eine kleine Kapelle; schon 1519 begann man am selben Platz mit dem Bau der Kirche **San Juan Bautista**. Die Basilika besitzt einen manieristischen Altar und ein flämisches Triptychon aus der ersten Hälfte des 16. Jahrhunderts.

Von der **Plaza de San Juan**, wo die Kirche steht, führt die Straße **Inés Cemida** zu einem anderen historischen Stadtteil: San Francisco. Bei einem Spaziergang durch die engen Gassen dieses Viertels fallen die hübschen Häuser ins Auge. Sie sind alle weiß getüncht und haben grün gestrichene Fensterrahmen sowie schöne Balkone aus Schmiedeeisen oder Holz.

## FERNANDO DE LEÓN Y CASTILLO (1842–1918)

Der in Telde geborene Fernando de León y Castillo spielt in der Geschichte der Kanaren eine bedeutende Rolle. Er setzte sich als Patriot gegen die Vorherrschaft Teneriffas und für die Teilung in zwei Provinzen ein. 1881 wurde er zum Außenminister berufen, später war er auch spanischer Botschafter in Frankreich. Für seine Verdienste erhielt er den Titel Marqués del Muni. Sein Bruder Juan war als Ingenieur ebenfalls für seine Heimatinsel aktiv. Das Geburtshaus der beiden ist heute ein kleines Museum.

Büste von Fernando de León y Castillo

# FUERTEVENTURA

AUF FUERTEVENTURA *findet der Besucher vor allem Sonne, Sand und Strand. Das Inselinnere besteht großteils aus Dünen und trockenen Felswüsten, es erinnert ein wenig an die Westsahara, die nur gut hundert Kilometer östlich liegt. Die meisten Urlauber bleiben an den Stränden und genießen Sonne und Meer. Günstige Windverhältnisse schaffen ideale Bedingungen zum Surfen.*

97 Kilometer sind es von Punta de la Tinosa im Norden bis Punta de Jandía im Süden – Fuerteventura ist damit die längste, aber mit 1660 Quadratkilometern Fläche nur die zweitgrößte Insel der Kanaren. Mit ca. 86 000 Einwohnern ist sie recht

Die Ziege – Wahrzeichen der Insel und Teil der Landschaft

dünn besiedelt – die Anzahl der Ziegen liegt deutlich höher. Der Pico de Jandía ist mit 807 Metern die höchste Erhebung.

Eine Insel mit dem Namen »Forte Ventura« taucht zum ersten Mal 1339 auf einer Karte des Kartografen Angelino Dulceta auf. Zwischen 1402 und 1405 nahmen die Konquistadoren unter Jean de Béthencourt und Gadifer de la Salle Fuerteventura ein. Um das Lager Béthencourts entstand das Dorf Santa María de Betancuria, das in der Folgezeit Hauptstadt wurde. Mitte des 17. Jahrhunderts dehnte sich sein Machtbereich bis nach El Cotillo aus und umfasste auch das alte Königreich Maxorata.

Vulkanausbrüche, Sandanwehungen aus der Sahara und Dürreperioden waren Ursachen für den fast kompletten Zusammenbruch der Landwirtschaft im 18. und 19. Jahrhundert. Heute ist der Fremdenverkehr die wichtigste Wirtschaftsgrundlage Fuerteventuras.

Trotz der vielen Sonne ist es auf Fuerteventura etwas kühler als auf den anderen Inseln. Der vorherrschende Wind, *gota fría* genannt, sorgt dafür, dass die Durchschnittstemperatur bei lediglich 19 °C liegt. Wegen der geringen Niederschläge ist die Vegetation auf der Insel eher karg, das Trinkwasser ist knapp. Süßwasser wird in Entsalzungsanlagen gewonnen oder per Schiff vom Festland auf die Insel transportiert.

Kilometerlang erstreckt sich der helle Sandstrand südlich von Corralejo

◁ Steilküste in der Bucht von Ajuy

# Überblick: Fuerteventura

**D**ER FREMDENVERKEHR setzte auf Fuerteventura
später als auf den anderen großen Inseln
ein, und die Zahl der Besucher wächst noch
immer. Vor allem die endlosen hellen Strände
locken Sonnenhungrige an. Die zugänglicheren
Strände erstrecken sich im Nordteil der Insel bei
Corralejo, die wilderen im Süden bei Cofete. Die
Küstenabschnitte um Jandía bieten perfckte Bedingungen zum Wellenreiten und Windsurfen;
Taucher finden an vielen Stellen eine reiche
Unterwasserwelt vor. Doch auch das Inselinnere
bietet einiges: In karger, aber faszinierend schöner Landschaft kann man wandern oder Rad fahren. In verträumten kleinen Ortschaften findet
man Ruhe und Entspannung. Wer sich für die
Geschichte der Insel interessiert, wird vor allem
in Betancuria und Pájara auf viele interessante
Plätze und Bauwerke stoßen.

ZUR ORIENTIERUNG

## SEHENSWÜRDIGKEITEN AUF EINEN BLICK

Ajuy 🔟
Antigua 🔟
Betancuria 🔟
Caleta de Fustes 🔟
Cofete 🔟
Corralejo 🔟
Costa Calma 🔟
El Cotillo 🔟
Gran Tarajal 🔟
Isla de los Lobos 🔟
La Oliva 🔟

La Pared 🔟
Malpaís Chico und Malpaís
   Grande 🔟
Morro Jable 🔟
Pájara 🔟
Parque Natural de las Dunas
   de Corralejo 🔟
Península de Jandía 🔟
Puerto del Rosario 🔟
Tefía 🔟

Berglandschaft an der Straße
zwischen Pájara und La Pared

Ziegenherden sieht man überall auf Fuerteventura

AJUY 🔟

PÁJARA

TESEJERAGU

LA PARED 🔟

TARAJALEJ

LA LAJITA

COSTA CALMA 🔟

COFETE

16

15 PENÍNSULA
DE JANDÍA

0 Kilometer     10

14

MORRO JABLE

**ISLA DE LOS LOBOS** 4

**CORRALEJO** 3

**EL COTILLO** 5 **LAJARES**

2 **PARQUE NATURAL DE LAS DUNAS DE CORRALEJO**

FV 101

6 **LA OLIVA**

**TINDAYA** FV 10

FV 1

**TETIR**

FV 10

**TEFÍA**

7 **CASILLAS DEL ÁNGEL**

FV 30

FV 20

1 **PUERTO DEL ROSARIO**

**LA AMPUYENTA**

**BETANCURIA** 9

8 **ANTIGUA**

**VEGA DE RÍO PALMAS**

FV 20

FV 20

FV 2

**CALETA DE FUSTES** 19

18 **MALPAÍS CHICO UND MALPAÍS GRANDE**

**TUINEJE**

FV 20

FV 2

FV 2

**LAS PLAYAS**

17 **GRAN TARAJAL**

**Im gepflegten Garten der Casa de Santa María, Betancuria**

## ANREISE

Direkte Flugverbindungen gibt es zwischen Fuerteventura und Lanzarote, Gran Canaria und Teneriffa sowie zum spanischen Festland. Von fast jeder größeren Stadt in Europa fliegen Charterlinien Fuerteventura an. Regelmäßig verkehren Fähren zwischen Puerto del Rosario und Arrecife (Lanzarote) sowie Las Palmas de Gran Canaria, ebenso zwischen Corralejo und Playa Blanca (Lanzarote). Zwischen Morro Jable und Las Palmas de Gran Canaria kreuzt ein Tragflächenboot. Auf der Insel gibt es nur wenige öffentliche Buslinien.

### SIEHE AUCH

• *Übernachten* S. 158f

• *Restaurants* S. 170f

## LEGENDE

| | |
|---|---|
| | Autobahn |
| | Hauptstraße |
| | Nebenstraße |
| | Panoramastraße |
| ✈ | Flughafen |
| ⛴ | Fährhafen |
| ❀ | Aussichtspunkt |

**Am Ortseingang von La Pared**

Salon in der Casa-Museo de Unamuno, Puerto del Rosario

# Puerto del Rosario ❶

🏠 14 000. ✈ 🚢 🚌 ℹ Avda. de la Constitucíon, 5. ☎ 928 530 844.
🎭 Nuestra Señora del Rosario (7. Okt).

Puerto del Rosario, das Verwaltungszentrum von Fuerteventura, wurde 1797 als Hafen für den Getreide- und Sodaexport gegründet. Mitte des 19. Jahrhunderts blühte der Ort auf, 1860 wurde er als »Puerto de Cabras« (Hafen der Ziegen – der Name kommt von einer Wasserstelle im nahen Tal) Hauptstadt. 1975 wurde die Stadt in Puerto del Rosario (Hafen der Rosen) umbenannt. Heute lebt über die Hälfte der Einwohner von Fuerteventura hier.

Im Hafen ist immer viel los: Frachtverkehr wird abgewickelt, die Fähren nach Gran Canaria und Lanzarote laufen aus, in der Marina gehen die Eigner der Yachten an Bord. Der internationale Flughafen liegt nur ein paar Kilometer weit entfernt.

Auffällig sind in Puerto del Rosario die Kasernen der spanischen Fremdenlegion. 1975, als sich Spanien aus der West-sahara zurückzog, waren hier 3000 Legionäre stationiert, heute sind es unter 1000.

Zu besichtigen gibt es in der Hauptstadt die Kirche **Nuestra Señora del Rosario** mit einer klassizistischen Fassade. Gegenüber steht die **Casa-Museo de Unamuno**. Das Haus, in dem der spanische Philosoph und Schriftsteller Miguel de Unamuno während seines Exils lebte, ist

heute ein Museum. Hier kann man außer dem Schreibtisch des Literaten auch die im Stil der Zeit möblierten Räume besichtigen, die einen Einblick in den bürgerlich-gehobenen Lebensstil Anfang des 20. Jahrhunderts geben.

🏛 **Casa-Museo de Unamuno**
C/Virgen del Rosario, 11. ☎ 928 862 376. 🕐 Mo–Fr 9–13, 17–19 Uhr, Sa 10–13 Uhr.

**Umgebung:** Zwölf Kilometer nördlich liegt das Dorf **Cassi-las del Angel** mit reizenden Häusern. Die Kirche Santa Ana aus dem Jahr 1781 weist eine Fassade aus schwarzem Vulkangestein auf.

# Parque Natural de las Dunas de Corralejo ❷

Am Fuss des Vulkans Montaña Roja im Nordosten der Insel liegt auf 312 Meter Höhe der Parque Natural de las Dunas de Corralejo, der 1987 zum Nationalpark erklärt

Ziegen auf Futtersuche im kargen Parque Natural de las Dunas

wurde. An der Straße zwischen Puerto del Rosario und Corralejo erstreckt sich auf einer Fläche von 2668 Hektar eine riesige Dünenlandschaft, die einen reizvollen Kontrast zum Blau des Himmels und zum Türkisblau des kristall-klaren Meeres bildet.

Hier kommt man sich wirklich wie in der Sahara vor: Selbst in der Hochsaison ist es kein Problem, Stille und Einsamkeit fern von Touristen-ansammlungen zu erleben und die überwältigende Atmosphäre zu spüren. Die einzigen Anzeichen von Zivilisation, auf die man trifft, sind die Steinmauern, die als Windschutz auf den Sandbergen errichtet wurden.

Kunst aus Sand: Drachenskulptur am Strand von Corralejo

# Corralejo ❸

🏠 4000. 🚢 ℹ Plaza Pública de Corrale. ☎ 928 866 235. 🚌 Mo, Di, Do, Fr. 🎭 Karneval (März), Nuestra Señora del Carmen (16. Juli).

An der Nordspitze von Fuerteventura liegt ein Fährhafen, von dem mehrmals am Tag Schiffe nach Playa Blanca auf Lanzarote auslaufen. Von hier legen auch die kleineren Boote auf die winzige Insel Los Lobos ab. Alte Kähne liegen am Kai, ein paar Fisch-restaurants tragen zur Atmosphäre des Ortes bei.

Corralejo wurde erst vor kurzem für den Tourismus ausgebaut, hat sich aber schnell zum zweitwichtigsten Ferienort (nach der Halbinsel Jandía) auf Fuerteventura entwickelt. Hierher kommt man nicht wegen kanarischer Traditionen, sondern wegen der weiten, weißen Strände, von denen man einen schönen Blick auf Lanzarote und Los Lobos hat. Außerdem herrschen hier ideale Bedingungen zum Wellenreiten und Windsurfen. Denn Wind und

**Jetski-Verleih und Segelschule im Hafen von Corralejo**

Strömungsverhältnisse in der Straße von El Río (zwischen Corralejo und Lanzarote) sind das ganze Jahr über nahezu gleichmäßig – kein Wunder also, dass man hier allen Arten von Wassersport huldigt. Zudem bieten das klare Wasser und der Fischreichtum ideale Bedingungen zum Tauchen, Angeln und für Fahrten mit dem Glasbodenboot.

An der **Plaza de la Iglesia** findet man eine moderne Kirche. Spannender sind die Sandskulpturen an einem Strand in Hafennähe. Hier entstehen und zerfallen die Werke vieler Hobbybildhauer.

## Isla de los Lobos ❹

DIE VULKANINSEL im Norden Fuerteventuras ist winzig und sehr jung: Erst vor rund 8000 bis 6000 Jahren erhob sie sich aus dem Meer. Ihren Namen bekam sie von den Seehunden *(lobos marinos)*, die hier früher häufig am Strand lagen.

Wenn man den Geschichtsbüchern glauben darf, ankerte der französische Abenteurer Gadifer de la Salle 1402 bei der Insel. Robbenfleisch rettete ihn und seine Mannschaft vor dem Verhungern. In der Folgezeit baute Jean de Béthencourt eine Einsiedlerklause auf der Insel. Später wurde die Insel Stützpunkt für Piraten, die von hier aus die anderen Inseln überfielen, noch später ein Zentrum des verbotenen Sklavenhandels.

Bis 1968 waren der Leuchtturmwärter und seine Familie die einzigen Bewohner der Isla de los Lobos. Aus diesem Grund konnte die Insel ihr gewachsenes Ökosystem bewahren. Bis heute nutzen viele Zugvögel den natürlichen »botanischen Garten« an den Hängen der Montaña Lobos als Rastplatz.

Heute ist die ganze Insel Naturschutzgebiet. Es gibt zwar eine Handvoll kleiner Pensionen, aber deren Gäste sind sensibel im Umgang mit der Natur, und auch die Tagesausflügler richten nicht viel Schaden an. Selbst das Angeln ist auf wenige Stellen beschränkt. Unbegrenzt sind dagegen die Möglichkeiten, sich an den Sandstränden zu erholen und zu schwimmen. Als Abwechslung zum Strandleben bietet sich eine Wanderung rund um die Insel an: Der Wanderweg beginnt und endet in Casas del Puertito, einem winzigen Dorf mit einem kleinen Hafen.

**Isla de los Lobos – ein lohnendes Ausflugsziel zum Schwimmen und Wandern**

**Der Fischerhafen von El Cotillo, bewacht vom Verteidigungsturm Fortaleza del Tostón**

## El Cotillo ❺

🛏 ℹ *928 866 235.* 📷 *Nuestra Señora del Buen Viaje (3. So im Aug).*

DIE ANFÄNGE dieses Fischerortes hängen eng mit den Guanchen zusammen, denn hier war der Sitz der Anführer des alten nördlichen Königreichs Maxorata.

Der runde Verteidigungsturm **Fortaleza del Tostón** ist jüngeren Datums: 1797 wurde er wegen drohender Angriffe britischer und arabischer Piraten errichtet. Die zweistöckige Anlage ist gut erhalten und liebevoll restauriert. Man betritt sie über eine Zugbrücke. Ursprünglich enthielt sie im Obergeschoss einen Wassertank, unten schliefen die Wachsoldaten.

Geprägt wird das Bild des Hafens von einem großen Felsen, der aus dem Wasser ragt. Was Urlaubern fotogen erscheint, erschwert das Ein- und Auslaufen der Fischerboote bei rauer See erheblich. In der Nähe von El Cotillo gibt es schöne Buchten und Sandstrände.

## La Oliva ❻

🏛 *2300.* 🛏 ℹ *928 866 235.* 📷 *Nuestra Señora de la Candelaria (2. Feb), Nuestra Señora del Rosario (Okt).*

EINES DER SCHÖNSTEN Dörfer im nördlichen Teil von Fuerteventura ist La Oliva, ein beliebtes Ausflugsziel am Fuß der 529 Meter hohen Montaña de Escantraga. Die ersten europäischen Siedler ließen

sich hier im frühen 14. Jahrhundert nieder, 1709 machte der neu eingesetzte Gouverneur (der »Colonel«) La Oliva zu seinem Sitz. Der Ort wurde schnell militärisches Zentrum und – neben Betancuria – auch ein wichtiger Verwaltungssitz.

Als militärisches Hauptquartier wurde im 18. Jahrhundert die **Casa de los Coroneles** (Haus der Kommandanten) errichtet, ein großes Gebäude mit zwei Türmen und zahlreichen Fenstern. Gern wird erzählt, es habe einst ein Fenster für jeden Tag des Jahres gegeben – doch das ist übertrieben. Ganz in der Nähe steht die **Casa del Capellán** (Haus des Kaplans), ein bescheidenes einstöckiges Haus mit einem schönen Portal.

Die dreischiffige **Iglesia de Nuestra Señora de la Candelaria** im Ortszentrum datiert aus dem Jahr 1711. Ihre weiß getünchten Außenwände kontrastieren mit dem

Glockenturm aus schwarzem Vulkangestein. Im Innenraum der Kirche kann man zahlreiche schöne Skulpturen und Gemälde von Juan de Miranda sehen.

Das **Centro de Arte Canario** stellt Werke zeitgenössischer lokaler Maler aus. Im **Museo del Grano La Cilla**, das in einem Kornspeicher aus dem frühen 19. Jahrhundert untergebracht ist, erfährt man allerlei über den Getreideanbau auf der Insel, denn La Oliva war früher nicht nur von Olivenbäumen, sondern auch von Weizenfeldern umgeben.

**Figur im Centro de Arte Canario**

🏛 **Centro de Arte Canario**
📞 *928 868 233.* 🕐 *Mo–Sa 10–18 Uhr (Herbst & Winter bis 17 Uhr).* 🕐 *So, Feiertage.* ♿

🏛 **Museo del Grano La Cilla**
📞 *928 862 300.*
🕐 *Di–Fr, So 9.30–17.30 Uhr.*
♿

**Iglesia de Nuestra Señora de la Candelaria, La Oliva**

# Tefía ❼

🏛 230.

A N DER STRASSE zwischen La Oliva und Betancuria liegt bei Tefía das Freilichtmuseum **Ecomuseo de la Alcogida**. Sieben rekonstruierte Häuser zeigen die typische traditionelle Architektur von Fuerteventura, und eine Ausstellung erzählt davon, wie die Insulaner früher lebten und Landwirtschaft betrieben. Auch über Handwerk und Bauweisen erfährt man einiges.

**Rekonstruierter alter Bauernhof im Ecomuseo de la Alcogida, Tefía**

🏛 **Ecomuseo de la Alcogida**
☎ 928 175 434.
🕐 Di–Fr, So 9.30–17.30 Uhr.

**UMGEBUNG:** Zwölf Kilometer nordöstlich kann man durch das Dorf **Tetir** schlendern und die nach traditioneller Weise gebauten Häuser mit Balkonen betrachten. Die Kirche Santo Domingo de Guzmán stammt von 1745; auf dem Kirchplatz steht die Büste von Juán Rodriguez y Gonzáles (1825–1893), dem hier geborenen Gründer der Banco de Canarias.

Acht Kilometer weiter nördlich stößt man an den Hängen der **Montaña Quemada** auf ein Denkmal des Dichters Miguel de Unamuno. Juan Borges Lineres schuf das über zwei Meter hohe Monument im Jahr 1970 aus Sandstein.

# Antigua ❽

🚏 🏛 Nuestra Señora del Pino (8. Sep.).

A NTIGUA IM geografischen Zentrum von Fuerteventura ist – wie der Name schon sagt – einer der ältesten Orte der Insel. Siedler aus Andalusien und der Normandie gründeten ihn 1485. Sie bauten eine Reihe von Windmühlen, um die Felder zu bewässern. 1812 bekam Antigua Stadtrechte, 1835 wurde der Ort für ein Jahr sogar Hauptstadt der Insel.

Zu den sehenswerten Gebäuden zählt die Kirche **Nuestra Señora de Antigua** (1785) mit einer Holzdecke und einem mit Volkskunstmotiven verzierten Hauptaltar.

Das **Centro de Artesanía Molinos de Antigua** am Ortsrand ist ein Museumsdorf, das unter Mitwirkung von César Manrique entstand. Hier kann man eine rekonstruierte Windmühle sehen; der alte Kornspeicher wurde zum Restaurant umgebaut. In den neueren Gebäuden befinden sich ein Kunsthandwerkszent-

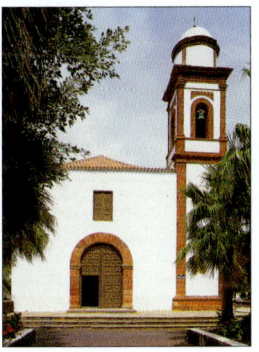

**Nuestra Señora de Antigua, im 18. Jahrhundert erbaut**

rum, eine Kunstgalerie sowie ethnografische und archäologische Sammlungen.

🏛 **Centro de Artesanía Molinos de Antigua**
☎ 928 878 041.
🕐 Di–Fr, So 9.30–17.30 Uhr. ♿

**UMGEBUNG:** Acht Kilometer nördlich liegt das Dorf **La Ampuyenta** mit der Kapelle San Pedro de Alcántara aus dem 17. Jahrhundert. Die Anlage ist von einer Mauer umgeben, die normannische Siedler gebaut haben.

Neun Kilometer südlich in **Tiscamanita** ist die Kapelle San Marcos zu besichtigen. Im **Centro de Interpretación de los Molinos** kann man sich über die Funktionsweise der vielen, heute leider oft zerfallenen Windmühlen auf der Insel informieren.

🏛 **Centro de Interpretación de los Molinos**
🕐 Di–Fr, So 9.30–17.30 Uhr. ♿

## JEAN DE BÉTHENCOURT (UM 1360–1422)

Am 1. Mai 1402 setzten Jean de Béthencourt und Gadifer de la Salle die Segel in La Rochelle, Nordfrankreich. Ziel der Reise waren die Kanarischen Inseln, die es zu »erobern« galt. Béthencourt ließ einen Teil der Mannschaft auf Lanzarote zurück und segelte weiter nach Spanien, um Hilfe zu erhalten. Er kehrte mit Schiffen, Soldaten und Geld wieder – und mit einem Titel: Man hatte ihn zum Herrscher über Fuerteventura, Lanzarote, El Hierro und La Gomera gemacht. De la Salle zog wütend gen Frankreich ab. Auch Béthencourt verließ 1406 die Inseln; zuvor übertrug er jedoch alle Machtbefugnisse auf seinen Neffen Maciot de Béthencourt.

**Jean de Béthencourt, normannischer Eroberer**

Als grüne Oase liegt Betancuria unterhalb von kargen Vulkankegeln

## Betancuria ❾

🏃 600. 🚌 ℹ️ C/Amador Rodríguez, 6. ☎ 928 878 092. 🎭 San Buenaventura (14. Juli).

**B**ETANCURIA, eine der Hauptattraktionen Fuerteventuras, liegt im Windschutz eines Vulkankraters. Hier, mitten im Parque Natural de Betancuria, sieht man ringsum ein eindrucksvolles Panorama von erloschenen Vulkankegeln. Das weite Tal (ein ausgetrocknetes Flusstal) ist die einzige grüne Oase inmitten der kargen Umgebung.

Der geschichtsträchtige Ort wurde 1405 von Jean de Béthencourt gegründet und bekam damals seinen wohlklingenden vollen Namen: Villa de Santa María de Betancuria. Der normannische Eroberer erklärte Betancuria zur Hauptstadt, was sie bis 1834 auch blieb. Obwohl durch die Lage geschützt, wurde Betancuria 1593 von dem Piraten Xabán de Arráez überfallen. Er ließ die Stadt zerstören und 600 Einwohner gefangen nehmen.

Der ausgesprochen hübsche Ortskern von Betancuria steht heute unter Denkmalschutz. Bereits 1405 errichtete man hier eine Kirche, 1425 wurde sie ausgebaut. Papst Martin III. verlieh ihr den Status eines Bischofssitzes. (Kurioserweise hat der Bischof die Insel nie besucht und seine Kathedrale nie gesehen.) 1593 wurde sie von Arráez niedergebrannt, und ab 1620 neu erbaut. In der heutigen **Iglesia de Santa María** fällt der Barockaltar ins Auge, aber auch der originale Steinboden mit seinem Holzrahmen. Das Chorgestühl und

die Kassettendecke sind gleichfalls sehenswert. Das große Gemälde hinter dem Chor, *Nava de La Iglesia* (1730), stammt von Nicolas Medina und stellt die Kirche als Schiff dar.

Am nördlichen Ortsrand liegt die Franziskanerabtei **San Buenaventura**, die älteste der Insel. Das Dach brach Mitte des 19. Jahrhunderts ein, heute sieht man nur noch die malerischen Ruinen. Ganz in der Nähe erhebt sich der Fels **Pozo del Diablo**. Der Legende nach wurde hier der Satan angekettet und gezwungen, Steine für den Bau der Abtei zu schlagen.

Betancuria hat zwei kleine Museen: Das **Museo de Arte Sacro** im ehemaligen Gemeindehaus zeigt eine Sammlung sakraler Kunst; außerdem gibt es hier Fotos von fast jeder Kirche der Insel. Im **Museo Arqueológico** sind Guanchen-Exponate zu sehen. In der Casa de Santa María (16. Jahrhundert) kann man Kunsthandwerk erstehen.

🏛 **Museo de Arte Sacro**
Alcalde Carmelo Silvera, s/n.
☎ 928 878 003. 🕐 Mo–Fr 11–16 Uhr, Sa 11–14 Uhr. ● So.
🏛 **Museo Arqueológico**
Roberto Roldán, 12–14.
☎ 928 878 241. 🕐 Di–Sa 11–17 Uhr, So 11–14 Uhr.

**UMGEBUNG:** Zwei Kilometer nördlich von Betancuria bietet der Mirador de Morro Velosa einen grandiosen Blick über die Umgebung, die an eine Mondlandschaft denken lässt.

## Ajuy ❿

30 km südwestlich von Betancuria.

**A**JUY IST ein kleines Fischerdorf, das an einer Bucht zwischen steilen Klippen liegt. Hier sollen Jean de Béthencourt und Gadifer de la Salle im Jahr 1402 geankert und das erste Mal die Insel betreten haben. Viele Jahre lang blieb der natürliche Hafen, Puerto de la Peña genannt, die beste Stelle, an der die Siedler anlegen konnten.

Die Fischfangsaison dauert von Mai bis Oktober. In dieser Zeit servieren die einfachen Strandrestaurants den frischen Tagesfang. Eine Attraktion ist der tiefschwarze, teilweise allerdings steinige Sandstrand. Vorsicht: Die Brandung ist hier oft heftig.

In der Nähe gibt es zahlreiche Höhlen, darunter **Arco de Jurao**, zu besichtigen. Für Taucher stellen die großen Unterwasserhöhlen und der reiche Fischbestand einen ganz besonderen Reiz dar.

Die steilen Klippen bei Ajuy in der Brandung der Wellen

Alte Bewässerungsanlage in Pájara

# Pájara ⓫

🚌 📷 *Virgen del Carmen (16. Juli).*

EINE LANDSCHAFTLICH überaus reizvolle Straße verbindet Betancuria mit dem Dorf Pájara. Es ist eine der ältesten Siedlungen von Fuerteventura. Fischer und Ziegenhirten ließen sich im 16. Jahrhundert hier nieder.

In der Kirche **Nuestra Señora de la Regla** von 1684 fallen merkwürdige lateinamerikanische Einflüsse auf. Das Steinrelief über dem Hauptportal zeigt stilisierte Fische, Löwen, Vögel und Schlangen, die sich selbst in den Schwanz beißen – lauter Motive, die sich auch in der Kunst der Azteken finden. Unklar ist allerdings, ob es hier eine Verbindung gegeben hat. Im Inneren sieht man zwei Holzaltäre und zwei Marienfiguren: eine lächelnde Madonna mit Kind und eine Figur der Schutzheiligen der Insel, Nuestra Señora de los Dolores.

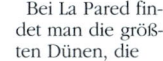
**Portal der Kirche in Pájara**

**UMGEBUNG:** Etwa elf Kilometer nordöstlich von Pájara stößt man bei **Vega de Río Palmas** auf die Einsiedelei Nuestra Señora de la Peña mit einer anderen Darstellung der Nuestra Señora de los Dolores. Jedes Jahr am dritten Sonntag im Mai wird hier, in einer Schlucht zwischen hohen, kargen Felsen, das Fest der Schutzheiligen gefeiert. In der Kirche von 1666 stehen Heiligenfiguren, die Jean de Béthencourt für die erste Kirche in Betancuria mitgebracht haben soll.

# La Pared ⓬

*Rund 21 km südlich von Pájara.*

LA PARED an der rauen Westküste hat sich in den letzten Jahren zum kleinen, aber feinen Ferienort entwickelt und kann eine durchaus interessante Geschichte vorweisen: Vor der spanischen Eroberung verlief hier eine Mauer – *la pared* –, die die Grenze zwischen Maxorata und Jandía markierte, den zwei Reichen der Guanchen. Von der Mauer ist heute nichts mehr zu sehen, da die Steine vermutlich abgetragen und als Baumaterial verwendet wurden.

Bei La Pared findet man die größten Dünen, die Fuerteventura zu bieten hat. Sie trennen die Halbinsel Jandía vom restlichen Fuerteventura. Die Steilküste von La Pared trennt zwei Badebuchten mit völlig unterschiedlichem Sand voneinander: Playa del Vejo Rey im Süden ist goldfarben, Playa de la Pared im Norden schwarz.

Wanderer können eine Tour von einigen Stunden Dauer unternehmen, die an interessanten Vulkanformationen vorbeiführt und am Fuß des Risco del Pasco wieder auf die Straße nach Morro Jable stößt.

# Costa Calma ⓭

🏠 4000. 🚌

COSTA CALMA ist ein gehobener moderner Ferienort, der sich durch seine geschmackvolle Architektur auszeichnet. Südlich des Ortes erstreckt sich die Playa del Sotavento, der längste und schönste Strand der Insel – ideal zum Windsurfen.

Die ersten Privathäuser entstanden hier in den späten 1960er Jahren, das erste Hotel wurde 1977 gebaut. Costa Calma wuchs schnell, und bald wurde die Straße zwischen Puerto del Rosario und Morro Jable ausgebaut. 1986 folgte der Bau einer Meerwasser-Entsalzungsanlage, Mitte der 1990er Jahre begann ein regelrechter Bauboom für Ferienanlagen. Entlang der Hauptstraße wurde eine Grünzone mit Palmen und kanarischen Kiefern angelegt.

**UMGEBUNG:** Sechs Kilometer nördlich von Costa Calma im kleinen Dorf **La Lajita** zeigt der **Zoo Parque de los Camellos** 200 exotische Vogelarten und Säugetiere aus aller Welt. Neben Papageienschauen werden auch Kamelritte angeboten. In einem Gartencenter kann man einheimische und subtropische Pflanzen für zu Hause kaufen.

🐫 **Zoo Parque de los Camellos**
📞 928 161 135.
🕐 tägl. 9–18 Uhr. 📷

Erinnern an eine Mondlandschaft: die Berge nördlich von La Pared

Unwirtlich und unbewohnt: die Nordwestküste der Península de Jandía

## Morro Jable ⓬

🏃 6000. 🚌 🏊

Z WISCHEN LANGEN Sandstränden liegt Morro Jable ganz im Süden von Fuerteventura. Einst war es ein schläfriges Fischerdorf, doch diese Zeiten sind längst vorbei. Heute bieten überall in den engen Gassen Läden ihre Waren und Tavernen ihre frischen Fischgerichte an, denn Morro Jable ist der größte Ferienort der Insel geworden.

Der moderne Ortsteil umfasst Hotel- und Apartmentanlagen, Einkaufszentren und Bars. Tragflächenboote und Fähren verkehren zwischen dem Hafen und Las Palmas de Gran Canaria, in der Marina liegen zahllose Yachten. Morro Jable ist auch ein guter Ausgangspunkt für Wanderungen auf der Península de Jandía.

## Península de Jandía ⓭

K ILOMETERLANGE weiße Sandstrände umsäumen die Halbinsel. Der Wellengang ist oft hoch – Windsurfer kommen hier also voll auf ihre Kosten. Der abgeschiedene Strand von Barlovento an der nordwestlichen Inselseite wird vor allem von Tauchern geschätzt.

Die Gegend um Puerto de la Cruz in der Nähe von Punta de Jandía, der Südspitze der Insel, weist Felsküste auf

und hat einen abgeschieden stehenden Leuchtturm. Die Gegend ist in den letzten Jahren insbesondere bei Campingurlaubern beliebt geworden, die hier auf ihre Art der lauten Betriebsamkeit der Ferienorte entfliehen.

Einen großen Teil der Halbinsel mit den kargen, rauen Hügeln nimmt das Schutzgebiet **Parque Natural de Jandía** ein. Hier sieht man noch viele endemische Pflanzenarten. In abgelegenen Tälern kann man beim Wandern auf wild lebende Ziegen und Esel treffen.

Während des Zweiten Weltkriegs waren weite Bereiche der Halbinsel mit Stacheldraht abgesperrt. Das Land hatte der deutsche Offizier Gustav Winter gepachtet. Man munkelt, er sollte hier im Auftrag von Hermann Göring und mit dem Segen General Francos einen Stützpunkt für deutsche U-Boote anlegen. Winter starb 1971 auf Fuerteventura.

## Cofete ⓮

🏃 20.

W ER SICH DEM kleinen, vom Wind umtosten Ort an der Westseite Fuerteventuras nähert, könnte glauben, die Insel sei unbewohnt. Nur eine unbefestigte Straße verbindet Morro Jable mit Cofete. Auf der Höhe der Playa de Juan Gómez gabelt sie sich: Eine Route führt zur Südwestspitze der Insel, die andere windet sich nach Cofete hinauf. Von hier beginnen Wanderwege, die am Rand des Gran Valle entlang laufen und zum Pass zwischen Pico de Zarza und Pico de Fraile führen.

Hinter dem Dorf, am Fuß des Degollada de Cofete, steht Gustav Winters Villa – heute dem Verfall preisgegeben. In Cofete findet man das einzige Restaurant der Gegend. Ein zwei Kilometer langer Pfad führt zu einem Strand und weiter nach Barlovento.

Bis heute ranken sich Gerüchte um Gustav Winter und seine Villa

# Windmühlen

WINDMÜHLEN ALLER ART prägen das Bild vieler der Inseln, sie sind vor allem von Fuerteventura nicht wegzudenken. Die ersten wurden im 17. Jahrhundert gebaut und ersetzten damals die Mühlen, die von Eseln betrieben und *tahonas* genannt wurden. Der älteste Windmühlentyp ist der *molino*. Er ist ein massiver runder Steinbau mit einem konischen Dach und besitzt vier bis sechs Flügel. Im 19. Jahrhundert baute man einen anderen Mühlentyp mit veränderter Mechanik: die *molina*. Für die Meerwasser-Entsalzungsanlagen des 20. Jahrhunderts kamen Turbinen zum Einsatz. In den letzten Jahren wurden zahlreiche Windparks gebaut, die einen Großteil des Strombedarfs der Kanarischen Inseln decken.

***In Windparks*** produzieren High-Tech-Windräder der neuesten Generation elektrische Energie.

***Windräder*** *wurden schon früher benutzt, um Wasser zu pumpen, aber auch um Strom zu gewinnen.*

**Die Segel** oder Flügel werden an einer stabilen Lattenkonstruktion befestigt.

**Feste Holzkonstruktion**

## MOLINO
Dieser Mühlentyp ist spanischen Ursprungs und wurde benutzt, um Mais, Weizen und Gerste zu mahlen. Die Mühlenflügel und das Mühlrad sind im oberen Teil des Gebäudes befestigt.

**Das Korn** läuft gleichmäßig auf den Mahlstein; das Mehl wird über Trichter und Rinnen nach unten geleitet und in Säcke abgefüllt.

**Förderrinnen leiten das Mehl in den Sack**

**Lange Balken** geben dem Bauwerk mehr Stabilität. Mit ihnen kann man auch die Ausrichtung der Flügel verändern.

**Unterer Eingang zum *molino***

***Der Mahlmechanismus eines*** **molino** *ist einfach: Mit Seilen wird das Mühlrad bewegt, das direkt mit dem Mahlstein verbunden ist.*

***Bei der offenen Konstruktion einer*** **molina** *erhebt sich ein Gerüst mit Flügeln über dem Gebäude, in dem das Mahlwerk untergebracht ist.*

## Gran Tarajal ⑰

928 162 723.  *Fiesta de San Diego de Alcalá (13. Nov).*

DIE ZWEITGRÖSSTE Stadt Fuerteventuras ist ein wichtiges Geschäftszentrum und nicht sonderlich vom Tourismus beeinflusst. Schon in den Zeiten von Jean de Béthencourt hatte man die strategisch günstige Lage an der Ostküste erkannt und hier ein Fort errichtet.

Im frühen 20. Jahrhundert spielte der Hafen von Gran Tarajal eine wichtigere Rolle als derjenige der Hauptstadt Puerto del Rosario. Noch heute werden hier die landwirtschaftlichen Produkte der Península de Jandía, Tomaten, Fisch und Vieh, verladen. Auch einen Strand kann Gran Tarajal anbieten. Das Meer ist hier ruhig, der Sand allerdings düstergrau.

Historische Sehenswürdigkeiten sucht man in Gran Tarajal vergeblich. Zu besich-

**Der Hafen von Las Playitas in der Nähe von Gran Tarajal**

tigen ist nur die einschiffige Kirche **Nuestra Señora de la Candela**, die im Jahr 1900 erbaut wurde.

**UMGEBUNG:** Acht Kilometer Fahrt in Richtung Osten führen zu dem friedlichen Fischerdorf **Las Playitas**, das einen schönen Kontrast zu den umtriebigen Urlaubsorten darstellt. Statt in großen Ho-

telanlagen kann man hier in alten Fischerhütten sitzen und zwischen Bougainvillea hindurch aufs Meer sehen. In den Bars und Restaurants wird köstlicher frischer Fisch serviert. Der Strand neben dem Hafen ist allerdings klein und steinig.

Sechs Kilometer weiter nördlich erreicht man auf einer kurvenreichen Straße **Punta de la Entallada**. Hier ist die kürzeste Distanz zwischen Fuerteventura und Afrika. Auf den Klippen steht ein 300 Meter hoher burgähnlicher Leuchtturm. Die Aussicht von hier ist grandios.

## Malpaís Chico und Malpaís Grande ⑱

WER EINSAME Vulkanlandschaften faszinierend findet, der ist im Gebirge von Malpaís Chico und Malpaís Grande genau richtig. Durch das unzugängliche Gebiet im Osten Fuerteventuras führt

---

# Fuerteventuras Strände

FUERTEVENTURA ist zwar am dünnsten besiedelt, hat aber die meisten Strände. Die schönsten findet man auf der Península de Jandía. Kilometerlang dehnt sich hier der helle Sandstreifen aus – es ist also in der Regel kein Problem, Ruhe und Einsamkeit zu finden, wenn man nur weit genug läuft. Manche der kleineren Strände sind fest in der Hand der FKK-Anhänger *(siehe S. 81).*

**Cofete ②**
Es ist nicht ganz einfach, an diesen abgelegenen, windumtosten Strand bei Cofete zu kommen. Doch als Belohnung gibt es weißen Sand.

**Puerto de la Luz ③**
Das vor allem bei Windsurfern beliebte winzige Fischerdorf an der Südwestspitze der Insel ist extrem abgelegen. Es gibt nur ein einziges Restaurant, in dem man frischen Fisch bekommt.

**Playa de las Pilas ④**
ist ein kleiner, aber schöner Strand in unverdorbener Umgebung. Das Meer ist hier relativ ruhig, der Wind sanfter als anderswo.

0 Kilometer     3

nur eine einzige Straße, andere Spuren menschlicher Zivilisation sucht man hier vergeblich. Zwei Wanderwege durchkreuzen die Gegend: Einer führt um den Vulkan Malpaís Chico herum, der von einem Lavastrom der Caldera de Gaíra geformt wurde, der andere Weg zum Malpaís Grande verläuft durch ein zum Nationalpark erklärtes Schutzgebiet. Hier kann man einzigartige geologische Formationen sehen. Auf Tiere trifft man selten; die einzige Art, die in dieser unwirtlichen Landschaft lebt, ist der Schmutzgeier.

## Caleta de Fustes ⑲

🏠 2600. 🚌 ℹ️ Caleta Dorada, El Castillo. 📞 928 163 286. 🎏 Nuestra Señora del Carmen (16. Juli).

CALETA DE FUSTES gehört zu den größten Ferienzentren der Insel. Der Ort selbst ist nicht überwältigend attraktiv, er liegt aber in der Nähe des Flughafens und hat einen geschützten Sandstrand zu bieten – was ihn vor allem bei Familien mit kleinen Kindern beliebt macht. Aufgrund der zentralen Lage kann man von hier aus am leichtesten Ausflüge zu allen Punkten der Insel unternehmen.

Niedrig gebaute Apartmentanlagen sind um die hufeisenförmige Bucht angeordnet. Im Zentrum liegt **Pueblo Majorero**, ein Komplex mit Läden, Bars und Restaurants. Eine der Bungalowanlagen, Barceló Club El Castillo, erstreckt sich um den Wachturm **El Castillo** am Hafen. Er wurde 1741 gebaut und zeugt von der strategischen Bedeutung des Orts. Am Strand kann man alle möglichen Arten von Wassersport betreiben, auch Tauchen und Windsurfen.

**El Castillo, der Wachturm in Caleta de Fustes**

**Playa de Barlovento** ① erreicht man nur mit dem Jeep. Der Strand ist vor allem bei Tauchern sehr beliebt.

**Costa Calma** ⑦ ist ein Ferienort, der immer beliebter wird. Sein langer Strand geht direkt in die schier endlose Playa de Sotavento über.

① Playa de Barlovento

Costa Calma ⑦

FV 2

Playa de Sotavento ⑥

**Playa de Sotavento** ⑥ Ein 22 Kilometer langer heller Sandstrand mit kristallklarem, azurblauem Wasser – dafür erhielt er den Beinamen »Rhapsody in Blue«.

Morro Jable ⑤

**Morro Jable** ⑤ Am Südende des Strands von Sotavento liegt Morro Jable mit seinen vielen Restaurants, Bars und Cafés. Hinter dem kleinen Strand im Ort verläuft die Uferpromenade.

# LANZAROTE

LANZAROTE IST *Vulkanland. Die Einheimischen nennen ihre Insel »Isla del Fuego« (Feuerinsel), und tatsächlich sind die meisten der 795 Quadratkilometer blanke Lava. Fast 300 Vulkankegel erheben sich über einer Mondlandschaft, deren Gesteinsformationen zwischen schwarzen, pinkfarbenen, purpurroten und ockerfarbenen Farbnuancen changieren.*

Die Architektur auf Lanzarote harmoniert großteils mit dieser einzigartigen Landschaft. Die Einwohner Lanzarotes achten sehr auf einen traditionellen Baustil. Die strengen Bauvorschriften haben bisher größere Bausünden verhindert. Dieses Bewusstsein ist großteils dem Künstler César Manrique zu verdanken, der mit vielen Bauwerken das architektonische Gesicht der Insel geprägt hat. 1993 erklärte die UNESCO Lanzarote zum Biosphärenreservat.

Ihren Namen bekam die Insel von dem Genueser Seemann Lanzarotto (oder Lancelotto) Malocello, der hier im Jahr 1312 an Land ging. 1402 wurde Lanzarote von dem Normannen Jean de Béthencourt erobert.

Die Nähe zu Afrika führte dazu, dass Lanzarote häufig Angriffen von algerischen und marokkanischen Piraten ausgesetzt war. Sie plünderten die Hauptstadt Teguise. Im 16. und 17. Jahrhundert fielen englische und französische Piraten ein. Diese Überfälle, die langen Trockenperioden ohne jeglichen Regen und verheerende Vulkanausbrüche führten dazu, dass sich die Insel fast entvölkerte.

Die wenigen Einwohner, die zurückblieben, lebten von Landwirtschaft und Fischerei. Bis heute gibt es größere Obstanlagen und sorgsam mit Mauern angelegte Weingärten. Aber auch Tomaten und Süßkartoffeln werden angebaut. Mittlerweile ist der Tourismus Lanzarotes Lebensader; sein Anteil am Bruttosozialprodukt beträgt 80 Prozent.

Da Trinkwasser auf der Insel ein kostbares Gut ist – und phasenweise Wasserknappheit herrschte –, wurde es mit Schiffen hertransportiert. Im Jahr 1964 ging die erste Meerwasser-Entsalzungsanlage in Betrieb; heute hat fast jedes größere Hotel seine eigene Entsalzungsanlage.

**Manriques Teufelchen als Logo des Nationalparks**

Kamel- bzw. Dromedarausritt im Parque Nacional de Timanfaya

◁ Auf fruchtbarem Lavaboden und vor Wind geschützt – Weinanbau bei La Gería

# Überblick: Lanzarote

D IE VEGETATION auf Lanzarote ist extrem spär-
lich, dennoch halten viele die Insel für die
faszinierendste der Kanaren. Statt grüner Pflanzen sieht man hier blankes Vulkangestein in
allen erdenklichen Farbtönen. Ebenso gehören
Kamele (bzw. Dromedare) zur Landschaft – und
zur Landwirtschaft. Die eigenwillige Architektur
von César Manrique fügt sich gut in das Bild der
Insel ein. Viele Besucher kommen allein wegen
der Strände nach Lanzarote. Vor allem die Nordküste, speziell bei La Santa, eignet sich zum
Wellenreiten.

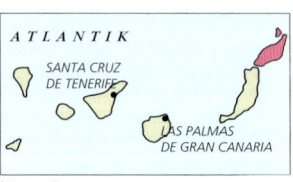

**ZUR ORIENTIERUNG**

**Brunnen und Kirche am
Hauptplatz von San Bartolomé**

## SEHENSWÜRDIGKEITEN AUF EINEN BLICK

Arrecife **1**
Costa Teguise **2**
Cueva de los Verdes **6**
El Golfo **19**
Femés **22**
Guatiza **4**
Guinate **11**
Haría **12**
Isla Graciosa **9**
Jameos del Agua **5**
La Caleta de Famara **14**
La Gería **23**
Malpaís de la Corona **7**

Mirador del Río **10**
Órzola **8**
*Parque Nacional
   de Timanfaya S. 92f* **17**
Playa Blanca **21**
Puerto del Carmen **24**
Salinas de Janubio **20**
San Bartolomé **16**
Tahiche **3**
Teguise **13**
Tiagua **15**
Yaiza **18**

**Mosaik in der Fundación César Manrique in Tahiche**

## ANREISE

Lanzarote hat Flugverbindungen zu den anderen
Kanarischen Inseln und zum spanischen Festland. Von ganz Europa bringen Charterflüge
Besucher auf die Vulkaninsel. Fähren verkehren
häufig nach Fuerteventura und Gran Canaria.
Zwischen den größeren Städten pendeln regelmäßig Busse. Viele Orte, darunter auch besonders sehenswerte Plätze, sind allerdings ohne
Anschluss an öffentliche Verkehrsmittel. Wer kein
Auto mieten möchte, kann solche Orte meist
auch im Rahmen einer organisierten Bustour
erreichen. Die Straßen sind in der Regel gut ausgebaut; nur für ein paar wenige abgelegene
Strände ist ein Wagen mit Allradantrieb ratsam.

**PARQUE NACIONAL
DE TIMANFAYA**
**17**

**EL GOLFO 19**

**18**

**YAIZA**

**SALINAS 20
DE JANUBIO**

**22 FEMÉS**

LZ-2

**PLAYA BLANCA**
**21**

Die weiße Playa Papagayo bei Playa Blanca

### SIEHE AUCH

- *Übernachten* S. 159f
- *Restaurants* S. 171f

MONTAÑA CLARA

ISLA GRACIOSA
9

MIRADOR DEL RÍO
10

ÓRZOLA
8

MALPAÍS
DE LA CORONA
7

JAMEOS
DEL AGUA
5

GUINATE
11

CUEVA
DE LOS VERDES
6

HARÍA
12

LZ-1

LA CALETA
DE FAMARA
14

LA SANTA

LZ-10

SÓO

LZ-767

GUATIZA
4

TINAJO

LZ-20

TIAGUA
15

TEGUISE
13

LZ-1

LZ-30

MOZAGA

SAN BARTOLOMÉ
16

TAHICHE
3

LZ-1

COSTA TEGUISE
2

GC-740

LA GERÍA
23

LZ-2

ARRECIFE
1

TÍAS

PUERTO DEL
CARMEN
24

### LEGENDE

- Autobahn
- Hauptstraße
- Nebenstraße
- Panoramastraße
- ✈ Flughafen
- ⛴ Fährhafen
- ☀ Aussichtspunkt

0 Kilometer          5

Eigenwillig gestaltetes Haus
an der Küste von Arrieta

In Arrecifes Stadtteil Charco de San Ginés stehen noch viele kleine Fischerhäuser

## Arrecife ❶

🏃 53 000. ✈ 6 km westlich von
Arrecife. 🚌 🛈 Aeropuerto de
Lanzarote. 🕿 928 846 073. 🖃 Sa.
🎭 Karneval (Feb), San Ginés (Aug).

ARRECIFE WIRKT wie eine typische spanische Stadt mit
meist modernen Häusern und
einer von Palmen gesäumten
Promenade. Seit 1852 ist
Arrecife die Hauptstadt von
Lanzarote, zudem wichtiger
Hafen und Handelszentrum.

Der erste Hafen entstand
bereits im 15. Jahrhundert.
Zwei Forts, **Castillo de San
Gabriel** aus dem 16. Jahrhundert und **Castillo de San
José** aus dem 18. Jahrhundert, zeugen bis heute von
der Wehrbereitschaft der
Insel. Das Castillo de San
Gabriel liegt auf einer kleinen
Insel und ist nur über eine
Zugbrücke, den Puente de las Bolas, zugänglich. 1586 wurde
es von Piraten zerstört;
der Italiener Leonardo
Torriani baute es wieder auf. Heute beherbergt es ein kleines
archäologisches Museum, in dem man
neben Schmuck, Münzen, Keramik und
Ankern auch eine Statue des Zauberers
El Brujo sehen kann.
Durch sie wurde César
Manrique inspiriert, als
er das Logo für den
Parque Nacional de
Timanfaya entwarf.

Manrique restaurierte auch das Castillo de

San José und verwandelte es
1979 in eine moderne Kunstgalerie. Vier der großzügigen
Räume des **Museo Internacional de Arte Contemporáneo** werden für Wechselausstellungen genutzt; hier
hingen schon Werke von
Pablo Picasso, Joan Miró,
Oscar Domingue und von
Manrique selbst. In der Konzerthalle finden Kammermusikabende und Konzerte moderner Musik statt. Auch das
Restaurant wurde nach Entwürfen des Meisters gestaltet.

Die sehenswerte **Casa
Augustín de la Hoz** ist heute
ein Klub. Die **Casa de Los
Arroyos** von 1749 besitzt
einen Innenhof mit schönen
Holzgalerien und einem
Brunnen. Hier residiert das
**Centro Científico-Cultural**,
das die Forschungen und
Experimente des herausragenden Physikers Blas Cabrera Felipe (1878–1945) in
den Mittelpunkt stellt. Eine
Bronzestatue des in Arrecife
geborenen Forschers steht
am Paseo Marítimo.

Von der restlichen moderngeschäftigen Stadt hebt sich
das Viertel **Charco de San
Ginés** ab. Hier drängen sich
hübsche kleine Fischerhäuser
an einer kleinen Bucht. Die
**Iglesia de San Ginés** von
1665 ist dem Schutzheiligen
von Arrecife gewidmet. Die
dreischiffige Kirche hat eine
Gewölbedecke aus Holz.
Zudem sind die spätbarocken
Statuen von San Ginés und
der Virgen del Rosario zu
besichtigen, die beide aus
Kuba stammen.

🏛 **Museo Arqueológico
y Etnográfico**
C/Vargas, 1. 🕿 928 802 884.
◯ Mo–Fr 10–13, 17–20 Uhr. 🚫
🏛 **Museo Internacional de
Arte Contemporáneo**
Carretera de Puerto Naos.
🕿 928 812 321. 🚫

## Costa Teguise ❷

🏃 4400. 🚌 🛈 Avenida de las Islas.
🕿 928 827 076.

DER DRITTGRÖSSTE Ferienort
der Insel (nach Puerto
del Carmen und Playa Blanca) liegt neun Kilometer
nordöstlich von Arrecife. Er
ist relativ neu – das erste
Hotel (mit fünf Sternen), das
Gran Melia Salinas, wurde
1977 gebaut; César Manrique
fungierte dabei als Berater.

Iglesia de San Ginés in Arrecife

Die Gebäude und Hotelanlagen in Costa Teguise sind erfreulich niedrig gehalten. Der Ort besitzt einen Golfplatz, einen Yachthafen und ein Einkaufszentrum. Unter den Sandstränden ist Playa de las Cucharas der attraktivste. Vor einiger Zeit noch zog Costa Teguise vor allem eine gehobene Klientel an (König Juan Carlos von Spanien besitzt hier eine Villa); heute gleicht es den anderen Ferienorten auf der Insel.

Es weht hier eine beständige Brise, weshalb die Küste bei Windsurfern beliebt ist. Eine Alternative zum Baden im Meer stellt der Wasserpark gleich am Ortsrand dar.

**Blick auf die Playa de las Cucharas, Costa Teguise**

## Tahiche ❸

5 km nördlich von Arrecife. 🚌

GLEICH AM Ortseingang stößt man auf den **Taro de Tahiche**. Auf einem Lavafeld, das sich bei den Vulkanausbrüchen der Jahre 1730 bis 1736 gebildet hatte, errichtete César Manrique im Jahr 1968 ein Gebäude, in dem er bis 1988 lebte. Vier Jahre später übertrug er Taro de Tahiche der **Fundación César Manrique**. Die Stiftung wurde von ihm zusammen mit Freunden gegründet und soll dafür Sorge tragen, dass die Architektur der Insel mit der natürlichen Umgebung harmoniert.

Entsprechend dieser von ihm formulierten Grundsätze entwarf Manrique sein Haus auf der blauschwarzen Lava. Die oberirdischen, würfelförmigen Gebäude, die man von außen sieht, entsprechen der traditionellen Bauweise auf Lanzarote, öffnen sich jedoch

auf moderne Art mit großen Fenstern und breiten Terrassen. Aber vor allem der unterirdische Teil des Gebäudes ist vollkommen verblüffend: Fünf vulkanische »Blasen« im Lavagestein von jeweils etwa fünf Metern Durchmesser sind miteinander durch Tunnels verbunden, aber auch einzeln von oben über Basalttreppen zugänglich. Einer der unterirdischen Räume wird durch einen Feigenbaum, der durch die Decke wächst, mit dem oberen Wohnzimmer verbunden.

Das ganze Haus verkörpert die Vision des Künstlers, mit der Natur und ihren Besonderheiten weitgehend in Einklang zu leben. Taro de Tahiche ist heute ein Museum, in dem man Manriques Werke, seine Skizzen und Projektstudien sehen kann, aber auch Werke von Pablo Picasso, Antonio Tapiès, Joan Miró und Jesús Soto.

Die großen Terrassen und der Garten sind ein wichtiger

**Taro de Tahiche, Manriques Wohnhaus**

Teil der gesamten Anlage. Mitten im Garten in der Nähe des Cafés befindet sich ein riesiges Wandbild, das César Manrique 1992 aus Vulkangestein und bunten Keramikfliesen schuf.

🏛 **Fundación César Manrique**
Taro de Tahiche. 📞 928 843 138. 🕐 Nov–Juni: Mo–Sa 10–18 Uhr, So 10–15 Uhr; Juli–Okt: tägl. 10–19 Uhr. ♿

---

### CÉSAR MANRIQUE (1919–1992)

César Manrique war Maler, Bildhauer, Architekt, Stadtplaner, Kunstrestaurator und Umweltschützer in einem. Er wurde in Arrecife geboren und widmete sich nach seinem Militärdienst ganz der Kunst. Seine abstrakten Werke wurden überall in Europa, in Japan und in den USA ausgestellt, er erlangte internationale Anerkennung. 1968 kehrte Manrique nach Lanzarote zurück und engagierte sich dafür, dass die Natur und das Landschaftsbild der Insel vor dem unkontrollierten touristischen Bauboom geschützt wurden. Manriques Bemühungen hatten Erfolg. Es wurden strenge Bauvorschriften erlassen, die Höhe, Stil, Gestaltung und Farbe von neuen Gebäuden regelten. Manrique selbst entwarf für die Insel viele einzigartige Bauten, die er in die jeweilige Vulkanlandschaft integrierte. Der Künstler starb 1992 bei einem Autounfall – doch seine künstlerischen Spuren und sein Vermächtnis sind von Lanzarote nicht mehr wegzudenken.

**César Manrique vor einem gewaltigen Lavafeld**

Der Metallkaktus am Eingang zum Jardín de Cactus von Guatiza

## Guatiza ❹

🏛 840.
17 km nordöstlich von Arrecife.

Rings um den kleinen Ort Guatiza mit der Kapelle **Santa Margarita** aus dem 19. Jahrhundert erstrecken sich Plantagen mit Feigenkakteen. Auf den stacheligen Pflanzen werden Koschenilleschildläuse gezüchtet, deren roter Farbstoff in der Nahrungsmittelindustrie Verwendung findet.

Inmitten der Kakteenplantagen liegt der **Jardín de Cactus**, der 1987 nach Entwürfen von César Manrique angelegt wurde. Vor dem Eingang fällt ein acht Meter hoher Metallkaktus ins Auge. Der botanische Garten liegt wie ein großes Amphitheater in einer Senke; sie entstand, als Inselbewohner vulkanische Asche abtrugen, um damit ihre Felder zu düngen.

Auf den künstlich angelegten Terrassen gedeihen etwa

10 000 Kakteen, die rund 1000 verschiedenen Arten angehören. Eine weiße Windmühle überragt die Anlage, die auch ein Restaurant hat.

🌵 **Jardín de Cactus**
📞 928 529 397.
🕐 tägl. 10–17.45 Uhr. 🖼

## Jameos del Agua ❺

Carretera de Órzola. 🚌 📞 928 848 020. 🕐 tägl. 9.30–19 Uhr, Mi, Do, Sa bis 2 Uhr. 🖼

César Manrique baute in den späten 1960er Jahren natürliche Höhlen, die sich in einem Lavafeld gebildet hatten, zu einem Komplex aus, der verschiedene »Unterhaltungsräume« umfasst.

Die Jameos del Agua im Nordosten der Insel liegen ganz nah am Meer. Eine Treppe führt zu einem unterirdischen Restaurant und in eine Höhle, die 62 Meter lang, 19 Meter breit und

21 Meter hoch ist. Darin liegt ein See, der unterirdisch mit dem Meer verbunden ist und deshalb den Wechsel der Gezeiten mitmacht. In diesem Gewässer lebt auch eine seltene blinde Krabbenart.

Über den Höhlen findet man im Jameo Grande einen schön geformten Swimmingpool, umgeben von weißem Sand und von kunstvoll angelegten tropischen Pflanzen. Etwas ganz Besonderes ist der unterirdische Konzertsaal, der Platz für 600 Zuschauer bietet und für seine einzigartige Akustik berühmt ist. Außerdem gibt es eine interessante Ausstellung über Vulkane zu sehen. Drei Tage in der Woche verändert die Anlage abends ihr Gesicht und wird zu einem Nachtklub.

Künstlicher Kraterpool mit Palmen in Jameos del Agua

## Cueva de los Verdes ❻

26 km nördlich von Arrecife.
📞 928 173 220.
🕐 tägl. 10–17 Uhr. 🖼 🖼

Cueva de los Verdes ist ein sieben Kilometer langer natürlicher Tunnel im Vulkangestein, der vor 5000 Jahren beim Ausbruch des nahen Monte Corona entstand. Es ist einer der längsten unterirdischen Gänge der Welt. Der Name der Höhle hat nichts mit grüner Farbe zu tun (die Lava hier ist eher graubraun), sondern stammt von einer Hirtenfamilie, den Verdes, die im 18. und 19. Jahrhundert hier wohnte.

Nichts für klaustrophobische Menschen: die Cueva de los Verdes

Schon seit dem 17. Jahrhundert wurde dieser natürliche Zufluchtsort von den Einheimischen aufgesucht, wenn sie Schutz vor Piraten oder Sklavenhändlern suchten.

1964 installierte man elektrisches Licht und machte zwei Kilometer der Höhle für Besucher zugänglich. Die Tour dauert rund 50 Minuten; sie führt an einem kleinen unterirdischen See vorbei, der zwar nur 20 Zentimeter Wasser enthält, aber wegen der Spiegelung weit tiefer wirkt. Eine zweite Höhle wurde zu einem Konzertsaal ausgebaut.

**Flechtenbewuchs auf den Lavafeldern von Malpaís de la Corona**

## Malpaís de la Corona ❼

Gʀᴏssᴇ Lᴀᴠᴀꜰᴇʟᴅᴇʀ bezeugen bis heute die heftigen Vulkanausbrüche, die vor rund 5000 Jahren die Insel erschütterten. Über 30 Quadratkilometer erstreckt sich im Norden Lanzarotes, zwischen dem Dorf Órzola und der Punta de Mujeres bei Arietta, ein wildes, unwirtliches Gebiet aus Lavabrocken, auf denen sich nur langsam eine spärliche Vegetation

ansiedelt. Am Westende von Malpaís, dem »schlechten Land«, erhebt sich weithin sichtbar der Vulkan Monte Corona auf eine Höhe von 609 Metern. An seinem Fuß beitzt er einen Durchmesser von 1100 Metern, der obere Krater hat immerhin noch einen Durchmesser von 450 Metern. All die bizarren Lavaformationen im Norden der Insel gehen auf die Aktivität dieses Vulkans zurück.

## Órzola ❽

🚶 100. 🚐 ⛴

Dᴀs ᴀʙɢᴇʟᴇɢᴇɴᴇ Fischerdorf an der Nordspitze Lanzarotes kommt einem fast wie »das Ende der Welt« vor, doch ein hervorragendes, direkt am Meer gelegenes Fischrestaurant lockt viele Besucher an. Ein weiterer Anziehungspunkt der Gegend ist die **Playa de la Cantería** westlich von Órzola. Wegen der starken Strömungen kann man hier zwar selten schwimmen, dafür aber die wildromantische Umgebung am Strand genießen.

Vor allem durch die Fährverbindung zur benachbarten **Isla Graciosa** wird Órzola aus seiner ruhigen Abgeschiedenheit gerissen. Von Graciosa aus kann man mit Fischerbooten an die Inseln **Montaña Clara** und **Alegranza** heranfahren. Diese Felsen im Meer sind unbewohnt und wurden 1986 zum Schutzgebiet erklärt; Besucher dürfen sie nicht mehr betreten.

**Blick vom Mirador de Guinate auf Isla Graciosa**

## Isla Graciosa ❾

🚶 500. ⛴

Dɪᴇ ᴍɪᴛ 27 Quadratkilometern Fläche kleinste bewohnte Insel des Archipels ist von Lanzarote nur durch den einen Kilometer breiten Meeresarm El Río getrennt, und so unternehmen viele Einheimische und Besucher einen Tagesausflug auf die »anmutige Insel«. Wer allerdings Ruhe und Abgeschiedenheit sucht, sollte hier über Nacht bleiben.

Isla Graciosa ist ein idealer Ort zum Tauchen, Angeln und Wandern. Im Inneren der Insel erheben sich mehrere Vulkankrater – der höchste davon ist Aguijas Grandes mit 266 Metern. Rings um die Insel verlaufen lange Strände mit goldfarbenen Sanddünen. Der schönste Strand ist die kilometerlange **Playa de las Conchas** an der Nordküste. Hier man der vorgelagerten, unbewohnten Inseln Montaña Clara, Roque del Este und Alegranza, die zum sogenannten Archipelago Chinijo gehören, vor Augen.

Der Tourismus wird auf der Isla Graciosa bewusst in sehr begrenztem Rahmen gehalten. Es gibt kein großes Hotel, aber im Hafenort **Caleta del Sebo** findet man Pensionen und ein paar Restaurants.

**Inmitten der unwirtlichen Natur: Órzola am Nordende des Malpaís de la Corona**

# Mirador del Río ❿

☎ 928 173 536, 928 644 318.
🕐 tägl. 10–17.45 Uhr. 🖼

D ER AUSSICHTSPUNKT Mira-
dor del Río erhebt sich
im Norden von Lanzarote
479 Meter über dem Meer.
Von diesem Felsen aus hat
man einen atemberaubenden
Blick über die Klippen und
auf die nahen kleinen Inseln
Graciosa, Montaña Clara und
Aleganza.

1898, während des Spa-
nisch-Amerikanischen Krieges,
der zur Loslösung Kubas von
Spanien führte, wurde hier
ein Artillerieposten errichtet,
um die Meerenge El Río zu
bewachen. 1973 gestaltete
César Manrique das Gelände
und schuf ein Gebäude der
besonderen Art.

Das Café-Restaurant mit rie-
sigem Panoramafenster ist in
den Felsen gebaut und von
außen kaum als architektonisches Gebilde zu erkennen.
Die Innenräume sind
schlicht: Holz und
nackte, weiße Wän-
de bestimmen den
Gesamteindruck des
Felsencafés. Von der
Aussicht aufs Meer
lenken nur einige gro-
ße Mobiles ab, die
ebenfalls das Werk von
César Manrique sind.
Sie sind nicht nur
überaus dekorativ,
sondern dämpfen
auch wohltuend den Schall,
da die Raumakustik nicht die
beste ist.

**Schild am
Mirador del Río**

**Von innen und außen möglich:
die Aussicht vom Mirador del Río**

**Harías Zentrum mit seinen schön restaurierten weißen Häusern**

# Guinate ⓫

🚶 50. 🚌

A M FUSS des Vulkans Monte
Corona liegt das kleine
Bergdorf Guinate, das vor
allem Vogelliebhaber anzieht.
Der auf Terrassen angelegte
**Parque Tropical** hat kleine
Wasserfälle, Teiche und
schöne Pflanzen.
1300 Exemplare von
300 exotischen Vo-
gelarten leben hier
in Freigehegen, des
Weiteren einige klei-
ne Affen. Im Rah-
men einer Show zeigen
die Vögel allerlei Kunst-
stückchen: Der Rol-
ler fahrende Papagei
ist vor allem bei Kin-
dern der Hit.

🦜 **Parque Tropical**
☎ 928 835 500.
🕐 tägl. 10–17 Uhr. 🖼

UMGEBUNG: Vom **Mirador la
Graciosa**, ganz in der Nähe
des Dorfes gelegen, hat man
einen wundervollen Blick auf
die benachbarten Inseln.

# Haría ⓬

🚶 3000. 🚌 ℹ Plaza de la Constitución. ☎ 928 835 251. 🎉 San
Juan (23. Juni), San Pedro (29. Juni).

E INEN BESONDERS exotischen
Eindruck vermittelt Haría
mit seinen würfelförmigen,
weiß getünchten Häusern, die
stark an die Architektur Nord-
afrikas erinnern. Haría liegt in
einem Tal, wo traditionell
Landwirtschaft betrieben
wird. Der Eindruck des Tals
wird aber vor allem durch
Palmen geprägt, und zu Recht
wird es »Tal der tausend Palmen« genannt. Früher gab es
noch mehr dieser Bäume,
doch viele von ihnen ver-
brannten bei einem Piratenangriff im Jahr 1856.

Um die **Plaza León y
Castillo** stehen Bäume und
schön restaurierte alte Häuser. An einer Seite des Platzes
befindet sich die Kirche
**Nuestra Señora de la En-
carnación**.

UMGEBUNG: Den schönsten
Blick auf Haría, das Tal und
die umliegenden Vulkane
bietet der **Mirador de Haría**.

# Teguise ⓭

🚶 9000. 🚌 ℹ C/General Franco, 1.
☎ 928 845 072. 🎉 So. 🎉 Nuestra
Señora del Carmen (16. Juli), Virgen
de las Nieves (5. Aug).

T EGUISE IST eine der ältesten
Städte auf Lanzarote. Ge-
gründet wurde sie 1418 von
Maciot, dem Neffen und
Nachfolger von Jean de Béthencourt. Er soll mit Prinzessin Teguise, der Tochter des
Guanchen-Königs Guadarfía,
hier gelebt haben.

Kopfsteingepflasterte Straßen verbinden große Plätze,
an denen schöne Häuser stehen – Teguise sieht man seinen früheren Wohlstand an.
Wer sich unter vielen Menschen wohlfühlt, kommt am

Das Castillo de Santa Bárbara liegt hoch über Teguise

Sonntag hierher, wenn der große Markt stattfindet und Dutzende von Ständen die Straßen füllen. An den anderen Tagen ist es ruhig; einige wenige gepflegte Lokale und Läden laden zum Besuch ein.

Jahrhundertelang blieb Teguise die größte und reichste Stadt der Insel, bis 1852 war es Hauptstadt mit dem offiziellen Namen La Villa Real (Königsstadt) de Teguise. Wie alle wohlhabenden Städte war auch Teguise wiederholt das Ziel von Piratenangriffen. Der Callejón de la Sangre (Straße des Blutes) verdankt seinen Namen einem der schlimmsten Überfälle und erinnert an die Opfer von 1596.

Am Hauptplatz steht die Kirche **Nuestra Señora de Guadalupe**, die seit ihrem Bau im 15. Jahrhundert so viele Umbauten erfuhr, dass man Merkmale aus allen Epochen findet. Das Innere ist vor allem neugotisch und zeigt eine Figur der Schutzheiligen. Der 1730 begonnene und 1780 fertiggestellte **Palacio Spínola** auf der gegenüberliegenden Seite des Platzes ist eine schöne Residenz mit kleinem Brunnenhof. Heute beherbergt das Gebäude ein Museum, ist aber auch offizieller Sitz der Provinzverwaltung der Insel. César Manrique überwachte die Restaurationsarbeiten. Auch zwei Klosterkirchen hat Teguise zu bieten. Im

Löwe am Palacio Spínola von Teguise

**Convento de Miraflores** aus dem 16. Jahrhundert wurden früher berühmte Einwohner Lanzarotes bestattet; heute finden hier Kulturveranstaltungen statt. Im **Convento de Santo Domingo** aus dem 17. Jahrhundert steht noch der originale Hauptaltar; in der Abtei ist das Centro Arte untergebracht.

Auf dem 452 Meter hohen Guanapay ragt das **Castillo de Santa Bárbara** über der Stadt auf. Es wurde im frühen 16. Jahrhundert erbaut und lohnt den Besuch wegen der Aussicht und des **Museo del Emigrante Canario**. Es dokumentiert die Geschichte der kanarischen Emigranten, die nach Süd- und Mittelamerika auswanderten.

🏛 **Palacio Spínola**
Plaza de San Miguel.
📞 928 845 181. ⏲ Mo–Fr 9–15 Uhr, Sa, So 9.30–14 Uhr. 📷
🏛 **Museo del Emigrante Canario**
Volcán de Guanapay.
📞 928 845 001. ⏲ Di–Fr 10–16 Uhr, Sa, So 10–14 Uhr. 📷

# La Caleta de Famara ⓮

🚶 650. 35 km nördlich von Arrecife. 🚌

DAS KLEINE Fischerdorf im Nordwesten besitzt ein paar Restaurants. Die **Urbanizacíon Famara** östlich des Dorfes ist eine Ansammlung von Ferienbungalows – den ältesten der Insel.

Hauptattraktion ist die **Playa de Famara**, ein drei Kilometer langer Sandstrand mit Dünen, einer der schönsten auf Lanzarote. Er erstreckt sich unterhalb hoher Klippen, die erst beim letzten Vulkanausbruch 1824 entstanden. Allerdings ist die See auf dieser Seite der Insel oft rau, und starke Strömungen machen das Schwimmen gefährlich. Nur geübte Surfer sollten sich hinauswagen. Die Steilküste ist ein Anziehungspunkt für Drachenflieger.

Im Dorf selbst haben sich Künstler niedergelassen. Die herbe, faszinierende Gegend mit den steilen Klippen und der einzigartigen Flora steht jetzt unter Naturschutz.

Herber Charme: Playa de Famara, einer der schönsten Strände von Lanzarote

Dromedar, Esel und Windmühle beim Museo Agrícola El Patio, Tiagua

## Tiagua **⑮**

🏃 300. 🚌

DAS DORF TIAGUA ist von der Landwirtschaft geprägt und vermittelt einen Einblick in die Geschichte und Tradition der Insel.

Mitte des 19. Jahrhunderts begannen hier verarmte Bauern, das Land zu bewässern und zu bewirtschaften; sie bauten 1854 einen Hof, der ein Jahrhundert später zu den besten Betrieben der Insel zählte. In diesem Gebäude ist heute das **Museo Agrícola El Patio** zu Hause. Man kann eine Reihe intakter Windmühlen sehen, landwirtschaftliche Geräte, Trachten, einen Webstuhl sowie eine Sammlung alter Fotografien und bekommt einen Eindruck von den Lebensbedingungen auf dem Land.

🏛 **Museo Agrícola El Patio**
📞 928 529 134. ⭕ Mo–Fr 10–17 Uhr, Sa 10–14 Uhr. 📷

## San Bartolomé **⑯**

🏃 5000. 🚌
📷 San Bartolomé (15. Aug).

DIE GUANCHEN nannten den Ort Ajei. Das heutige San Bartolomé ist nicht besonders spektakulär, doch sieht man einige auffallende Häuser im typischen Stil der Kanaren, darunter die **Casa Pedromo**

aus dem 18. Jahrhundert mit ihrem schönen Hof und der kleinen Kapelle Nuestra Señora del Pino. Hier zeigt heute das **Museo Etnográfico Tanit** Musikinstrumente, landwirtschaftliche Geräte und Möbel. Am Platz im Zentrum steht die Kirche **San Bartolomé** (1789).

🏛 **Museo Etnográfico Tanit**
C/Constitucíon, 1.
📞 928 520 655. ⭕ Di–So 9.30–13.30 Uhr. 📷

**Manriques Plastik Monumento al Campesino**

**UMGEBUNG:** Nördlich von San Bartolomé steht das **Monumento al Campesino** (Denkmal für den Bauer), eine 15 Meter hohe Plastik, entworfen von César Manrique und 1968 von Jesús Soto ausgeführt. Es ist aus alten Wasserbehältern zusammengesetzt, die früher auf Fischerbooten benutzt wurden. Manrique hat das Denkmal den »namenlosen Bauern« gewidmet, die »mit harter Arbeit die einzigartige Landschaft der Insel prägten«.

Neben dem Denkmal kann man in der **Casa-Museo del Campesino** Werkstätten besichtigen. Hier erfährt man etwas vom Landleben und Handwerk früherer Zeiten. Das Restaurant ist eine gute Wahl für ein Mittagessen.

🏛 **Casa-Museo del Campesino**
⭕ tägl. 10–18 Uhr.

## Parque Nacional de Timanfaya **⑰**

Siehe S. 92f.

## Yaiza **⑱**

🏃 8800. 🚌 ℹ️ Departamento de Turismo. 📞 928 830 333. 📷 San Marcial (Juni), Nuestra Señora de los Remedios (1. Woche im Sep).

AM FUSS der Montañas del Fuego (Feuerberge) präsentiert sich die Gemeinde Yaiza als einer der schönsten Orte von Lanzarote. Im 19. Jahrhundert ließen sich reiche Händler hier nieder. Noch heute zeugen die vielen Palmen und die prächtigen Häuserfassaden vom einstigen Wohlstand. Die dreischiffige, asymmetrische Kirche **Nuestra Señora de los Remedios** stammt aus dem

Ehemaliges Privathaus im reichen Yaiza, heute ein Hotel

Los Herviders, die bizarren Höhlen südlich von El Golfo

18. Jahrhundert und besitzt einige schöne Gemälde aus jener Zeit. Beim barocken Deckenschmuck entdeckt man viele Elemente der Volkskunst. Die zahlreichen Läden der Hauptstraße bieten Stickereien, Keramik und anderes Kunsthandwerk an.

**UMGEBUNG:** Zwei Kilometer östlich von Yaiza kommt man bei **Uga** an den Platz, von dem aus die Dromedarausritte durch die Vulkanlandschaft am Rand des Parque Nacional de Timanfaya starten.

## El Golfo ⓳

🏠 110. 7 km nordwestlich von Yaiza.

BEIM KLEINEN Dorf El Golfo befindet sich ein Krater, in dessen Innerem sich ein tiefer See, der **Lago Verde**, gebildet hat. Die smaragdgrüne Farbe kommt von Algen; der Krater selbst ist das Ergebnis unterirdischer vulkanischer Aktivität im 18. Jahrhundert. Hier auch ein olivgrüner Halbedelstein zu finden, den man, zu Schmuck verarbeitet, kaufen kann.

In El Golfo endet die befahrbare Straße. Auf einem Pfad kommt man zu Fuß an die Stelle, von der aus man den besten Überblick über den See hat. Dramatische Lavaformationen verlaufen bis zum Meer; ein schmaler Streifen mit schwarzem Sand bildet einen Ministrand.

**UMGEBUNG:** Südlich von El Golfo »brodelt« die Brandung in **Los Herviders** (die Kessel), den großen Höhlen in den 15 Meter hohen Klippen.

## Salinas de Janubio ⓴

9 km nördlich von Playa Blanca.

AN DER FLACHEN natürlichen Bucht an der Westküste erstrecken sich die Salinas de Janubio – Salinen, in denen durch Verdunstung Salz gewonnen wird. Es ist die größte Anlage der Kanarischen Inseln; sie produziert pro Jahr aber nur noch rund 2000 Tonnen Meersalz – ein Teil der Anlage wurde stillgelegt. Früher pumpte man das Meerwasser mittels Windkraft in die Salinen, heute übernehmen das elektrische Pumpen.

Salzgewinnung war für Lanzarote bis in die 1960er Jahre ein wichtiger Wirtschaftsfaktor. Lebensmittel und vor allem Fische wurden mit Salz konserviert, und bis heute sind Fischer die Hauptabnehmer. Für die Fronleichnamsprozession fertigen die Insulaner aus gefärbtem Salz prächtige Kunstwerke.

Sonnenuntergang über den Salinas de Janubio

## Playa Blanca ㉑

🏠 6200. 🚌 🚢 🛈 Muelle de Playa Blanca. 🛈 928 517 794. 🛒 Mi.
🎉 Nuestra Señora del Carmen (Juli).

FRÜHER WAR ES ein Fischerdorf, heute ist Playa Blanca einer der größten Ferienorte der Insel. Es gibt regelmäßige Fährverbindungen nach Fuerteventura. An der Hafenbucht reihen sich Restaurants, Bars und Läden. Der Rest des Ortes ist relativ ruhig geblieben; die Hotelanlagen liegen am Ortsrand.

Playa Blanca besitzt mehrere Strände, einer erstreckt sich bequem nahe am Ort und ist vor allem bei Familien beliebt. Von hier blickt man auf Fuerteventura und Los Lobos. Die **Playas de Papagayo** sind vier Kilometer südöstlich von Playa Blanca zu finden. Die kleinen Buchten erreicht man zum Teil nur auf einer unbefestigten, staubigen Straße.

Castillo de las Coloradas, eine der Wachanlagen von Playa Blanca

**UMGEBUNG:** Das **Castillo de las Coloradas** in Punta del Águila ist ein Wachturm, der Mitte des 18. Jahrhunderts errichtet wurde. Zwischen hier und Punta de Papagayo liegen zahlreiche kleine Buchten mit Sandstränden, u. a. **Playa de las Mujeres**, **El Pozo** und **Papagayo**; manche der winzigen Buchten haben keinen Namen und verkleinern sich bei Flut dramatisch. Der Sand ist fein und fast weiß, das Wasser kristallklar, ruhig und warm. Die Gegend gehört zum Schutzgebiet **Los Ajaches**, das 1994 eingerichtet wurde. Seither muss man Eintritt zahlen. Wer weiterfährt, stößt auf einer Klippe auf die Überreste der ersten normannischen Siedlung **San Marcial del Rubicón**, die 1402 von Jean de Béthencourt gegründet wurde.

# Parque Nacional de Timanfaya ⑰

ZWISCHEN 1730 und 1736 quollen Rauch und flüssige
Lava aus den Montañas del Fuego, den »Feuerber-
gen«. Die Lavaströme begruben ganze Dörfer und ver-
wandelten weite Teile des fruchtbaren Landes in ein
starres Meer aus grauem Vulkangestein und kupferfar-
benem Sand. Im Zeitalter des Tourismus ist diese Landschaft Lanzarotes größte Attraktion. 1974 machte man
das Herzstück der Vulkane mit dem 517 Meter hohen
Pico Partido zum Nationalpark. Auch wenn die Vulkane
zurzeit sicher erscheinen, sind sie noch immer aktiv –
und Schwefelgeruch hängt in der Luft.

**Das Logo des Parks**
*Der kleine Teufel, den César
Manrique entwarf, weist auf
den Nationalpark hin und
steht auch am Eingang.*

**Montañas del Fuego**
*Den besten Blick auf die Feuerberge
hat man von Femés aus. Privat kann
man nur einen kleinen Teil der ge-
schützten Mondlandschaft erkunden.
Für Touren braucht man einen
Führer; ansonsten fahren Busse die
Besucher zu attraktiven Stellen.*

**LEGENDE**

| | |
|---|---|
| 🟨 | Nebenstraße |
| = | Ruta de los Volcanes |
| ··· | Wanderweg |
| — | Parkgrenze |
| 🚌 | Start der Bustour |
| ℹ | Information |
| 🍴 | Restaurant |
| ⚜ | Aussichtspunkt |

EL VOLCÁN

HALCONES
▲
103 m

Ruta de los Volca

Casas de
Juan Perdomo

**Echadero
de los Camellos**
*Auf dem Rücken eines
Dromedars kann man
sich eine halbe Stunde
lang durch die Randge-
biete von Timanfaya
schaukeln lassen. Eine
kleine Ausstellung infor-
miert über die Tiere.*

**INFOBOX**

ℹ Centro de Visitantes e Interpretación, *Mancha Blanca*, Ctra. LZ-67, km 11,5. Tinajo.

☎ 928 840 839. ⏱ *tägl.* 9–17 Uhr. 🖼 ♿ P H W

www.reddeparquesnacionales.mma.es

**Vulkanshow**

*Wenn man trockene Flechten in eine kleine Vertiefung im Felsen wirft, entzünden sie sich sofort. Parkaufseher demonstrieren dieses Phänomen der Vulkanaktivität.*

**Geysir**

*Innerhalb von Sekunden wird Wasser, das man in eine Felsspalte gießt, als Wasserdampf wieder ausgestoßen. Auf dem Islote de Hilario herrschen bereits in zwölf Meter Tiefe Temperaturen von 600 °C.*

CALDERA BLANCA
▲ 149 m

TINAJO

CALDERA ROYA
427 m

LZ-67

CALDERA DE LOS CUERVOS
▲ 502 m

PICO PARTIDO
▲ 517 m

YAIZA

0 Kilometer                    2

**★ Vulkangrill**

*Knapp unter der Erdkruste herrschen 300 °C. Im Restaurant El Diabolo nutzt man das, um auf einem großen Grill Fleisch und Fisch zu braten.*

**NICHT VERSÄUMEN**

★ Vulkangrill

★ Ruta de los Volcanes

**★ Ruta de los Volcanes**

*Busse fahren Besucher an den beeindruckendsten Formationen vorbei. Man kann aussteigen und fotografieren oder einfach die einmalige Aussicht genießen.*

## Femés ❷

🏛 230. 🎉 San Marcial (7. Juli).

AM FUSS des 608 Meter ho-
hen Vulkankegels Atalaya
de Femés entstand in dem
gleichnamigen Dorf einer der
ältesten Kirchenbauten der
Insel, die **Ermita San Marcial del Rubicón**. Sie war
dem Schutzpatron Lanzarotes
geweiht und wurde im
16. Jahrhundert von Piraten
zerstört. Die heutige Kirche
stammt von 1733 und ist eben
jenem Heiligen geweiht, der
vor allem für die Belange
der Fischer zuständig ist. Im
Inneren der Kirche sieht man
viele kleine Segelschiffmodel-
le an den Wänden – leider ist
die Kirche nur für Gottesdienste geöffnet. Immer im
Juli gibt es ein großes Fest zu
Ehren von San Marcial.

Vom Zentrum des Ortes hat
man eine schöne Sicht auf die
Montaña Roja und das Meer;
vom Ortsrand aus kann man
das Panorama der Montañas
del Fuego genießen.

Ermita San Marcial del Rubicón, Femés

## La Gería ❸

Nordöstlich von Uga.

ZWISCHEN Masdache und
Uga erstreckt sich das Tal
La Gería, die größte Wein-
bauregion Lanzarotes. Rechts
und links der Straße sieht
man schwarze Lavafelder, vor
denen sich die grünen Blätter
der Weinstöcke abheben. Nur
selten durchbricht eine einzelne Palme das homogene,
fast unwirkliche Bild in diesem Naturschutzgebiet.

Für jeden Weinstock wurde
an den Vulkanhängen eine
kraterförmige Vertiefung von
ca. einem Meter Durchmesser
gegraben, damit die Setzlinge
im Boden wurzeln können.
Kleine Mäuerchen schützen
die Pflanze vor dem kalten
Passatwind. Die Rebstöcke
werden vor dem Austrocknen
bewahrt, indem man den Boden mit nussgroßen Vulkan-
steinchen *(gería)* bedeckt.
Das poröse Material nimmt
nachts Tau auf und bewahrt
die Feuchtigkeit.

# Lanzarotes Strände

TROTZ EINER 250 Kilometer langen
Küstenlinie hat Lanzarote wenig,
nämlich nur 30 Kilometer Sandstrand
zu bieten. Im Gegensatz zu den endlosen Dünenlandschaften von Fuerteventura sind Lanzarotes Strände eher
schmal und klein; über 30 Prozent von
ihnen wurden künstlich angelegt. Die
schönsten liegen nördlich von Arrecife
und auf der Isla Graciosa.

**Puerto del Carmen** ③
Der Ort besitzt einige
Strände, die fast alle
künstlich angelegt
wurden. Die größten
sind Playa Blanca und
Playa de los Pocillos;
bei beiden erstreckt
sich goldfarbener Sand
über einen Kilometer.

0 Kilometer    3

**Playas de Papagayo** ①
Eine staubige Piste führt im Süden zu einigen
wunderschönen kleinen Stränden, die zum
Land hin von hellen Klippen und Felsen
begrenzt werden. Feiner, heller Sand und
klares Wasser sind der Lohn für die Fahrt.

Uga
LZ-2
Femés
②
Playa Quemada
LZ-2
Playa
Blanca
① Playas
de Papagayo

Über 10 000 solcher mühevoll angelegter Vertiefungen gibt es – eine fotogen gegliederte Fläche. Aus den Weintrauben wird der süße, aromatische Malvasier *(malvasía)* gekeltert, für den Lanzarote berühmt ist. Ihn kann man in einer der kleinen *bodegas* kosten oder aber auch in den *fincas*, die ihn direkt verkaufen.

Die Weinberge sind eher klein. El Grifo am Nordrand von La Gería ist hier ein gutes Beispiel. Im **Museo del Vino de Lanzarote** – in einer alten *bodega* aus dem Jahr 1775 eingerichtet – kann man die Anbaumethoden studieren. Neben einer Sammlung alter Geräte gibt es auch eine Bibliothek mit über 1000 Büchern sowie Handschriften aus dem 17. und 18. Jahrhundert zum Thema Weinbau.

**🏛 Museo del Vino de Lanzarote**
**☎** *928 524 951.*
**○** *tägl. 10.30–18 Uhr.*
**W** *www.elgrifo.com*

# Puerto del Carmen ㉔

**🚶** *9500.* **🚌 🚢 ℹ** *Avda. de las Playas.* **☎** *928 515 337.*
**🎭** *Nuestra Señora del Carmen (Aug.).*

DAS EHEMALIGE Fischerdorf hat sich in den letzten Jahren zu einem der wichtigsten Ferienorte entwickelt. Die Strände an der Avenida de las Playas zählen zu den schönsten von Lanzarote.

In Puerto del Carmen reihen sich Hotels, Pensionen, Läden, Restaurants, Nacht-klubs und Banken aneinander. Zahlreiche Geschäfte bieten (Sport-)Unternehmungen an – von Windsurfen oder Tauchen bis hin zu Angelexkursionen oder Katamaranfahrten nach Fuerteventura und zur Isla de los Lobos.

**UMGEBUNG:** Neun Kilometer nördlich kann **Puerto Calero** den schönsten Yachthafen der Insel vorweisen. Von hier aus starten Glasbodenboote zum Bestaunen der Unterwasserwelt oder Ausflugsboote zu den Playas de Papagayo.

**Der Hafen mit dem ältesten Viertel von Puerto del Carmen**

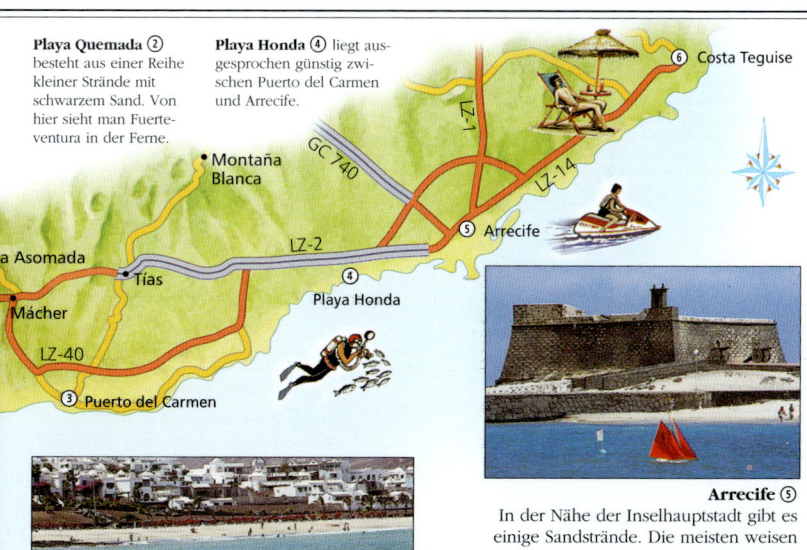

**Playa Quemada ②** besteht aus einer Reihe kleiner Strände mit schwarzem Sand. Von hier sieht man Fuerteventura in der Ferne.

**Playa Honda ④** liegt ausgesprochen günstig zwischen Puerto del Carmen und Arrecife.

**Arrecife ⑤**
In der Nähe der Inselhauptstadt gibt es einige Sandstrände. Die meisten weisen eine blaue Flagge auf, die anzeigt, dass man gefahrlos baden kann.

**Costa Teguise ⑥**
Der Sandstrand Las Cucharas ist hübsch zum Sonnenbaden und Schwimmen. Hier kann man auch Windsurfen lernen und ein nahes Schiffswrack beim Tauchen erkunden.

# TENERIFFA

DER NAME TENERIFE *(wie die Insel auf Spanisch heißt) bedeutete in der Guanchen-Sprache »weißer Berg« und bezog sich auf den Pico de Teide, Spaniens höchsten Berg. Der 3718 Meter hohe Vulkan im Zentrum der Insel und seine Caldera sind großteils Nationalpark. Je nach Jahreszeit ist der Gipfel in Wolken oder Schwefeldunst gehüllt; oft ist er schneebedeckt – immer aber faszinierend.*

Teneriffa liegt zwischen La Gomera und Gran Canaria und ist mit einer Fläche von 2034 Quadratkilometern die größte Insel der Kanaren. Rund 830 000 Menschen leben hier, die meisten im Norden der Insel in der Hauptstadt Santa Cruz de Tenerife und deren Einzugsbereich.

**Balkon an einem Haus in La Orotava**

Durch den gewaltigen Gebirgszug, zu dem der Pico de Teide gehört, und durch den Einfluss des Nordost-Passats besitzt die Insel zwei extrem unterschiedliche Klimazonen: Im feuchten Norden und Nordwesten gibt es eine üppige tropische Vegetation und sogar immergrüne Weinstöcke. Im Süden und Südosten ist es heißer und trockener; folglich ist die Landschaft karg, steinig und fast wüstenhaft. Deshalb wird Teneriffa (wie auch Gran Canaria) häufig als »Miniaturkontinent« bezeichnet.

Bereits Ende des 19. Jahrhunderts gab es den ersten Fremdenverkehr auf Teneriffa; mittlerweile ist der Tourismus wichtigster Wirtschaftsfaktor. Das erste Hotel der Insel, das Grandhotel Taoro in Puerto de la Cruz, wurde 1892 gebaut – es war damals eines der größten in Spanien.

In den späten 1960er Jahren boomte der Fremdenverkehr. Zunächst zog es die Besucher eher in den tropischen Norden. Aber bald erwies sich das trockenere Klima des Südens als attraktiver, und so wurden weite felsige Küstenabschnitte mit Sand aus der Sahara aufgeschüttet, Hotelanlagen errichtet und bewässerte Gärten angelegt. Die Investitionen haben sich gelohnt – heute sind die im Süden gelegenen Ferienorte wie Playa de las Américas oder Los Cristianos Zentren des Tourismus.

**Ferienanlage an der Küste von Playa de las Américas**

◁ Der Pico de Teide, das Wahrzeichen Teneriffas, ist von fast überall auf der Insel zu sehen

# Überblick: Teneriffa

DAS MILDE KLIMA Teneriffas – mit einer Durchschnittstemperatur von 20 °C an der Küste – zieht viele Urlauber an. Die meisten bleiben in den großen Ferienorten, genießen Sonne und Meer und nutzen die Wassersportangebote. Der Parque Nacional del Teide mit seinem felsigen Vulkangestein ist ein Wanderparadies, ebenso der Parque Rural de Anaga mit seinen schroffen Felsen und seiner faszinierenden Fauna. Im Februar wird auf der ganzen Insel Karneval gefeiert, vor allem in Santa Cruz finden dann prächtige Umzüge und ausgelassene Feste statt, die an den Karneval in Rio de Janeiro denken lassen.

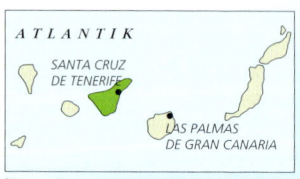

ATLANTIK

SANTA CRUZ
DE TENERIFE

LAS PALMAS
DE GRAN CANARIA

ZUR ORIENTIERUNG

PUERTO
DE LA CRUZ

LORO PARQUE ⑧

GARACHICO ⑪

ICOD
DE LOS VINOS ⑩

TF

⑨
LOS
REALEJOS

MASCA
TF 82

SANTIAGO ⑬
DEL TEIDE ⑫

TF 2

PARQUE NACIONAL
DEL TEIDE
⑯

LOS GIGANTES UND ⑭
PUERTO DE SANTIAGO

TF 36

TF 21

0 Kilometer    10

TF 47

GUÍA DE
ISORA

TF 21

⑰ VILAFLOR

GRANADILLA
DE ABONA

ADEJE
TF 51

TF 82

ARONA

SAN MIGUEL

SAN ISIDRO

PLAYA DE LAS
AMÉRICAS UND ⑮
LOS CRISTIANOS

TF 82

EL MÉDA

LAS GALLETAS    COSTA DEL
SILENCIO

**Masca: einst ein Piratennest, heute
eines der schönsten Bergdörfer**

## ANREISE

Teneriffa hat zwei Flughäfen: Reina Sofía im Süden wickelt großteils den internationalen Flugverkehr ab. Von Tenerife Norte im Norden gehen die Flüge zu den anderen Kanarischen Inseln sowie einige Charterflüge ab. Fähren verbinden Teneriffa mit Cádiz und mit allen Inseln des Archipels. Für den Busverkehr sorgt die Gesellschaft TITSA, doch nicht in allen Teilen der Insel verkehren Busse. Einige Orte kann man mit organisierten Bustouren erreichen, für andere braucht man einen Mietwagen.

## PARQUE RURAL DE ANAGA

BAJAMAR ④

TAGANANA ●

③

TF 13

TF 12

TACORONTE ⑤

TF 5

② LA LAGUNA

EL SAUZAL ●

LA ESPERANZA ●

TF 24

TACO ●

① SANTA CRUZ DE TENERIFE

TF 1

OROTAVA

⑲ CANDELARIA

TF 24

GÜIMAR ⑳

TF 1

● EL PUERTITO

TF 28

ARICO

Die Bucht von El Médano – ein Mekka für Windsurfer

**LEGENDE**

| | |
|---|---|
| ▦ | Autobahn |
| ▬ | Hauptstraße |
| ▬ | Nebenstraße |
| ▬ | Panoramastraße |
| ⚒ | Flughafen |
| ⛴ | Fährhafen |
| ❉ | Aussichtspunkt |

**SIEHE AUCH**

• *Übernachten* S. 160f

• *Restaurants* S. 172–174

Sandstrand am Küstenstreifen von Playa de las Américas

## SEHENSWÜRDIGKEITEN AUF EINEN BLICK

# Santa Cruz de Tenerife ❶

Santa Cruz de Tenerife bekam seinen Namen vom Heiligen Kreuz der Konquistadoren, das Alonso Fernández de Lugo 1494 aufstellte, als er bei Añaza an Land ging. Im 16. Jahrhundert entwickelte sich das Fischerdorf zum wichtigen Hafen für das im Landesinneren liegende La Laguna. Seit 1723 ist Santa Cruz de Tenerife das Verwaltungszentrum der Insel, von 1822 bis 1927 war es Hauptstadt des gesamten Archipels. Heute kann man im Hafen viele große Schiffe beobachten – von den Tankern aus Venezuela und dem Mittleren Osten über Containerschiffe, die Bananen und Tomaten verladen, bis hin zu Luxusdampfern.

**Der imposante Glockenturm von Nuestra Señora de la Concepción**

**Überblick: Santa Cruz de Tenerife**
Die Architektur in der Hauptstadt ist geprägt vom Kolonialstil des 19. Jahrhunderts. Es gibt zwar wenige historische Sehenswürdigkeiten, dafür aber eine Vielzahl von Läden sowie Museen und Kunstgalerien. Das Teatro Guimerá bietet ein klassisches Repertoire; jährlich findet das Festival klassischer Musik statt. Und dann ist da natürlich noch der Karneval, der im Februar von der Stadt Besitz ergreift.

**Museo de la Naturaleza y el Hombre**
C/Fuente Morales, s/n. *922 535 816.* *Di–So 9–19 Uhr.* *1. Jan, 24. & 25. Dez.*
Das Naturhistorische Museum hat seinen Sitz in einem klassizistischen Gebäude, dem ehemaligen Militärhospital. Eine farbenfrohe Multimedia-Show geht auf Geologie, Frühzeit, Flora und Fauna der Kanarischen Inseln ein. Neben Mumien- und Schädelfunden aus der Guanchen-Zeit gibt es eine Sammlung mit Artefakten (u.a. Keramik, afrikanische Schnitzereien, präkolumbische Kunst) sowie Fossilienfunde aus der ganzen Welt zu sehen.

**Iglesia de Nuestra Señora de la Concepción**
C/Domínguez Alfonso.
Die Kirche stammt zwar aus dem Jahr 1498, ihr heutiges Aussehen verdankt sie jedoch einer Umgestaltung in der ersten Hälfte des 18. Jahrhunderts. Das Innere prunkt mit reicher Ausstattung, Gemälden, Skulpturen und einem Hauptaltar von José Luján Peréz.

Interessant sind auch einige Gegenstände zur Geschichte Teneriffas, darunter das silberne Kreuz (Santa Cruz) der Konquistadoren sowie britische Flaggen, die man während Nelsons Angriff 1797 eroberte.

**Madonna an der Plaza de la Candelaria**

**Plaza de España**
Im Stadtzentrum nahe beim Hafen ragt ein riesiges Denkmal – **Monumento de los Caídos** – im Zentrum der Plaza de España auf. Die Bronzefiguren sind das Werk von Enrique César Zadivar und erinnern an die Opfer des Spanischen Bürgerkriegs. Die Südseite des Platzes nimmt das von José Enrique Marrero entworfene **Cabildo Insular** ein. Der Bau ist ein Beispiel für die faschistische Architektur der 1930er Jahre. Heute sind hier der Regierungssitz von Teneriffa und das Fremdenverkehrsamt der Stadt untergebracht.

**Plaza de la Candelaria**
Westlich der Plaza de España erstreckt sich die 1701 angelegte Plaza de Candelaria (offizieller Name: Plaza de la Constitución), ein beliebter Treffpunkt, wo man vor allem abends promeniert. Das Marmordenkmal in der Mitte – **El Triunfo de la Candelaria** – stellt den Schutzheiligen der Insel dar. Es wurde 1787 enthüllt und ist das Werk des italienischen Meisters Antonio Canova. Das auffallendste Gebäude am Platz ist der **Palacio de Carta** (1742). Er beherbergte früher die Präfektur, heute ist eine Zweigstelle der Banco Español de Crédito darin untergebracht. Sehenswert ist der typische kanarische Patio.

**Plaza de España, ein markanter Orientierungspunkt in der Stadt**

**Calle Castillo, die Haupteinkaufs-
straße der Hauptstadt**

### ⊞ Calle Castillo

In der schmalen, sympathi-
schen Fußgängerzone Calle
Castillo und in den Nebenstraßen steht ein kleiner
Laden neben dem anderen.
Während der Siesta zwischen
13 und 16.30 Uhr scheint das
Leben hier stillzustehen, ansonsten ist die Straße laut und
voll. Hier bekommt man alles
was man braucht. Die Läden
bieten von Designer-Kleidung
bis zu Uhren und elektronischen Gütern viele Schnäppchen an. In großen Kunst-
handwerksläden kann man
typische Stickereien, Korb-
und Tonwaren erstehen.

### ⊞ Mercado de Nuestra Señora de África

Avenida de San Sebastián.
🕐 Mo–Sa 9–15 Uhr.
Die große Markthalle mit den
zwei Etagen wurde 1943 in
Anlehnung an die nordafrika-
nische Architektur gebaut.
Von Obst über Gewürze bis
zum Fisch wird hier alles Er-
denkliche frisch angeboten –
eine gute Gelegenheit, die
vielen Gerüche und Farben
der Lebensmittel zu genießen
oder sich für ein Picknick mit
Köstlichkeiten zu versorgen.

### 🔒 Iglesia San Francisco

C/Villalba.
Die Franziskanerabtei gegenüber dem Museo de Bellas
Artes wurde um 1680 ge-
gründet und im 18. Jahr-
hundert ausgebaut. Dabei
erweiterte man sie um
die Kapelle Capilla
de la Orden Ter-
cera. Innen fallen
der Altar aus dem
17. Jahrhundert
und die schön
bemalte Kanzel
besonders auf. Die
Kapelle wurde
Mitte des 19. Jahr-
hunderts geschlos-
sen, 1869 wieder-
eröffnet und
dient heute als
Gemeindekirche.

**Barockes Portal der
Iglesia San Francisco**

**INFOBOX**

🚶 221 000. 🚌 ✈
📍 Plaza de España, 1.
☎ 922 239-592/-811/-263.
📅 täglich. 🎭 Karneval (Feb),
Día de la Cruz (3. Mai), Nuestra
Señora del Carmen (16. Juli).

### 🏛 Museo de Bellas Artes

C/José Murphy, 12. ☎ 922 244 358.
🕐 Mo–Fr 10–19.30 Uhr (bitte vorher
telefonisch nachfragen). 🅿
Im 1898 gegründeten Kunst-
museum werden u. a. Leihgaben aus dem Madrider Prado
ausgestellt. Darunter sind
Werke alter Meister wie Jan
Brueghel und José de Ribera
sowie anonyme spanische
Gemälde aus dem 17. und
18. Jahrhundert. Man kann
die Münz- und Waffen-
sammlung bestaunen, fin-
det aber auch zahl-
reiche Beispiele
moderner kanari-
scher Kunst. Viele
Bilder zeigen Ereig-
nisse und Schau-
plätze des Lokal-
geschichte, z. B. die
Bilder *Der Hafen
von Santa Cruz*
und *Landschaft
um La Laguna*
von Valentín
Sanza y Carta
(1849–1898).

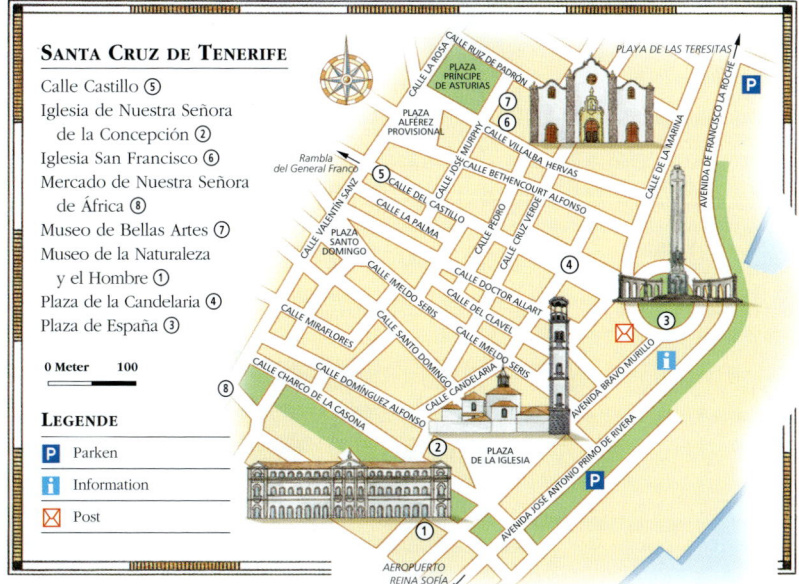

## SANTA CRUZ DE TENERIFE

Calle Castillo ⑤
Iglesia de Nuestra Señora
  de la Concepción ②
Iglesia San Francisco ⑥
Mercado de Nuestra Señora
  de África ⑧
Museo de Bellas Artes ⑦
Museo de la Naturaleza
  y el Hombre ①
Plaza de la Candelaria ④
Plaza de España ③

0 Meter        100

### LEGENDE

🅿 Parken
ℹ Information
✉ Post

**Die Plaza del 25 de Julio mit ihren dekorativen Palmen**

### ♣ Parque Marítimo
Der berühmte kanarische Künstler César Manrique (siehe S. 85) lieferte den Entwurf für den 1995 angelegten Park. Das neue Erholungsgebiet der Stadt besitzt auch zwei große Schwimmbecken, ein Plantschbecken für Kinder und einen Strand. Daneben entsteht das **Palmetum**, ein Park, in dem später Palmen aus der ganzen Welt zu sehen sein werden.

### ♣ Castillo de San Juan
Das am Wasser gelegene Fort Castillo de San Juan wurde 1643 als Schutzanlage für den Hafen errichtet. Der Kai Los Llanos war einst berüchtigt dafür, dass hier die Schiffe mit den afrikanischen Sklaven anlegten und der Sklavenhandel abgewickelt wurde.

Ebenfalls aus dem 17. Jahrhundert stammt die nahe Kapelle **Nuestra Señora de Regle**. Dominierend wirkt jedoch heute das große **Auditorio de Tenerife**, das sich als wichtigster Veranstaltungsort für Musik- und Theateraufführungen etabliert hat.

### ♣ Rambla del General Franco
Die Prunkstraße, eine der elegantesten Straßen von Santa Cruz, ist gesäumt von schönen Häusern sowie zahlreichen Restaurants und Cafés. Die Rambla del General Franco zieht sich halbkreisförmig durch einen Großteil der Stadt. Am nördlichen Ende überragt ein riesiges Denkmal Francos die Kreuzung zur Avenida de Francisco La

Roche. Im Mittelteil trennt ein breiter Fußgängerbereich zwei viel befahrene Straßen. Im Schatten von Palmen und Lorbeerbäumen kann man hier an vielen modernen Kunstwerken vorbeischlendern. Die Bäume sind nachts beleuchtet und tragen Schilder mit den Namen berühmter Künstler, von Michelangelo bis Warhol. Jeden Sonntag findet hier ein reger Antiquitäten- und Flohmarkt statt.

**Im grünen Schatten – Weg im Parque García Sanabria**

### ♣ Plaza del 25 de Julio
Im Zentrum der hektischen Stadt gelegen, ist die Plaza del 25 de Julio eine Oase der Ruhe. In der Mitte steht ein großer Brunnen, dekorative Palmen und andere Bäume spenden Schatten, und Bänke laden zum Verweilen ein. Der Stein für die Bänke wurde aus Sevilla importiert. Ihre Rückenlehnen sind mit Kacheln verziert, die historische Anzeigenmotive zeigen.

### ♣ Parque García Sanabria
Der in den 1920er Jahren angelegte, schöne Park wurde nach dem Bürgermeister von Santa Cruz benannt. Hier ist man von üppigen tropischen Gewächsen und vielen fremdartigen Bäumen umgeben; ein Brunnen und einige moderne Skulpturen ergänzen das angenehme Ambiente. Wer sich ein Bild von der Geschichte Teneriffas machen will, sollte sich die Lehnen dreier Bänke genauer ansehen: Sie zeigen die Ankunft der Konquistadoren, das Alltagsleben der Guanchen und deren Niederlage in der Schlacht von Acentejo.

### ♣ Museo Militar de Canarias
C/San Isidro, 2. ☎ 922 843 500. ☐ Di–Sa 10–14 Uhr. ✍
In den Räumen eines Forts von 1884, des Castillo de Almeida, wurde 1988 das Militärmuseum eröffnet. Zu sehen sind alte Waffen der Kanarischen Inseln, spanische Militaria aus dem 17. Jahrhundert und Waffen aus dem 19. Jahrhundert. Den größten Teil der Ausstellung bilden Flaggen, Uniformen und persönliche Besitztümer der Soldaten und Offiziere. Eine eigene Abteilung ist der Schlacht von 1797 gegen die britische Flotte unter Nelson gewidmet. Vor allem britische Besucher bestaunen gern El Tigre, die Kanone, die die Kugel abfeuerte, durch die Nelson beim Angriff auf Santa Cruz seinen Arm verlor.

**Skulptur von Henry Moore an der Rambla del General Franco**

# La Laguna ❷

🚶 141 000. 🚉 🛈 Plaza del Adelantado. 📞 922 631 194. ⛴ täglich. 📅 San Benito Abad (1. So im Juli), Santísimo Cristo (7.–15. Sep).

OFFIZIELL HEISST Teneriffas zweitgrößte Stadt Ciudad de San Cristóbal de La Laguna. Sie dehnt sich mitten im fruchtbaren Tal von Aguerre aus. Früher lag sie an einem Gewässer (La Laguna), das 1837 trockengelegt wurde.

La Laguna wurde 1496 von dem Konquistadoren Alonso Fernández de Lugo gegründet. Hier war ursprünglich der Sitz des Adelantados, der Militärgouverneure der Insel. Bis 1723 war La Laguna Hauptstadt von Teneriffa. Dann widerfuhr zwar Santa Cruz diese Ehre, La Laguna jedoch entwickelte sich ungebremst weiter und wurde Universitätsstadt. 1817 eröffnete die **Universität San Fernando**, die es bis heute gibt. 1818 wurde La Laguna Bischofssitz.

Trotz der dynamischen Entwicklung, die bis heute andauert (einige Vororte von La Laguna verschmelzen praktisch mit Santa Cruz), blieb die Altstadt gut erhalten. Schmale Straßen und winzige Gassen durchziehen sie wie ein Schachbrett. Die Häuser weisen zum Teil schöne Balkone und Wappen auf. Besonders auffallend sind **Casa del Corregidor** und **Casa de la Alhondiga** aus dem 16. Jahrhundert, **Casa Alvaro Bragamonte** aus dem 17. Jahrhundert sowie **Casa Mesa** und **Casa de los Capitanes**, beide aus dem 18. Jahrhundert.

Die **Casa Lercaro**, 1593 von Händlern aus Genua gebaut, beherbergt heute das **Museo de Historia de Tenerife**. Es wurde 1993 eröffnet und zeigt Exponate aus der spanischen Eroberung bis ins 20. Jahrhundert. Zu sehen sind alte Dokumente, Werkzeuge sowie Gemälde aus dem 16. Jahrhundert. Zu den Highlights zählen einige der ältesten Karten der Kanarischen Inseln.

Bei einem kleinen Spaziergang kommt man am Bischofspalast, **Palacio Episcopal**, ganz in der Nähe vorbei. Der Bau weist eine prunkvolle Steinfassade von 1681 auf. Das **Casino de la Laguna** wurde 1899 nach französischen Entwürfen gebaut, das **Ayuntamiento**, das alte Rathaus, stammt von 1829. Hier kann man die Fahne besichtigen, unter der de Lugo bei der Eroberung von Teneriffa (siehe S. 32) kämpfte.

Das heutige Rathaus steht an der **Plaza de Adelantado**; in seinem Inneren illustrieren Fresken die Geschichte der Insel. Daneben steht die Kirche **San Miguel** (1507), die de Lugo selbst gründete. Am selben von Bäumen überschatteten Platz findet man **Convento de Santa Catalina** einen originalen Kreuzgang, und der **Palacio de Nava** liefert ein schönes Beispiel für die spanische Kolonialarchitektur. Hinter dem Platz kommt man zu einer größeren Markthalle, in der Obst, Käse und Blumen angeboten werden.

**Portal der Iglesia de Nuestra Señora de la Concepción**

An der Ostseite der Plaza de Adelantado erhebt sich die **Kathedrale** mit ihren Zwillingstürmen und der Fassade von 1825; sie wurde Anfang des 20. Jahrhunderts restauriert. Im Inneren fällt der prächtige Altaraufsatz auf, der aus der ersten Hälfte des 18. Jahrhunderts stammt. Hinter dem Hauptaltar befindet sich das schlichte Grabmal von Alonso de Lugo.

An der Plaza de la Concepción liefert die **Iglesia de Nuestra Señora de la Concepción** (1502) ein gutes Beispiel dafür, wie auf den Kanarischen Inseln vor der spanischen Eroberung gebaut wurde. Der Stil liegt zwischen Gotik und Renaissance. Die Kirche hat drei Schiffe und eine hervorragend restaurierte Holzdecke im Mudéjar-Stil.

Jedes Jahr im August versammeln sich Tausende Pilger im **Santuario del Cristo**, einer kleinen Kirche am Nordende der Altstadt. Ziel dieser Wallfahrt ist eine kleine Christusstatue, die aus dem späten 15. Jahrhundert stammt. Alonso de Lugo brachte die schöne gotische Holzfigur eines unbekannten Künstlers im Jahr 1520 nach Teneriffa.

Eine Bahnlinie verbindet Santa Cruz de Tenerife mit La Laguna und führt weiter nach Tacoronte (siehe S. 106) an der Westküste.

🏛 **Museo de Historia de Tenerife**

C/San Augustín, 22. 📞 922 825 943. 🕐 Di–So 9–19 Uhr. ⬤ 1. und 6. Jan, 24., 25. und 31. Dez. ♿

**Sankt Christophorus, der Schutzheilige der Stadt**

**Patio des Palacio Episcopal**

# Parque Rural de Anaga ❸

**D**IE VULKANBERGE im Norden Teneriffas – seit 1987 besteht hier ein Naturpark – sind grün bewachsen. Hier muss man mit kühlem Wetter, auch mit Nebel oder Regen rechnen. Schmale Pfade führen durch schroffe Täler und dichte Wälder. Wer Natur und Abgeschiedenheit mag, kann hier eine faszinierende Flora und Fauna erleben und atemberaubende Ausblicke auf die schroffe Küstenlandschaft genießen.

### Klippen ⑩
Steile Klippen prägen die Küste westlich von Taganana. Das Meer brandet mit Wucht dagegen an und hat viele kleine Buchten geschaffen. Es ist schwierig, sie zu erreichen; am besten sieht man sie bei einer Ausflugsfahrt mit dem Schiff.

**Taganana ⑨**
Das kleine Dorf am Fuß steiler Felsen liegt malerisch zwischen Palmen. Wenn man sich ihm auf der Straße nähert, kommt man am Roque de las Animas, dem Geisterfelsen, vorbei.

Klippen ⑩

Taganan

TF 12

⑪
Straße nach
La Laguna

**Straße nach La Laguna ⑪**
Über den Mirador Pico del Inglés und das Plateau Las Mercedes führt die Straße durch die Bergwelt nach La Laguna.

LA LAGUNA

Valle Seco

Santa Cruz
de Tenerife
①

0 Kilometer    2

## FLORA DES PARQUE RURAL DE ANAGA

In der beeindruckend grünen, oft feuchten Region gedeihen vor allem Wälder mit Lorbeer- und Wacholderbäumen sowie zahlreiche Heidegewächse und Farne. Vielerlei Kräuter sorgen für die herbwürzige Luft, die man hier überall atmet. Die schmale, kurvenreiche Straße, die das Gebiet durchzieht, ist über weite Strecken von dichtem Buschwerk gesäumt. Es schützt vor dem Wind, ist aber für Wanderer oft schwer zu durchdringen.

**Heidesträucher und Farne
an der Straße bei Chinobre**

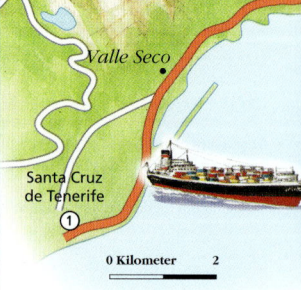

**Santa Cruz de Tenerife ①**
Von der Hauptstadt aus kann man eine Tour durch den Parque Rural de Anaga starten. Der zweite Startpunkt: La Laguna.

**ROUTENINFOS**

**Länge:** ca. 65 km.
**Rasten:** In allen Orten entlang der Strecke findet man eine Bar oder ein Restaurant vor.
ℹ️ Canarias Trekking, Santa Cruz, C/Quevedo, 1.
📞 922 201 051. (An der Straße zwischen La Laguna und San Andrés gibt es keine Tankstelle.)

**Roque de las Bodegas ⑧**
Für Surfer ist die Bucht mit dem steinigen Strand ideal. Östlich davon findet man in Almaciga und Benijo, zwei hoch auf den Klippen gelegenen Fischerdörfern, einige Restaurants.

**Faro de Anaga ⑦**
Von Chamorga, einem der bezauberndsten Dörfer auf Teneriffa, führt ein knapp zwei Kilometer langer Pfad nach Nordosten zum auf einem Gipfel gelegenen Leuchtturm.

**Chinobre ⑥**
Zwischen dem Pass El Bailadero und Chinobre passiert man eine Stelle, an der der Sage nach Hexen zusammenkamen. 13 km weiter westlich bietet der Mirador Pico del Inglés unterhalb des Gipfels Taborno eine schöne Aussicht.

**Igueste de San Andrés ④**
Das Bauerndorf liegt am Ausgang einer Schlucht. Mango-, Avocado- und Bananenplantagen erstrecken sich bis hinunter zum Meer.

**Barranco de las Hubertas ⑤**
Die Straße zwischen San Andrés und El Bailadero verläuft in einer Schlucht. An beiden Seiten sieht man einzeln stehende Bauernhöfe an den terrassierten Hängen. Palmen geben dem Tal einen exotischen Touch.

**San Andrés ②**
Das Fischerdorf mit den engen Gassen hat sich zum Ferienort entwickelt. Hier findet man einige bekannte Fischrestaurants.

**Playa de las Teresitas ③**
Fast zwei Kilometer lang erstreckt sich der Sandstrand mit den schönen Palmen in einer geschützten Bucht zwischen Felsen. Alles ist künstlich angelegt; der feine, helle Sand wurde aus der Sahara hierher gebracht.

**LEGENDE**

▬ Routenempfehlung
═ Andere Straße
••• Wanderweg
☀ Aussichtspunkt

**Die Felsenbäder von Bajamar**

## Bajamar ❹

2800.

FRÜHER BESTRITTEN die Einwohner von Bajamar ihren Lebensunterhalt mit Fischfang und Zuckerrohranbau. Seit einiger Zeit hat sich allerdings auch hier an der Nordküste der Tourismus entwickelt, und Bajamar ist ein Ferienort geworden. Die hohen Klippen und die Gipfel des **Monte de las Mercedes** schaffen einen reizvollen Hintergrund für Hotels und Bungalowanlagen, Restaurants und Cafés. Baden kann man hier in einem großen Komplex aus teilweise natürlichen, teilweise mit Beton ausgebauten Felsbecken mit Meerwasser.

**UMGEBUNG:** Vier Kilometer nordöstlich hat man von der **Punta del Hidalgo** einen fantastischen Blick auf die Felsküste und die Bananenplantagen. Für geübte Windsurfer sind die starken Winde attraktiv (Achtung: Strömungen!). Punta del Hidalgo ist Ausgangspunkt eines markierten Wanderwegs zu den Höhlenwohnungen von Chinamada.

## Tacoronte ❺

19 000.          Sa, So.    Cristo de los Dolores (1. So nach dem 15. Sep).

DER KÜSTENORT Tacoronte liegt 450 Meter über dem Meer, seine Umgebung ist berühmt für die exzellenten Weine mit der Herkunftsbezeichnung »Tacoronte-Acantejo«. Wenn Sie in der Gegend sind, sollten Sie unbedingt eine der Kellereien besichti-

gen und an einer Weinprobe teilnehmen.

Tacoronte hat zwei Kirchen: In der **Iglesia del Cristo de los Dolores** steht eine Christusstatue aus dem 17. Jahrhundert, die während der Erntedankfeiern durch die Straßen getragen wird. Erwähnenswert sind auch die barocken Schnitzarbeiten im Inneren. Die **Iglesia de Santa Catalina** (1664) kann eine schöne Holzdecke und reiche Ausstattung vorweisen.

**UMGEBUNG:** Südlich von Tacoronte ist in **El Sauzal** die Casa del Vino La Baranda zu besichtigen. Der Komplex beherbergt ein Weinmuseum. Man kann Weine kosten und kaufen oder in dem hervorragenden Restaurant essen.

## La Orotava ❻

Siehe S. 108–111.

## Puerto de la Cruz ❼

Siehe S. 112f.

## Loro Parque ❽

Siehe S. 114f.

## Los Realejos ❾

33 000.
San Sebastián (22. Jan).

UNTERHALB des Gipfels des Tigaiga durchziehen steile, kurvige Straßen die beiden Teile von Los Realejos: Realejo Bajo (Unterstadt) und Realejo Alto (Oberstadt). Die Stadt spielte eine wichtige Rolle in der Geschichte von Teneriffa: Hier ergaben sich 1496 die letzten freien Anführer der Guanchen den spanischen Invasoren.

In Realejo Alto steht die **Iglesia de Santiago Apóstol** (1498), die älteste Kirche der Insel, mit einer schönen Mudéjar-Holzdecke. Wenn man von Puerto de la Cruz kommt, fällt die **Burg** am Ortseingang auf. Sie stammt von 1862; ihre quadratische Anlage mit den vier runden Ecktürmen ist von einem wunderbaren Park umgeben. Im Gegensatz zu den anderen Verteidigungsanlagen, die alle aus dem 16. und 17. Jahrhundert stammen, wurde dieser Bau nie für Verteidigungszwecke eingesetzt.

**Tacoronte, hoch über dem Meer inmitten von Weinbergen gelegen**

Die Burg von Los Realejos, von hohen Palmen umgeben

## Icod de los Vinos 🔟

🏛 24 000. ℹ 922 869 600. ▭
▨ San Antonio Abad (22. Jan), San
Marcos (März), Fiestas del Cristo del
Drago (1. So nach 17. Sep).

SCHON DER NAME sagt es: Das
kleine Städtchen liegt in
einer fruchtbaren Weinbau-
region. Für Besucher ist der
Ort allerdings vor allem
wegen des legen-
dären Symbols der
Insel interessant:
**Drago Milena-
rio**, der Drachen-
baum. Man erzählt,
der Baum sei über
1000 Jahre alt, wahr-
scheinlich beträgt
sein Alter nur
500 Jahre. Dennoch
ist dieses größte
Exemplar auf den Kanaren
beeindruckend; am besten
kann man es von der Plaza
de la Iglesia aus betrachten.

Drachenbaum in
Icod de los Vinos

Die dreischiffige Kirche **San
Marcos** entstand im 15. und
16. Jahrhundert. Im Inneren
fallen die schöne Kassettendecke und der silberne Hoch-
altar auf. Beachtenswert sind
auch ein Gemälde der heiligen
Anna, das Bartolomé Murillo
zugeschrieben wird, sowie
ein Taufbecken aus Marmor
von 1696. In einer der Kapel-
len steht im **Museo de Arte
Sacro** ein 2,45 Meter hohes
silbernes Kreuz mit Filigran-
arbeiten. Es wurde 1663 von
Jeronimo de Espellosa y Val-
labridge in Kuba angefertigt
und wiegt 48,3 Kilogramm.
Angeblich ist es das größte in
Filigrantechnik gefertigte
Kreuz der Welt.

Ganz in der Nähe des Dra-
chenbaums fliegen im **Mariposario del Drago** tropische
Schmetterlinge frei zwischen
Dschungelpflanzen und Was-
seranlagen. Tafeln informieren über die Tiere und ihre
Lebensweise.

🏛 **Museo de Arte Sacro**
Iglesia San Marco. ☎ 922 810 695.
◯ Mo–Sa 9.30–18 Uhr. ● So.
🏛 **Mariposario
del Drago**
Avenida de Canarias,
s/n. ☎ 922 815 167.
◯ tägl. 9–18 Uhr. ▨

## Garachico 🕚

🏛 5900. ▭ ▨ San Se-
bastián (20. Jan), Romería
de San Roque (16. Aug).

HÄNDLER AUS Genua gründe-
ten das charmante Städt-
chen an der Nordwestküste
im 16. Jahrhundert. Bis heute
hat es sich mit seinen vielen
traditionellen Häusern
eine seltene architek-
tonische Einheit be-
wahrt. Einst war Gara-
chico der wichtigste
Hafen von Teneriffa,
später wurde es das
Zentrum der Zucker-
produktion. 1706 setz-
te ein Ausbruch des
Volcán Negro dem
Wohlstand ein jähes
Ende. Ganze Stadtteile
und der größte Teil
des Hafens wurden
unter der Lava begra-
ben. Nur eine Hand-
voll Gebäude, darunter
das **Castillo de San**

**Miguel** (1575) an der Bucht,
blieben verschont. Auch von
der Kirche **Santa Ana** ist nur
noch die Fassade aus dem
16. Jahrhundert erhalten; im
restaurierten Inneren fallen
das barocke Taufbecken und
das Kruzifix von Martín de
Andujar ins Auge.
   Andere Zeugen ehemaliger
Größe sind der **Palacio de
Los Condes de la Gomera**
an der Plaza de la Libertad
sowie einige ehemalige Klös-
ter: **Santo Domingo** aus dem
17. Jahrhundert beherbergt
ein Museum für zeitgenössische Kunst, in **San Francisco
Nuestra Señora de los An-
geles** aus dem 18. Jahrhundert ist die **Casa de la Cultura** mit kleiner Galerie untergebracht. An der Plaza de la
Libertad steht auch ein Denkmal Simón Bolívars, des Be-
freiers Südamerikas. In der
**Estaba de Porte**, die am Platz
beginnt, kann man zahlreiche
traditionelle Häuser mit schönen Balkonen sehen.
   Im Winter toben oft heftige
Stürme über Garachico hinweg. Dann bieten Brandung
und Wellen ein spektakuläres
Bild, vor allem bei Niedrig-
wasser, wenn der **Roque de
Garachico** frei liegt und von
Gischt umtost wird. Im Sommer kann man in befestigten
Felsenbecken schwimmen
und bei Sonnenuntergang von
einer Bar aus das Farbenspiel
des Wassers beobachten.

🏛 **Museo de Arte
Contemporáneo**
Plaza de Santo Domingo.
☎ 922 830 000. ◯ Mo–Sa 10–13,
15–18 Uhr, So 10–13 Uhr. ▨

Castillo de San Miguel, Garachico

# La Orotava ❻

**Wasserspeier**

VOR DER SPANISCHEN Eroberung gehörte die Stadt La Orotava zu Taoro, dem wohlhabendsten Königreich der Guanchen auf Teneriffa. Nach der Übernahme siedelten sich schnell Einwanderer aus Andalusien in diesem Tal an, und im 16. Jahrhundert wurden die ersten Kirchen, Paläste und Residenzen errichtet. Die Schönheit der Holzschnitzarbeiten an und in diesen Gebäuden erinnert an die arabischer Paläste in Südspanien. Nachdem La Orotava 1648 von La Laguna unabhängig wurde, blühte es schnell auf und ist bis heute eine der bezauberndsten Städte der Kanarischen Inseln geblieben.

## Überblick: La Orotava

La Orotava zählt zu den am besten erhaltenen alten Städten auf Teneriffa. Die engen, steilen Straßen mit Kopfsteinpflaster bezaubern Besucher ebenso wie die reizvollen Häuser aus dem 17. und 18. Jahrhundert. Ihre mit Schnitzarbeiten verzierten Balkone aus dunklem Holz sind typisch für die Kanarischen Inseln. Die schönsten Gebäude sind in der Altstadt zu finden. Die Sehenswürdigkeiten sind gut beschildert; bei einem Stadtbummel kommt man an fast allen vorbei.

## 🔒 Iglesia de la Concepción

Plaza Casañas. 🕿 922 330 187.
◯ täglich.
In der Iglesia de la Concepción (Kirche der unbefleckten Empfängnis) erwartet den Besucher eine ganz besondere Atmosphäre. Musik von Mozart ertönt fast den ganzen Tag über und schafft den richtigen Rahmen für den prächtigen Innenraum mit Figuren von lokalen Künstlern wie Fernando Estévez oder José Luján Pérez.

Die erste Kirche aus dem 16. Jahrhundert wurde durch Erdbeben in den Jahren 1704 und 1705 zerstört. Der heutige dreischiffige Bau ist das Ergebnis von Restaurierungsarbeiten, die zwischen 1768 und 1788 erfolgten. Die Architekten Diego Nicolás und Ventury Rodríguez schufen dabei ein schönes Beispiel für den typischen Barockstil der Kanaren, der sich an die Sakralbauten Lateinamerikas anlehnt. Im Jahr 1948 wurde die Kirche schließlich zum Nationalmonument erklärt.

## 🏛 Calle Carrera Escultor Estévez

Ein besonderes Merkmal der Stadt sind die Straßen, die im Halbkreis durch die Altstadt führen und oben an der Plaza del General Franco enden. Die wichtigsten Straßen sind Doctor Domingo González Garcia, San Francisco und Calle Carrera Escultor Estévez.

**Calle Carrera Escultor Estévez, die Hauptstraße von La Orotava**

Rechts und links stehen bezaubernde alte Häuser, die meisten stammen aus der ersten Hälfte des 19. Jahrhunderts. Im Fremdenverkehrsamt (in der Calle Carrera Escultor Estévez, 2) bekommt man einen kostenlosen Stadtplan und viele Informationen über die Stadt.

Ein interessanter Haltepunkt ist El Pueblo Guanche, ein ethnografisches Museum mit einem Laden, in dem das Kunsthandwerk und Lebensmittel verkauft werden, sowie mit einem Restaurant.

## 🏛 Plaza del General Franco

An Fronleichnam ist dieser reizvolle Platz im Herzen der Altstadt das Zentrum der religiösen Feierlichkeiten. Für dieses Ereignis wird das Pflaster vor dem klassizistischen Rathaus mit einem farbenprächtigen Teppich aus Vulkanasche, Sand und Erde bedeckt. Die Einheimischen sind stolz auf die von ihnen geschaffenen Straßenkunstwerke. Zahlreiche Motive auf Postkarten, die man das ganze Jahr über in der Stadt kaufen kann, halten die schönsten Muster dieser vergänglichen Kreationen fest.

**Die imposante Fassade der Iglesia de la Concepción**

Die baumbestandene Plaza de la Constitución

**INFOBOX**

🏃 40 000. 🚌 ℹ️ C/Carrera Escultor Estévez, 2. 📞 922 323 041. 🎭 Karneval (Feb), Fronleichnam (Juni).

### ♟ Palacio Municipal

Das klassizistische Rathaus *(ayuntamiento)* entstand zwischen 1871 und 1891. Hinter der schlichten Fassade ohne Schmuck verbirgt sich ein Gewölbe, das mit den Wappen der Städte Teneriffas ausgemalt ist. Allegorische Relieffiguren an der Wand stellen Landwirtschaft, Geschichte, Tugend und Gesetz dar.

Im Innenhof stand einst der älteste und größte Drachenbaum der Kanarischen Inseln, doch ein Sturm im Jahr 1868 zerstörte ihn.

### ❦ Hijuela del Botánico

C/Hermano Apolinar. ○ tägl. von Sonnenaufgang bis -untergang.
La Orotavas Botanischer Garten wurde 1923 angelegt. Damals pflanzte man Ableger und Setzlinge aus dem berühmten Jardín Botánico in Puerto de la Cruz. Der Name »Hijuela del Botánico« (Tochter des botanischen Gartens) bezieht sich darauf. Heute gedeihen in der kleinen, gepflegten Anlage über 3000 verschiedene tropische und subtropische Pflanzenarten.

### ♟ Plaza de la Constitución

An diesem Platz laden zahlreiche Bars und Cafés dazu ein, gemütlich dem Treiben der Stadt zuzusehen. Vor allem am Abend promenieren dann die Einwohner von La Orotava an einem vorbei. Auf dem Platz, einem Relikt aus der großen Vergangenheit des Handelszentrums, gibt es eine baumbestandene Terrasse, die einen schönen Blick auf die Gebäude unterhalb bietet. Die vielfarbigen Dachziegel und die schlanken Kirchtürme ergeben von hier aus ein Bild, das an Florenz erinnert.

### 🔒 Iglesia de San Agustín

An der Nordseite der Plaza de la Constitución stehen die Kirche und die Abtei San Agustín. Beide Gebäude stammen aus dem 17. Jahrhundert. Die Fassade weist ein schönes Portal auf, das Barock- und Renaissance-Elemente kombiniert. In der Kirche fällt vor allem die Decke auf. Die ehemalige Abtei beherbergt heute eine Musikschule.

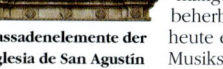

Fassadenelemente der Iglesia de San Agustín

0 Meter          100

**LEGENDE**

ℹ️ Information

☒ Post

Convento de Santo Domingo

CALLE VIERA
CALLE GONZÁLEZ BORGES
CALLE ARAUJO
CALLE QUINTA
CALLE TOMÁS ZEROLO
CALLE BALCÓN
CALLE COLOGAN
PLAZA PATRICIO GARCIA
CALLE INOCENCIO GARCÍA
CALLE SILLA
CALLE CARRERA ESCULTOR ESTÉVEZ
CALLE SAN AGUSTÍN
CALLE LEÓN
CALLE TOMÁS PÉREZ
CALLE CARRERA ESCULTOR ESTÉVEZ
CALLE NICOLÁS DE PONTE
CALLE RODAPALLA
CALLE COLEGIO
CALLE HERMANO APOLINAR

Iglesia de San Francisco

### 🏛 Calle Tomás Zerolo

Fast jede Straße und Gasse in La Orotava hat historisch Interessantes zu bieten. In der Calle Tomás Zerolo im unteren Teil der Altstadt kann man im **Convento de Santo Domingo** ein kleines Museum mit lateinamerikanischem Kunsthandwerk besichtigen. Gegenüber liegt die **Casa Torrehermosa**, ein Haus, das die Familie Hermosa im 17. Jahrhundert im Kolonialstil erbauen ließ. Hier befindet sich die Impresa Insular de Artesanía, eine Kombination von Werkstatt und Museum für Kunsthandwerk.

Galerien im Innenhof der
Casa de los Balcones

### 🏛 Casa de los Balcones

C/San Francisco, 3–4. 📞 922 330 629. 🕐 Mo–Fr 8.30–18.30 Uhr, Sa 8.30–17 Uhr.
w www.casa-balcones.com
Das »Haus der Balkone«, auch Casa de Fonseca genannt, ist ein Wahrzeichen der Stadt. Eine massive, mit Schnitzwerk verzierte Tür, schöne Fenster und lange Balkone aus Teakholz schmücken die Fassade. Im Innenhof sieht man Palmen und viel Grün; auf zwei Stockwerken verlaufen Galerien mit Holzsäulen.

Das Gebäude wurde zwischen 1632 und 1670 erbaut. Heute beherbergt es ein kleines Museum mit Kunst und Kunsthandwerk von den Kanarischen Inseln. Hier kann man auch viele Erzeugnisse der Inseln kaufen; vor allem Stickereien, Spitze, Tonwaren und Trachtenkleidung sind beliebte Souvenirs.

### 🏛 Casa del Turista

C/San Francisco, 4.
📞 922 330 629. 🕐 Mo–Fr 9–19 Uhr, Sa 8.30–17 Uhr.
Gegenüber der Casa de los Balcones prunkt das ehemalige Wohnhaus einer reichen Familie, die Casa del Turista, die man auch als Casa de Molina kennt. Zusammen mit der Casa Mesa und der Casa de los Lercaro, beide aus dem 17. Jahrhundert, zählte das Gebäude zu den »Doce Casas«, den zwölf wichtigen Häusern.

Die Casa del Turista stammt aus dem Jahr 1509, auch hier kann man lokale Kunsthandwerkserzeugnisse besichtigen und erstehen. Das schönste Exponat ist ein Bild aus farbigem Vulkansand, das eine religiöse Szene darstellt, wie sie oft als Fronleichnamsdekoration gefertigt wird. Von der Terrasse auf der Rückseite des Hauses hat man einen schönen Blick über das Orotava-Tal.

Steinportal der
Casa del Turista

### 🏛 Iglesia San Francisco

Plaza de San Francisco.
Auf der mit Palmen bepflanzten Plaza de San Francisco steht die gleichnamige Kirche mit dem barocken Portal. Das Innere ist schlicht, hier werden die Gottesdienste des **Hospital de la Santísima Trinidad** (Hospital der Heiligen Dreifaltigkeit) abgehalten. Das Krankenhaus wurde 1884 gebaut; man kann es nicht besichtigen. An der Tür sieht man eine »Babyklappe«, in der Neugeborene in die Obhut der Nonnen gegeben werden können.

### 🏛 Gofio-Mühlen

C/Doctor Domingo González García.
Im Süden der Stadt, wo die Calle San Francisco den Namen Calle Doctor Domingo González García trägt, stehen mehrere

Mühlen aus dem 17. und 18. Jahrhundert an der Straße. Früher wurde hier *gofio* hergestellt, eine geröstete Mischung aus Mais, Weizen und Gerste. Eine der Mühlen ist noch in Betrieb, Besucher können hier bei der Mehlproduktion zusehen.

In einem der Räume wird gezeigt, wie man auf den Kanarischen Inseln vor dem Zeitalter der Elektrizität Mühlen betrieb. *Gofio* wird auch heute noch in der kanarischen Küche verwendet; man isst es zum Frühstück oder als Beilage.

### ⛪ Iglesia San Juan Bautista

C/San Juan Bautista.
Die einschiffige Kirche datiert aus dem 18. Jahrhundert und verbirgt hinter der eher schlichten Fassade eine prächtige Innenausstattung. Mit ihrer exzellent gearbeiteten Kassettendecke aus Holz, einem schönen Altar und den Skulpturen von Luján Peréz und Fernando Estévez zählt die Iglesia San Juan Bautista zu den herausragenden historischen Sehenswürdigkeiten von La Orotava.

Vor der Kirche steht eine Büste des früheren Präsidenten von Venezuela, Rómulo Betancourt (1909–1981).

Nur außen schlicht: Iglesia San Juan Bautista

## 🏛 Museo de Cerámica Casa de Tafuriaste

C/León, 3. ☎ 922 321 447. ☐ tägl. 10–18 Uhr, So bis 14 Uhr. 🖫

Ton wurde – wie auf allen Kanarischen Inseln – auch in La Orotava schon immer mit besonderem Gefühl verarbeitet. Traditionelle, einfache Formen und Muster der Guanchen liefern bis heute die Vorlagen für diverse Gefäße, die besonders schöne Mitbringsel sind. Aber auch modernes Design hat hier Einzug gehalten; zahlreiche Künstler der Region stellen individuelle Gebrauchsgegenstände und ausgefallene Dekorationsobjekte in ganz besonderen Farben her.

Das Museo de Cerámica liegt knapp zwei Kilometer westlich der Altstadt von La Orotava an der Straße nach La Luz und Las Candias. Untergebracht ist es in der Casa de Tafuriaste, einem schön restaurierten typisch kanarischen Gebäude aus dem 17. Jahrhundert.

Im Obergeschoss des Museums werden rund 1000 alte Keramikobjekte von den Kanarischen Inseln und aus ganz Spanien gezeigt. Im Erdgeschoss kann man in einer Töpferwerkstatt zusehen, wie die Tongefäße gefertigt, glasiert und gebrannt werden. Der Museumsladen bietet die fertigen Produkte zum Kauf an.

**Tonvase aus der Casa de Tafuriaste**

## 🏛 Liceo de Taoro

C/San Augustín. 🖫

Ganz in der Nähe der Plaza de la Constitución steht in einem 100 Jahre alten Garten ein charmantes Gebäude, das viele Stileinflüsse aufweist. In der ehemaligen Schule ist heute ein Klub untergebracht, dessen Bar auch Nichtmitgliedern offen steht.

## ♣ Jardín Victoria

Plaza de la Constitución. ☐ tägl. 8–21 Uhr. 🖫

Neben dem Liceo de Taoro erstreckt sich der Jardín Victoria, ein kleiner Park voller Palmen und Blumen. Die Anlage liegt auf Terrassen an einem Flussbett. Mitten in der grünen Oase steht das Mausoleum von **Diego Ponte del Castillo**. Der französische Architekt Adolph Coquet entwarf das Denkmal aus Carraramarmor im Jahr 1882.

## 🔒 Ex-convento Santo Domingo

C/Tomás Zerolo, 34.

Am Rand der Altstadt von La Orotava befindet sich ein ehemaliges Dominikanerkloster aus dem 17. bis 18. Jahrhundert. Seine dreischiffige Kirche weist eine wunderschöne bemalte Holzkassettendecke auf.

**Kleine Schlucht im Jardín Victoria**

Die Klosterräume umgeben einen idyllischen Innenhof mit Balkonen. Hier ist das 1991 eröffnete **Museo Iberoamericano de Artesanía** zu Hause. Es präsentiert eine Sammlung ethnografischer Objekte aus Spanien und Lateinamerika: traditionelle Musikinstrumente (darunter eine kanarische *timple*), Ton- und Korbwaren, Textilien und traditionelles Mobiliar.

## 🏛 Museo Iberoamericano de Artesanía

☎ 922 321 746. ☐ Mo–Fr 9.30–18 Uhr, Sa 9–14 Uhr. 🖫

**UMGEBUNG:** Vom **Mirador de Humboldt**, fünf Kilometer nordöstlich von La Orotava, blickt man über das ganze Orotava-Tal. Der deutsche Naturforscher, Geograf und Forschungsreisende Alexander von Humboldt besuchte Teneriffa im Jahr 1799 und schrieb: »Kein Ort der Welt scheint mir geeigneter, die Schwermut zu bannen und … den Frieden wiederzugeben als Teneriffa.«

Wenn man rund 30 Kilometer auf einer landschaftlich reizvollen Straße nach Süden fährt, erreicht man das **Observatorium Izaña**. Es ist 2200 Meter hoch, fast am Gipfel des Izaña, gelegen. Das Observatorium fungiert auch als Wetter-Basismessstation. In der Nähe befindet sich der Eingang zum Parque Nacional del Teide (*siehe S. 118f*).

## FRONLEICHNAM

Fronleichnam ist einer der wichtigsten kirchlichen Feiertage und wird auf allen Kanarischen Inseln mit feierlichen Prozessionen begangen. Teneriffas prunkvollste Umzüge finden in La Orotava und La Laguna statt; die beiden Städte wetteifern darum, wer die prächtigeren Dekorationen hat. La Orotavas Plaza del General Franco wird an diesem Fest mit »Bilderteppichen« aus vielfarbigem Vulkansand bedeckt. Es dauert oft Monate, die bunten, leider vergänglichen Kunstwerke herzustellen.

**Aus Vulkansand entstehen farbenfrohe Blumenmotive**

# Puerto de la Cruz ❼

NACH DEM Vulkanausbruch von 1706 wurde Puerto de la Cruz der Haupthafen der Insel. Schon im späten 19. Jahrhundert gab es hier Tourismus, die Stadt war vor allem als Winterdomizil wohlhabender Briten beliebt. Heute erheben sich einige hohe Hotelbauten über den Bananenplantagen; an der Strandpromenade reihen sich Kasinos, Restaurants, Cafés und Nachtklubs. Puerto de la Cruz hat einige historische Sehenswürdigkeiten zu bieten. Schwarze Strände und das klare Wasser ziehen jährlich über 100 000 Besucher an.

**Portal der Iglesia de Nuestra Señora de la Peña de Francia**

### 🔒 Iglesia de Nuestra Señora de la Peña de Francia

Die dreischiffige Kathedrale wurde in den Jahren 1684 bis 1697 errichtet, der hohe Turm kam im späten 19. Jahrhundert dazu. Im düsteren Innenraum entdeckt man Barockskulpturen von Fernando Estévez und José Luján Pérez, zwei bekannten kanarischen Künstlern, sowie Gemälde von Luís de la Cruz. Die Orgel stammt aus London und wurde 1814 hierher verschifft.

Vor der Kirche steht eine Büste von Augustín de Bétancourt (1758–1824), dem Gründer der Technischen Universität in Madrid.

### 🔳 Calle Quintana

Die Straße führt zur Punta del Viento, einer Aussichtsplattform am Meer, von der man – oft windumtost – einen schönen Blick auf die Felsküste und den **Lago Martiánez** genießen kann. Nach Osten verläuft die Promenade **Calle de San Telmo**; hier laden Steinbänke und zahlreiche Bars zum Verweilen ein. Das **Monopol Hotel** in der Calle Quintana ist eines der ältesten Hotels von Puerto de la Cruz.

### 🔳 Plaza de Europa

Dieser Platz nahe am Meer wurde zwar erst 1992 angelegt, folgt aber Planungen aus dem 18. und 19. Jahrhundert. Hier befinden sich das Rathaus (1973), das Fremdenverkehrsamt und die **Casa de Miranda** (1730). In dem schönen alten Gebäude bietet heute ein Restaurant traditionelle kanarische Gerichte und andere Köstlichkeiten an.

### 🔳 Casa de la Real Aduana

C/las Lonjas. 📞 *922 378 103.*
⭕ *Mo–Sa.*

Im Jahr 1620 ließ Juan Antonio Lutzardo de Francha das heute älteste Haus der Stadt für sich errichten. Nach der Zerstörung von Garachico wurde es Gouverneurssitz; von 1706 bis 1833 diente es als Zollgebäude. In den 1970er Jahren erfolgte die Renovierung, heute werden hier Antiquitäten und Kunsthandwerk verkauft.

### 🔳 Puerto Pesquero

Eine kleine, geschützte Einbuchtung mit Felsstrand dient als Hafen für die Fischerboote, seit der Haupthafen im 18. Jahrhundert expandierte. Die Fischer bieten hier jeden Tag ihren Fang an, der vor allem von den Restaurants der Stadt, aber auch von Privatleuten gekauft wird.

### 🔒 Iglesia de San Francisco

C/San Juan.

Die Kirche wurde um die Ermita de San Juan (1599) herum errichtet und ist einer der ältesten Bauten in Puerto de la Cruz. Innen sieht man Skulpturen und Gemälde aus dem 16. Jahrhundert bis heute. Das recht schlichte Gotteshaus dient heute als ökumenische Kirche – hier werden Gottesdienste für alle Konfessionen abgehalten.

### 🔳 Plaza del Charco de los Camerones

**Stadtwappen an der Plaza de Europa**

Palmen und Lorbeerbäume, die 1852 aus Kuba importiert wurden, überschatten die Plaza del Charco de los Camerones. Auf der Bühne in der Mitte finden – vor allem abends – häufig Konzerte statt. An den großen Schachbrettern kann man tagsüber spielen oder den Einheimischen beim Spiel zusehen. Rings um den Platz stehen schöne historische Gebäude – was braucht man mehr, um zu entspannen?

### 🏛 Museo Arqueológico

C/Lomo, 4. 📞 *922 371 465.*
⭕ *Di–Sa 10–13, 17–21 Uhr, So 10–13 Uhr.* 📷

Das kleine Museum wurde 1991 eröffnet und widmet sich der Geschichte und dem kulturellen Erbe der Kanarischen Inseln. Zur Sammlung

**Die Einfahrt zum Fischerhafen Puerto Pesquero**

**Bananenplantage südlich des Parque Taoro**

gehören auch Artefakte und Mumien aus der Zeit der Ureinwohner der Inseln.

### ♟ Castillo de San Felipe

Im 17. Jahrhundert sollte dieses Fort den Hafeneingang vor Piraten und Spaniens zwei großen Feinden, Frankreich und England, schützen. Heute werden hier im Westteil der Stadt Ausstellungen veranstaltet. Gleich neben dem Castillo de San Felipe erstreckt sich die schwarze **Playa Jardín**, der längste Strand der Stadt.

### ♣ Parque Taoro

In diesem hübschen Park kann man der Betriebsamkeit der Stadt entkommen. Das

schicke **Casino Taoro** hat Wasserfälle, Flüsschen, Brücken, Teiche und schöne Terrassen anlegen lassen, der **Jardín Risco Bello Acuático** mitten im Park ist ein tropischer Wassergarten.

### ⛲ Lago Martiánez

Playa Martiánez. **☎** 922 385 955. ⏲ tägl. 10–18 Uhr. ● Mai. 🎟
Der Entwurf für den künstlichen See stammt von César Manrique, angelegt wurde er 1969. Hier gibt es Meerwasser-Schwimmbecken mit sprudelnden künstlichen »Quellen«. Subtropische Pflanzen und weißer Sand tragen zum Wohlfühlfaktor bei. Die ganze Anlage steht in spannendem Kontrast zu den dunklen Lavafeldern der Umgebung.

**INFOBOX**

👥 30 000. 🚌 🚉 Plaza de Europa. **☎** 922 386 000. 📅 Di, Do, Sa. 🎉 Gran Poder de Díos (15. Juli).

### ♣ Jardín Botánico

C/Retama, 2. **☎** 922 383 572. ⏲ tägl. 9–19 Uhr. 🎟
Der Botanische Garten zählt zu den ältesten der Welt. Alonso de Nova Gimón wurde 1788 von König Carlos III. mit der Anlage beauftragt. Ziel war es, tropische Pflanzen zu akklimatisieren. 1000 Arten von den Kanarischen Inseln und aus der ganzen Welt sind heute hier vertreten. An heißen Tagen bietet der Garten wohltuenden Schatten.

**Playa Jardín, ein schwarzer Strand unweit der Altstadt**

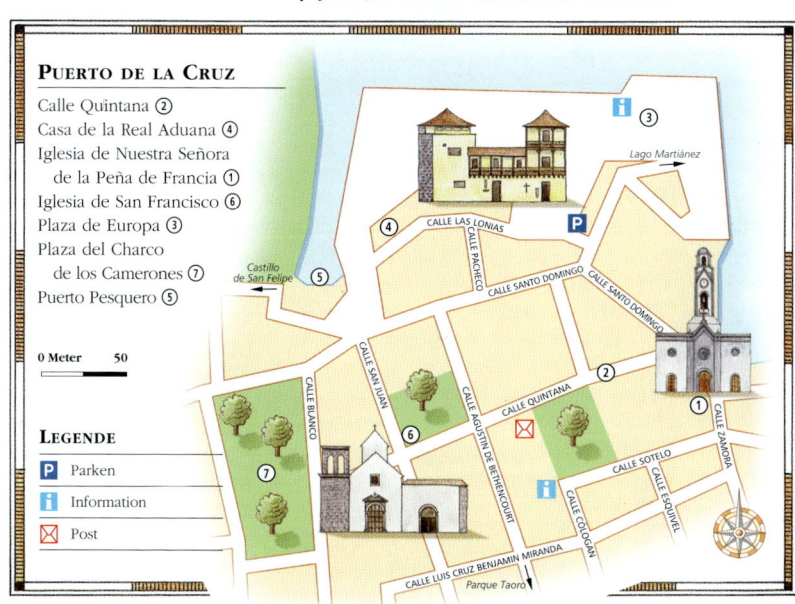

## PUERTO DE LA CRUZ

Calle Quintana ②
Casa de la Real Aduana ④
Iglesia de Nuestra Señora de la Peña de Francia ①
Iglesia de San Francisco ⑥
Plaza de Europa ③
Plaza del Charco de los Camerones ⑦
Puerto Pesquero ⑤

0 Meter 50

### LEGENDE

**P** Parken
**i** Information
✉ Post

# Loro Parque ❽

Ü BER ELF MILLIONEN Besucher verzeichnet der größte und artenreichste Papageienpark der Welt seit seiner Eröffnung 1972. In der weitläufigen Anlage sieht man Drachenbäume und wunderschöne Orchideen, aber vor allem Tiere. Zahlreiche touristische Attraktionen sind zu bestaunen, darunter Shows mit Seehunden, Delfinen und Papageien. Sogar eine Fledermaushöhle gibt es hier. Gleich nach dem Eingang geht man durch ein »authentisches« Thai-Dorf, dessen sechs Gebäude in Thailand gebaut wurden. Seit Anfang 2006 präsentiert das »Orca Ocean« Shows mit vier Schwertwalen.

**★ Delfinarium**
*Die größte Attraktion des Loro Parque bietet Platz für 1800 Zuschauer und ist damit das größte Delfinarium in Europa.*

**Jaguare**
*Hinter Glas leben die beiden Jaguare des Parks in einer Vulkanlandschaft.*

Alligatoren

Papageien-Zuchtstation

**Der Kinokomplex**
**»Natural Vision«**

**Papageienshow**
*In einem Gebäude im Zentrum des Parks führen trainierte Papageien Kunststückchen, u. a. Rollerskating, vor.*

**LEGENDE**

| 🅿 | Parken |
|---|---|
| ▢ | Café |
| 🍴 | Restaurant |
| 🚻 | Toiletten |

### ★ Pinguinhaus

*Hier sind die Felsen mit Eis bedeckt, die Wassertemperatur beträgt nur 8 °C – genau das richtige Ambiente, in dem sich die in der Antarktis beheimateten Pinguine wohlfühlen.*

**INFOBOX**

Puerto de la Cruz, C/San Felipe.
☎ 922 373 841.
🕐 tägl. 8.30–17 Uhr. 🚫 ♿
W www.loroparque.com
*Kostenloser Shuttleservice (alle 20 Min.) von Playa Martiánez.*

### Fischtunnel

*In einem über acht Meter hohen, beleuchteten Glaszylinder tummelt sich ein Fischschwarm, den man sonst nur als Taucher so hautnah beobachten kann.*

### Gorillas

*Auf 3500 Quadratmetern genießen die Gorillas relativ viel Raum in einem ihnen angemessenen Klima. In Freiheit sind sie akut vom Aussterben bedroht.*

**P**

**Eingang**

**Amphitheater und Seehundshows**

0 Meter          50

### ★ Hai-Aquarium

*In einem Tunnel können Besucher unter und zwischen den Haien gehen. Trotz der dicken Plexiglasschicht erlebt man die Raubfische, die mit mehreren Arten vertreten sind, hautnah.*

**NICHT VERSÄUMEN**

★ Delfinarium

★ Pinguinhaus

★ Hai-Aquarium

# Masca

🚶 150. 🏠

DAS KLEINE, 600 Meter hoch gelegene Dorf Masca ist Ziel vieler Tagesausflüge – nicht zuletzt weil man von der Terrasse über dem Ort eine herrliche Aussicht hat. Vor allem bei Sonnenuntergang erglüht der Pico de Teide auf der einen Seite, während die Sonne das Meer auf der anderen Seite in tausend Farben taucht.

Masca war früher ein Versteck für Piraten und nur mit Maultieren zu erreichen. Auch heute noch weist die erst 1991 fertiggestellte steile Straße viele Kurven und Ausweichstellen auf. Aber der Blick aufs Meer entschädigt für die schwierige Anfahrt.

Das Dorf selbst besteht nur aus einer Handvoll Häuser, die zwischen Palmen in einer Schlucht liegen. An Straßenständen kann man frisch geerntete Pfirsiche und Orangen kaufen. Das Obst wird auf kleinen Terrassen angebaut – fruchtbares Land, das dem Barranco de Masca abgetrotzt wurde. Wegen der vielen Blüten in dieser Schlucht betreiben die Einwohner von Masca auch Bienenzucht.

Das Dorf ist der ideale Ausgangspunkt für Wanderungen. Einer der schönsten Wege führt durch die Schlucht von Masca zur Küste – für trainierte Wanderer eine Tour von vier Stunden hin und zurück. Planen Sie ein, dass der Aufstieg bei weitem mühsamer ist als der Abstieg.

Die hübsch begrünte Plaza de la Iglesia in Los Silos

**UMGEBUNG:** Von Masca führt die Straße durch das Bergmassiv Macizo de Teno zur Nordküste Teneriffas. Nach zehn Kilometern erreicht man das Dorf **El Palmar**. Dem nahe gelegenen Gebirge **Montaña de Talavera** wurde mit Sprengungen mühsam Boden für Bananenplantagen abgewonnen.

Nach weiteren vier Kilometern taucht **Buenavista** auf, das westlichste Dorf der Insel. Hier gibt es nichts außer einem Fischerhafen und einem kleinen Kiesstrand.

Ein wenig weiter östlich liegt inmitten von Bananenplantagen **Los Silos**, ein ruhiger Ort, dessen Kern seine architektonische Anlage aus dem 19. Jahrhundert bewahrt hat. Im Zentrum findet man – wie so häufig – einen mit Bäumen bepflanzten Platz, an dem man Kaffee trinken kann. Bei einer Pause im Schatten der Bäume kann man die typischen kanarischen Häuser mit den schönen Balkonen auf sich wirken lassen.

# Santiago del Teide

🚶 11 000. 🏠 ℹ️ Puerto Santiago, Playa de la Arena. 📞 922 860 348.

BESONDERS SCHÖN präsentiert sich das 925 Meter hoch gelegene Santiago del Teide im Februar, wenn zahllose Mandelbäume die Landschaft in ein Meer aus Rosa und Weiß verwandeln. Der Ort mit den weiß gekalkten Häusern am Fuß des Teno-Massivs ist von grünen Weinbergen und Maisfeldern umgeben. Von hier kann man in der Ferne die Insel La Gomera sehen – falls nicht Nebel die Sicht einschränkt.

Der Stolz der Stadt ist die barocke Kirche **San Fernando** aus der Mitte des 16. Jahrhunderts. Am Ende der Hauptstraße sieht man ihre asymmetrische Fassade mit dem Holzbalkon und der kleinen, maurisch wirkenden Kuppel. Der Glockenturm an der Nordseite wurde später hinzugefügt.

Im Inneren sollte man die merkwürdige Christusfigur vor einem der Seitenaltäre beachten: In Santiago del Teide reitet der Gottessohn auf einem Pferd, trägt einen schwarzen spanischen Hut und ein Schwert.

**UMGEBUNG:** Von der Straße südlich von Masca zweigt ein Weg ab, der **Camino de la Virgen de Lourdes**. Er führt an einem Berghang entlang über eine schmucke Brücke zu einer mit Blumen geschmückten Mariengrotte.

Kirche mit Holzbalkon und Kuppel: San Fernando in Santiago del Teide

# Los Gigantes und Puerto de Santiago ⑭

Strandpromenade in Playa de las Américas

**D**EN RAND des Teno-Massivs bilden steile Klippen, die **Acantilados de los Gigantes**. Sie sind zehn Kilometer lang und fallen 500 Meter steil zum Meer ab. Am besten kann man die dunkle Felsenlandschaft vom Schiff aus sehen. Die Ausflugsboote legen u.a. in Puerto Deportivo ab und schippern ihre Gäste noch weiter nördlich, wo man einen schönen Blick auf **Barranco de Masca** hat.

Zwischen den Klippen liegt der Ferienort **Los Gigantes**, der größte an der Nordwestküste von Teneriffa. Apartmentanlagen ziehen sich den Hängen entlang. Im Yachthafen gibt es Tauchklubs, auch Angelexkursionen werden angeboten. Im Ort säumen Hotels und Ferienwohnanlagen die engen Straßen – alles scheint sich hier um Tourismus zu drehen.

Eine Strandpromenade verbindet Los Gigantes mit dem nahen **Puerto de Santiago**, einem Ferienort mit Tradition, der sich nicht so rasant entwickelt hat. Hauptattraktion hier sind die Strände mit dunklem Vulkansand. Der beliebteste Strand ist die **Playa de la Arena** im Süden. Achtung: Der dunkle Sand wird bei Sonnenschein richtig heiß; Badeschuhe sind anzuraten. Auch hier haben die meisten Fischer ihren Beruf aufgegeben und bieten Bootsausflüge für Urlauber an.

# Playa de las Américas und Los Cristianos ⑮

🏔 20 000. 🚌 🚢 🛈 C/General Franco. 📞 922 757 137. 🎉 Fiesta del Carmen (Anfang Sep).

**A**UCH WENN MAN es sich heute nicht mehr vorstellen kann: Los Cristianos war früher ein schläfriges Fischerdorf. Heute sorgen Restaurants, Cafés, Bars und Diskotheken das ganze Jahr über dafür, dass sich die Gäste nicht für eine Sekunde langweilen können, kurz: Los Cristianos zählt zu den beliebtesten Ferienorten der Kanarischen Inseln. Der Ort geht nahtlos über in die Playa de las Américas, danach folgt die kaum weniger überlaufene **Costa Adeje**.

Am Hafen und an den Stränden entlang führt eine Promenade mit Läden, Restaurants und Bars. In Las Américas wird sie zum palmengesäumten Boulevard, der sich kilometerlang oberhalb der Strände hinzieht. Die gepflegtesten Strände sind **Torviscas** und **Bahía del Duque**.

Fähren und Tragflächenboote verbinden den Hafen von Los Cristianos mit La Gomera und El Hierro.

**UMGEBUNG:** Ganz in der Nähe von Playa de las Américas liegt der **Parque Ecológico Las Águilas**. Hier kann man eine Flugshow mit Adlern sehen und Geier, Kraniche, Störche, Ibisse und Uhus beobachten.

Sieben Kilometer nördlich davon bietet **Barranco del Infierno** eine wildromantische Alternative: In der Schlucht gibt es einen eindrucksvollen Wasserfall.

Der Hafen Puerto de Santiago vor den steilen Klippen von Los Gigantes

# Parque Nacional del Teide ⑯

VOR RUND DREI Millionen Jahren brach ein riesiger Vulkan auf und hinterließ den 16 Kilometer breiten Krater Las Cañadas, an dessen Nordrand sich nun der viel kleinere Vulkan Pico de Teide erhebt. 1954 wurde das Gebiet Nationalpark – noch heute ist er einer der größten Spaniens. Markierte Wanderwege führen die Besucher durch diese Wildnis aus Asche, Lavafeldern und farbigem Gestein. Ein Parador in der Nähe der Straße zum Hochplateau ist das einzige Hotel im Park. Von hier ist es nicht weit bis zur Talstation der Seilbahn und zum Besucherzentrum El Portillo.

**Pico Viejo**
*Der Krater dieses alten Kegels, der zuletzt im 18. Jahrhundert Aktivitäten zeigte, hat 800 Meter Durchmesser.*

**Los Roques de García**
*Nahe am Parador ist eine pittoreske Felsformation. Von der Erosion verformt, ragen die Felsen bis zu 150 Meter hoch auf.*

**Boca de Tauce**
Der Aussichtspunkt bietet einen guten Blick auf die Hänge des Pico de Teide.

SANTIAGO DEL TEIDE

PICO VIEJO
▲ 3134 m

**Llano de Ucanca**
*Über der baumlosen Ebene erheben sich die felsigen Los Azulejos. Ihr blauer Schimmer resultiert aus dem Kupferanteil im Stein.*

TF 36

MONTAÑA ◄
GANGARRO ▲
2191 m

TF 21

GRANADILLA
DE ABONA

## PICO DE TEIDE

Der letzte Ausbruch des Teide erfolgte im Jahr 1798. Den Kraterrand des mit 3718 Metern höchsten Bergs Spaniens darf man nur mit Genehmigung erklimmen (Details erfragen Sie im Besucherzentrum), aber auch die 200 Meter niedriger liegende Aussichtsplattform La Fortaleza nahe der Bergstation der Seilbahn bietet einen atemberaubenden Blick über die Insel – falls der Teide nicht in Wolken gehüllt ist.

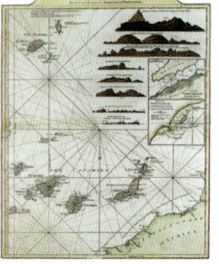

**Eine alte Karte zeigt den Teide als höchsten Berg der Welt**

**LEGENDE**

━━ Hauptstraße
━━ Nebenstraße
═══ Andere Straße
···· Wanderweg
━━ Parkgrenze
˙˙˙˙ Fluss (nur saisonal Wasser)
🅿 Parken
ℹ Information
❊ Aussichtspunkt
🍴 Restaurant

**Observatorium Izaña**
*In der Nähe des Parkeingangs liegt das Observatorium.*
*Es profitiert vom meist wolkenlosen Himmel der Insel.*

**INFOBOX**

342 von El Portillo.
Oficina del Parque Nacional,
C/Emilio Calzadilla, 5–4a, Santa
Cruz de Tenerife. 922 290
129. Mo–Fr 9–14 Uhr.
nur Seilbahn.

**Refugio de Altavista**
Die einfache Berghütte für alle,
die den Sonnenaufgang auf dem
Teide erleben wollen, liegt
3270 Meter hoch.

LA OROTAVA

P i
El Portillo

LA LAGUNA

TF 24

TF 21

MONTAÑA
RAJADA
▲ 2509 m

MONTAÑA
BLANCA
▲ 2760 m

P

**Seilbahn**
*1971 wurde die Seilbahn gebaut,*
*die einen in nur acht Minuten in*
*schwindelnde Höhe – 200 Meter*
*unterhalb des Kraterrands – bringt.*

**Las Cañadas**
*Die sieben Cañadas*
*(Sandplateaus)*
*sind das Ergebnis*
*eines alten Krater-*
*einbruchs. Nur*
*wenige Pflanzen*
*können hier*
*überleben.*

0 Kilometer 2

**Echium wildpretii**
*Der rote Teide-Natternkopf mit*
*seinen auffälligen Kerzen*
*wird bis zu zwei Meter hoch*
*und ist eines der Wahr-*
*zeichen Teneriffas.*

**Roque Cinchado**
*Roque Cinchado heißt*
*einer der Roques de*
*García. Seine auffällige*
*Form hat er bekommen,*
*weil die Erosionskräfte*
*unten stärker wirken*
*als oben.*

## Vilaflor ⑰

🏔 1600. 🚌

AUF EINER HÖHE von 1400 Metern ist Vilaflor das höchstgelegene Dorf der Kanaren. Im 19. Jahrhundert war es wegen seiner feinen Spitze bekannt. Am Ortsrand steht ein

**Der riesige »Pino Gordo« am Rand von Vilaflor**

berühmter Nadelbaum: der »Pino Gordo« mit 40 Meter Höhe. Auf dem Platz oben im Dorf birgt die **Iglesia de San Pedro** (1550) eine Statue des Kirchenheiligen.

**UMGEBUNG:** Wanderer brechen von Vilaflor zum sogenannten **Paisaje Lunar** (Mondlandschaft) auf. Hier hat die Erosion das Sandgestein merkwürdig verformt.

## El Médano ⑱

🏔 1500. ℹ Plaza de los Principes de España. 📞 922 176 002. 🚌
🎭 San Antonio de Padua (14. Juni).

EL MÉDANO, ein ehemaliges Fischerdorf, ist heute berühmt und beliebt wegen seiner langen Sandstrände. Sie erstrecken sich nach Süden bis zur **Punta Roja**, über der der Vulkan **Montaña Roja** (heute ein Naturschutzgebiet) aufragt. Die starken Winde, von den Einheimischen *alisios* genannt,

machen den Ort vor allem für Windsurfer attraktiv – hier werden auch internationale Wettbewerbe ausgetragen. Im **Parque Eólico de Granadilla** werden die günstigen Winde anders genutzt: 3000 Haushalte beziehen ihren Strom aus diesem Windpark.

**UMGEBUNG:** Fünf Kilometer nordwestlich, fast an der Startbahn des Flughafens Reina Sofia, liegt die **Cueva del Hermano Pedro**, eine Höhle, die Pater Pedro (1626–1667), dem ersten kanarischen Heiligen gewidmet ist.

## Candelaria ⑲

🏔 12 000. 🚌 🚢 ℹ Avenida del Generalísimo, s/n. 📞 922 500 415.
🛒 Sa, So. 🎭 Nuestra Señora de la Candelaria (2. Feb, 14., 15. Aug).

DIE STADT beherbergt die wichtigste religiöse Stätte der Kanarischen Inseln. Zweimal im Jahr strömen Pilger in Scharen zur **Basílica de**

---

# Teneriffas Strände

DIE STRÄNDE auf Teneriffa sind nicht ganz so traumhaft wie die auf Fuerteventura, eine Ausnahme macht vielleicht der künstlich angelegte Strand Las Teresitas bei Santa Cruz. Um das wettzumachen, bieten Veranstalter Tauchkurse aller Schwierigkeitsgrade an – vom Anfängerkurs bis zu Exkursionen in die Tiefen des Atlantiks. Der beständige Wind macht die Insel für Windsurfer attraktiv; zudem kann man hier viele Wassersportarten – von Wasserski bis zu Paragliding mit Boot – betreiben.

**Playa de las Américas ①**
Für den Tourismus ist nichts zu aufwendig: Die dunklen, grauen Strände aus Vulkansand werden jedes Jahr mit hellem Sand aus der Sahara bedeckt.

**Playa San Blas ④** liegt nahe an Los Abrigos. Von hier führt eine gut ausgebaute Straße zum Golf del Sur, dem größten Golfplatz auf Teneriffa und einem der schönsten der Kanarischen Inseln.

**Los Abrigos ⑤** ist ein Fischerdorf mit steinigem Strand. Zum Ausgleich dafür findet man hier ausgezeichnete Fischrestaurants.

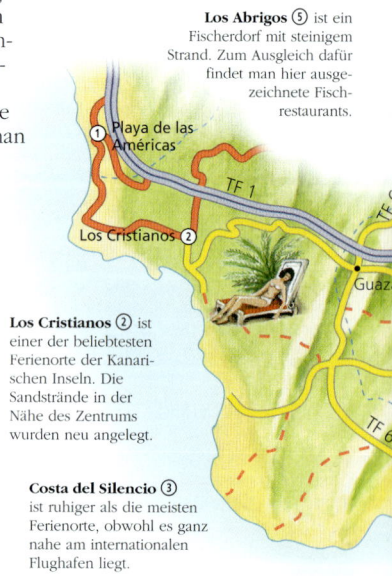

**Los Cristianos ②** ist einer der beliebtesten Ferienorte der Kanarischen Inseln. Die Sandstrände in der Nähe des Zentrums wurden neu angelegt.

**Costa del Silencio ③** ist ruhiger als die meisten Ferienorte, obwohl es ganz nahe am internationalen Flughafen liegt.

**Die Fassade der Basilika von Candelaria**

**Nuestra Señora de Candelaria**, um zur Schwarzen Madonna, der Schutzheiligen der Kanarischen Inseln, zu beten.

Der Legende nach fanden zwei Guanchen-Fischer 1390 eine am Ufer angeschwemmte Marienstatue (vermutlich war es eine Figur von einem gekenterten Schiff). Man stellte die Statue in einer der Höhlen am Meer auf, und schnell wurde sie ein Objekt der Verehrung – bis sie ein heftiger Sturm 1826 wegfegte.

Die Basilika wurde 1958 an der Stelle einer Kirche aus dem 16. Jahrhundert errichtet. Die heute verehrte Madonnenfigur ist ein Werk von Fernando Estévez und stammt aus dem Jahr 1827. Sie steht in einer Nische über dem Hauptaltar. Die Wände um sie herum weisen Malereien von José Aguiar und Manuel Martín González auf. Am Haupteingang der Kirche ist ein 1986 gefertigtes Bild der Schwarzen Madonna von Dimas Coello zu sehen.

Neben der Basilika an der großen **Plaza de la Patrona de Canaria**, befindet sich die Kirche **Santa Ana** aus dem 17. Jahrhundert. Auf dem Platz fallen die *Menceyes* ins Auge, neun Bronzestatuen, die die legendären Guanchen-Herrscher abbilden.

**Statue eines Guanchen-Herrschers, Candelaria**

# Güimar ⓴

🚶 15 500. 🚌 🚆 San Pedro (29. Juni).

DIE GRÖSSTE Stadt im Südosten Teneriffas kann viele Häuser aus dem 19. Jahrhundert aufweisen. Im Zentrum steht **San Pedro Apóstol** aus dem 18. Jahrhundert.

Berühmt ist Güimar wegen der **Stufenpyramiden**, die in den 1990er Jahren im Vorort Chacona entdeckt und freigelegt wurden. Thor Heyerdahl und der Reeder Fred Olsen sahen darin das lang gesuchte Bindeglied zwischen Alter und Neuer Welt; sie gründeten das Museum **Parque Etnográfico**.

🏛 **Parque Etnográfico Pirámides de Güimar** C/Chacona, s/n. 🕿 922 514 510. ◯ tägl. 9.30–18 Uhr. ● 1. Jan, 25. Dez. 🌐 www.piramidesdeguimar.net

**Playa del Confital** ⑥ Das kleine Dorf zwischen Los Abrigos und El Médano ist vor allem bei Wassersportlern sehr beliebt.

**Playa de la Tejita** ⑦ erstreckt sich unterhalb des Vulkans Montaña Roja. Von El Médano ist der Strand in zehn Minuten zu erreichen – der rote Sand macht ihn besonders attraktiv.

0 Kilometer    2

San Isidro
TF 1
TF 64
TF 65
TF 643
⑧ El Médano
Guargacho
Playa San Blas ④
Los Abrigos ⑤
Playa del Confital ⑥
Playa de la Tejita
Costa del Silencio
Las Galletas

**El Médano** ⑧ Der gleichmäßig wehende Wind aus Afrika und der helle Sand bieten ideale Bedingungen – vor allem für Surfer.

# LA GOMERA

*LA GOMERA, die Isla Redonda (runde Insel), ist die »alternative« Kanareninsel. Sie misst lediglich 370 Quadratkilometer, hat wenig touristische Infrastruktur und nur schmale Strände aus Sand und Kies. Einige Urlauber haken sie auf einem Tagesausflug ab. Andere dagegen zieht gerade der fehlende Kommerz an – sie kommen wegen der Gebirgslandschaft und des uralten Lorbeerwalds.*

Trotz nährstoffarmer Böden und steiler Berghänge war es den Bewohnern von La Gomera möglich, ihren Lebensunterhalt mit Ackerbau zu bestreiten – sowohl in der Zeit der Guanchen als auch nach der spanischen Eroberung.

**Kakteen auf dem Fensterbrett**

Man terrassierte die flacheren Hänge der Schluchten und baute dort Kartoffeln, Tomaten, Bananen und Wein an. Auch heute leben viele Einheimische noch von der Landwirtschaft; dadurch wird das Bild der Insel nach wie vor geprägt.

Die abgeschiedene Lage der Insel, die Unzugänglichkeit des Hinterlands und die Schwierigkeiten beim Ackerbau trugen zur Armut bei und veranlassten viele Gomeraner, nach Südamerika auszuwandern (obwohl einige heute zurückkehren). Zahlreiche verlassene Dörfer sind ein deutliches Zeichen für diese Landflucht.

In den 1960er Jahren wurde La Gomera von Menschen entdeckt, die eine alternative Lebensweise suchten. Die Insel wurde zum Synonym für unzerstörte Natur; damit begann auch hier der Anstieg des Tourismus. Heute versuchen die örtlichen Behörden den schwierigen Balanceakt zwischen Tradition und Fremdenverkehr, zwischen der Erhaltung der historischen Landschaft und den negativen Seiten des technischen Fortschritts zu meistern.

Eine der besonderen Attraktionen von La Gomera ist der Parque Nacional de Garajonay. Hier findet man einen der ältesten Naturwälder der Welt mit herrlichen Wanderrouten. Genauso interessant ist das lokale Brauchtum. Einiges davon, z. B. die einzigartige Pfeifsprache, hat seit der Epoche der Guanchen überlebt.

**Hafeneinfahrt von San Sebastián de La Gomera**

◁ **Weiße Häuser in blühendem Grün – terrassierte Felder an den Hängen des Valle Gran Rey**

# Überblick: La Gomera

D IE MEISTEN BESUCHER kommen vom nahen
Teneriffa nach La Gomera – für einen
Tagesausflug. Die kleine Insel hat zwar im Vergleich zu Gran Canaria oder Teneriffa fast
keine historischen Stätten zu bieten, dafür aber
eine spektakuläre Landschaft. Tiefe Schluchten,
felsige Gipfel, nebelverhangene Lorbeerwälder
und terrassierte Hänge machen den Mangel an
langen Sandstränden mehr als wett. Die Insel
ist vom Tourismus noch wenig beeinflusst; sie
ist vielmehr reich an unverdorbener Natur
und damit ideales Terrain für Wanderungen. Ohne Industrie, Autobahnen oder
riesige Hotelkomplexe ist La Gomera
eine Oase der Ruhe.

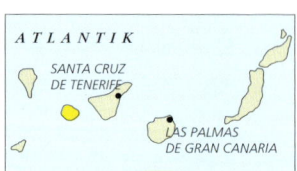

**ZUR ORIENTIERUNG**

## SEHENSWÜRDIGKEITEN AUF EINEN BLICK

Agulo ❸
Alajeró ❽
El Cercado ❻
Hermigua ❷
*Parque Nacional de
Garajonay S. 130f* ❼
Playa de Santiago ❾
San Sebastián de La Gomera ❶
Valle Gran Rey ❺
Vallehermoso ❹

*ATLANTIK*

SANTA CRUZ
DE TENERIFE

LAS PALMAS
DE GRAN CANARIA

**VALLEHERMOSO** ❹

*ALOJERA*

*PARQUE
NACIONAL DE
GARAJONAY* ❼

TF-713

*ARURE*

**EL CERCADO** ❻

*CHIPUDE*

**VALLE GRAN REY**
❺

*ALAJERÓ* ❽

**Der Innenhof des Paradors von
San Sebastián de La Gomera**

*SIEHE AUCH*

• *Übernachten* S. 161f.

• *Restaurants* S. 174f.

## ANREISE

Die Entfernung zwischen La Gomera und Teneriffa beträgt 32 Kilometer. Die Überfahrt mit der Fähre von Los Christianos dauert 1 Stunde 40 Minuten, mit dem Tragflächenboot 45 Minuten. Weitere Fähren verbinden La Gomera mit La Palma und El Hierro; direkte Flugverbindungen gibt es nach Teneriffa und Gran Canaria. Auf den Hauptstrecken der Insel verkehren Busse, jedoch nicht allzu häufig, weshalb sich ein Mietwagen lohnt. Einige nicht asphaltierte Straßen können nur mit Allradantrieb befahren werden.

**Schwarzer Sandstrand beim Hafen von San Sebastián de La Gomera, einer der wenigen Strände der Insel**

AGULO

TF 711

S ROSAS

**3**

**2** HERMIGUA

### LEGENDE

| | |
|---|---|
| ▬ | Nebenstraße |
| ▬ | Panoramastraße |
| ✈ | Flughafen |
| ⛴ | Fährhafen |
| ❋ | Aussichtspunkt |

TF 711

EL MOLINITO

TF 713

**1** SAN SEBASTIÁN
DE LA GOMERA

**9**
PLAYA
DE SANTIAGO

0 Kilometer          3

**Blick von Alajeró zur Ermita San Isidoro**

Iglesia de la Virgen de la Asunción in San Sebastián

# San Sebastián de La Gomera ❶

🏃 6800. 🚌 🚢 ℹ C/Real, 4.
📞 922 141 512. 🎉 Fiesta de
San Sebastián (20. Jan), Bajada de
la Virgen de Guadalupe (5. Okt, alle
5 Jahre: 2008, 2013).

MIT DER ANKUNFT der Fähre von Teneriffa und mit den Urlaubern kommt täglich Leben in die schläfrige Hauptstadt und in den wichtigsten Hafen der Insel. Die Straße vom Hafen in den Ort führt über die lorbeergesäumte **Plaza de las Américas** mit ihren Straßencafés.

Westlich des Platzes steht die **Torre del Conde**. Der gotische Turm wurde 1447 vom ersten spanischen Gouverneur Gomeras, Hernán Peraza dem Älteren, gebaut. Er wurde 1997 restauriert und ist das einzige verbliebene Fragment der Stadtbefestigung. Die Torre del Conde erinnert an einen tragischen Aufstand in der Stadt. Hier verbarrikadierte sich 1448 Beatriz de Bobadilla, die Ehefrau von Hernán Peraza dem Jüngeren, nachdem ein Guanche ihren Mann aus Rache für dessen gesetzwidrige Affäre mit einer einheimischen Prinzessin getötet hatte. Als Hilfe aus Gran Canaria eintraf, rächte sich Beatriz, indem sie fast jeden männlichen Guanchen der Insel töten ließ.

Die wichtigste Kirche der Insel ist **Iglesia de la Virgen de la Asunción** in der Calle Real. Ihre Fundamente wurden Mitte des 15. Jahrhunderts gelegt. Christoph Kolumbus soll in ihrem düsteren Inneren gekniet und gebetet haben, bevor er zu seiner Reise in die Neue Welt aufbrach. In der **Casa de Colón**, Calle Real Nr. 56, soll Kolumbus vor der Abfahrt gewohnt haben. Am Pozo de Colón, dem Brunnen im Innenhof eines früheren Zollgebäudes, steht

Der gotische Verteidigungsturm
Torre del Conde

die Inschrift »Mit diesem Wasser wurde Amerika getauft«. Eine weitere Sehenswürdigkeit ist die kleine **Ermita de San Sebastián** von 1450, die älteste Kirche La Gomeras.

Auf dem Weg zum **Mirador de la Hila** (mit schönem Blick auf San Sebastián!) kommt man am **Parador de San Sebastián** vorbei. Das Hotel wurde 1976 als Kopie eines kolonialzeitlichen kanarischen Herrenhauses gebaut.

**UMGEBUNG:** Gut vier Kilometer nördlich teilt sich die Schotterstraße: Ein Arm führt hinunter zum ruhigen Strand von **Playa de Abalo**, der andere bringt Sie zur **Ermita de Nuestra Señora de Guadalupe**. Alle fünf Jahre wird eine Statue der Jungfrau Maria von hier nach San Sebastián gebracht (die nächste »Bajada« findet 2008 statt).

# Hermigua ❷

🏃 2100. 🚌 ℹ bei der Iglesia de la Encarnación. 📞 922 144 101.

EINE KURVENREICHE Straße führt von San Sebastián nach Hermigua durch eine wildromantische Landschaft mit verwitterten Felsen, Weiden- und Lorbeerwäldern, Wacholderbüschen, tiefen Schluchten und fruchtbaren grünen Tälern.

Der fruchtbare Boden im unteren Abschnitt des Barranco de Monteforte erlaubt den Anbau von Weintrauben, Bananen und Datteln.

## CHRISTOPH KOLUMBUS (1451–1506)

La Gomeras Beiname »Isla Colombina« beschwört die Beziehung zwischen der Insel und Christoph Kolumbus. Dreimal unterbrach er hier seine Entdeckungsfahrten: 1492, 1493 und 1498 nahm er auf La Gomera frische Nahrungsmittel und Trinkwasser auf. Zu den vielen Anekdoten über seinen Aufenthalt gehört auch eine nicht nachgewiesene Liaison mit Beatriz de Bobadilla. Kolumbus ist der inoffizielle Schutzpatron der Insel. Die Fiesta Colombina, die alljährlich am 6. September gefeiert wird, erinnert an seine erste Reise.

Kolumbus Statue in Playa de las Américas

Hermigua hieß zur Zeit der Guanchen Mulagua und war einst eine wichtige Stadt; heute könnte man eher von einem Dorf sprechen. Die einzigen Zeugen vergangener Größe sind ein paar alte Gebäude sowie der **Convento de Santo Domingo de Guzmán** im Ortsteil Valle Alto. Die Kirche des Convento stammt aus dem 16. Jahrhundert; sehenswert ist ein schönes Madonnenbild von Fernando Estévez aus dem 19. Jahrhundert.

Hermigua ist für seine handgewebten Teppiche bekannt, die man in **Los Telares**, dem örtlichen Handwerkszentrum, kaufen kann. Ganz in der Nähe bietet die **Playa de Hermigua** einen Strand mit grobem Kies und oft rauen Winden.

**UMGEBUNG:** Ein einstündiger Fußmarsch nach Nordosten bringt Sie zur **Playa de la Caleta**, einem der besten Strände der Insel mit schwarzem Sand.

Die hübsche Iglesia de la Encarnación in Hermigua

## Agulo ❸

 1200. 🚌

DAS STÄDTCHEN aus dem 17. Jahrhundert liegt im Nordosten der Insel inmitten von Bananenplantagen hoch über dem Meer am Fuß eines Felsens, was es wie ein natürliches Amphitheater erscheinen lässt. Zusammen mit dem nahe gelegenen Dorf Lepe, das von wenigen Bauern bewohnt wird, bietet Agulo einen malerischen Anblick und ist ein beliebtes Ausflugsziel.

Bananenplantage an der Küste bei Agulo

Eine Besonderheit ist die Kirche **San Marcos** von 1939. Ihre Architektur ist maurisch, die vier weißen Türme sind von weitem zu sehen. Der bekannteste Sohn des Dorfes ist der Maler José Aguiar (1895–1976), der als Sohn kanarischer Eltern auf Kuba geboren wurde und seine Kindheit in Agulo verbrachte.

**UMGEBUNG:** Eine kurvige Straße führt von Agulo zum **Mirador de Abrante**. Von der Felsenterrasse genießt man eine herrliche Aussicht auf die zerklüftete Küste. Oft sieht man auch den Vulkan Pico de Teide auf Teneriffa. Am Ende der Schlucht liegt das Dorf La Palmita, dessen Bewohner für ihre traditionelle Lebensweise bekannt sind.

## Vallehermoso ❹

🚶 3100. 🚌 ℹ️ Avda. de Guillermo Ascanio, 18. 📞 922 800 181.

VALLEHERMOSO bedeutet »schönes Tal«; seine landwirtschaftlich intensiv genutzte Umgebung zeugt vom fruchtbaren Boden der Insel. Das übersichtliche Städtchen mit seinem florierenden Zentrum (Läden, Postamt, Bank und Tankstelle) liegt etwa 17 Kilometer hinter Agulo und ist ein guter Ausgangspunkt für Besichtigungen und Wanderungen in dieser erholsamen Region.

Im Stadtzentrum befindet sich die **Iglesia San Juan Bautista**, die von Antonio Pinor, einem Architekten aus Teneriffa, entworfen wurde.

In einem kleinen Park stehen bizarre Gruppen von grob gemeißelten Skulpturen.

**UMGEBUNG:** Etwas weiter im Norden liegt die **Playa de Vallehermoso**, ein guter Platz zum Windsurfen. Wer lieber in ruhigeren Gewässern schwimmt, kann den Swimmingpool gleich am Rand des Kiesstrands aufsuchen.

Rund vier Kilometer nördlich befinden sich **Los Órganos**. Der beeindruckende Küstenabschnitt ist nur vom Meer aus zu sehen. Bootsfahrten zu Los Órganos werden von Valle Gran Rey, Playa de Santiago und San Sebastián angeboten. Die Basaltsäulen sind 80 Meter hoch und insgesamt 200 Meter breit. Sie erinnern an Orgelpfeifen und stellen eine der außergewöhnlichsten (und unzugänglichsten) Sehenswürdigkeiten von La Gomera dar.

Nur zwei Kilometer Richtung Osten sieht man an der Straße nach Agulo den **Roque Cano**. Der 650 Meter hohe reißzahnartige Fels ist das erodierte Überbleibsel eines Vulkankegels.

**Las Rosas**, elf Kilometer von Vallehermoso entfernt, ist ein beliebter Zwischenstopp von Bustouren. Im Restaurant gibt es Demonstrationen der berühmten Pfeifsprache El Silbo (siehe S. 128).

*Mutter und Vater* im Park von Vallehermoso

**Schwarzer Sandstrand in der Nähe von Valle Gran Rey**

maten. Die kleinen Felder, die die Hänge terrassenförmig gliedern, erinnern an die Reisfelder Balis. Für Wanderungen bieten sich viele unterschiedlich schwierige Wege und Routen an. Oberhalb der Stadt, am Eingang zum Tal, wurde der Aussichtspunkt nach einem Entwurf von César Manrique gestaltet; dort steht auch eines der besten Restaurants der Insel.

**UMGEBUNG:** Elf Kilometer nördlich liegt das Bergdorf Arure, das vor der Eroberung der Insel der Hauptort der Region war. Heute wirkt das Dorf recht verlassen und ist hauptsächlich für seinen ausgezeichneten *Miel de Palma* (Palmenhonig) bekannt. Die Palmen, von denen der Honig gewonnen wird, schützt man mittels großer Kragen vor hungrigen Ameisen.

Vom nahe gelegenen **Mirador del Santo** überblickt man die Insel und sieht bis nach La Palma und El Hierro.

## Valle Gran Rey ❺

🚶 4800. 🚌 ⛴ ℹ️ *La Playa, C/de la Noria.* ☎ *922 805 458.*

Das VALLE GRAN REY (»Tal des großen Königs«), heute Mittelpunkt des touristischen Geschehens auf der Insel, war schon vor der spanischen Eroberung La Gomeras bekannt, als es nach einem Guanchen-Anführer Orone genannt wurde. Das Tal umfasst mehrere meerwärts gelegene Dörfer: **La Calera**, **La Playa**, **La Puntilla** und **Vueltas** teilen sich den bescheidenen Tourismusboom, der La Gomera erreicht hat. Man gibt sich vor Ort alle Mühe, die Bedürfnisse der (meist deutschen) Gäste zu befriedigen, die ein Art komfortables Aussteigerleben suchen. Besucher wissen hier nicht nur die idyllische Szenerie, sondern auch die exzellenten neuen Pensionen und Restaurants zu schätzen. Die starke Brandung des Atlantiks stellt auch die anspruchsvollsten Surfer zufrieden.

**La Calera**, inmitten von Bananenplantagen gelegen, bekam wegen seiner kleinen Boutiquen und gemütlichen Restaurants den Spitznamen »Montmartre von La Gomera«. Es ist sicherlich eines der schönsten Städtchen des Archipels und hat mit die höchsten Immobilienpreise der Insel. Wie auch **La Playa** besitzt La Calera einen kleinen Strand.

Vom Hafen von **Vueltas** gibt es eine Verbindung mit dem Tragflächenboot nach Los Christianos auf Teneriffa, aber auch kürzere Ausflüge entlang der Küste oder nach

Los Órganos sind möglich. Im Hafen liegen Fischerboote und Yachten, die vielen Restaurants locken mit frischen Fischgerichten.

Entlang diesem fruchtbaren Tal, das von massiven Basaltfelsen eingerahmt wird, verläuft die landschaftlich schönste Straße der Insel. Angebaut werden hier u. a. Datteln, Bananen, Papayas, Avocados, Mangos und To-

**Neu gebaute Häuser am Ausgang des Valle Gran Rey**

## El Cercado ❻

🚌 *Chipude.*

Das WINZIGE DORF ist vor allem für seine Handwerksprodukte bekannt, insbesondere für die einfach geformten Tonwaren, die ohne Töpferscheibe aus dunklem Ton hergestellt werden. Auch einige kleine Bars sind traditionsbewusst und servieren Gerichte der einheimischen Küche.

### EL SILBO GOMERA

Lange vor der Erfindung des Telefons suchten die Einwohner La Gomeras nach einer Art der Nachrichtenübermittlung, die für ihre bergige Insel geeignet war. Die Lösung bestand in der einzigartigen Pfeifsprache El Silbo. Durch verschiedene Fingerstellungen werden unterschiedliche Pfeiftöne erzeugt, die ein begrenztes Vokabular ergeben. Die Pfiffe sind bis zu vier Kilometer weit zu hören. Für die Guanchen war diese Pfeifsprache lebenswichtig – etwa bei drohender Gefahr. Heute wird El Silbo Gomera nur noch selten benutzt.

**Der Trichter der Hand trägt den Ton weiter**

**Terrassierte Felder bei El Cercado**

**UMGEBUNG:** Etwa drei Kilometer südlich befindet sich am Fuß von **La Fortaleza**, einem riesigen Basaltquader in Form einer ebenen Tafel, **Chipude** – mit 1050 Metern über dem Meeresspiegel das höchst gelegene Dorf auf La Gomera. Bekannt ist es auch wegen der Kirche aus dem 16. Jahrhundert, der Iglesia de la Virgen de la Candelaria. Wie El Cercado ist auch Chipude ein renommiertes Töpferdorf. Eine steile Landstraße führt von El Cercado nach **La Laguna Grande**, einem Informationspunkt im Parque Nacional de Garajonay *(siehe S. 130f)* mit Restaurant.

Rund 15 Kilometer in Richtung Süden findet man **La Dama**, ein kleines Dorf, das – von Bananenplantagen umgeben – hoch über dem Meer thront.

leben vom Bananenanbau. Die **Iglesia del Salvador** aus dem 16. Jahrhundert ist eines der wenigen Relikte aus der langen Geschichte des Ortes.

Von Alajeró führt ein Pfad westwärts an einer tiefen Schlucht entlang bis nach **La Manteca**. Zwar sind in dieser Gegend viele der Einheimischen ausgewandert, doch dieses malerisch gelegene Geisterstädtchen ist einer der wenigen Orte, die völlig verlassen wurden.

**UMGEBUNG:** Zwei Kilometer nördlich von Alajeró liegt Agalán. An der Pflasterstraße steht der letzte Drachenbaum der Insel: **Drago de Agalán** ist etwa 150 Jahre alt.

## Playa de Santiago ❾

🏠 1600. 🚌 ℹ️ *Casa de Cultura, Avenida Marítima.* 📞 *922 895 650.*

P LAYA DE SANTIAGO spielt eine wichtige Rolle als Verkehrsknotenpunkt von La Gomera. Der Ort liegt an der Kreuzung zweier Schluchten: **Barranco de los Cocos** und **Barranco de Santiago**, besitzt einen Fischerhafen und einen neu gebauten Flughafen auf einem Streifen öden Landes im Westen. Zudem liegt die Stadt an der Straße, die in einer Schleife den Südteil der Insel erschließt.

**Traditionelle Keramik aus El Cercado**

Bis vor etwa 50 Jahren war Playa de Santiago das Wirtschaftszentrum der Insel; es besaß eine florierende Nahrungsmittelindustrie, eine kleine Werft und einen Hafen für den Export einheimischer Landwirtschaftserzeugnisse wie Bananen und Tomaten. Doch in den 1970er Jahren wurde der Ort von einer Wirtschaftskrise hart getroffen.

»Erschwingliche Ferien« war das Zauberwort auf dem Weg zurück zu mehr Wohlstand. Heute ist Playa de Santiago vor allem auf Tourismus ausgerichtet. Nach dem Valle Gran Rey ist es das zweitgrößte Ferienzentrum der Insel und auf dem besten Weg, zu vergangener Größe zurückzufinden.

Besucher lockt in erster Linie das Klima in diesen Ort, der der sonnigste von ganz La Gomera sein soll; doch auch Strände, Hotels und Strandklub sind attraktiv. Wie sehr man sich in Playa de Santiago um das Wohlergehen des Gastes bemüht, zeigt u. a. der **Jardín Tecina**. Der Urlaubskomplex oberhalb der steilen Klippen umfasst diverse Bars, Restaurants, Tennisplätze und einen neuen Golfplatz. Er besteht aus unaufdringlichen weißen Bungalows im regionalen Baustil. Ein Fahrstuhl, der in den Felsen gebaut ist, bringt die Gäste bequem hinunter an den Strand und zum Strandklub Laurel. Dort befinden sich ein riesiges Meerwasserbecken und ein gutes Restaurant. Östlich der Hotelanlage liegen weitere Strände, darunter **Tapahuga**, **Chinguarime** und **Playa del Medio**.

## Parque Nacional de Garajonay ❼

*Siehe S. 130f.*

## Alajeró ❽

🏠 1900. 🚌 🎭 *Fiesta del Paso (Sep).*

A LAJERÓ IST ein für La Gomera typisches Dorf, das sich entlang einer Bergstraße im Südteil der Insel erstreckt. Die meisten Dorfbewohner

**Der Kiesstrand von Playa de Santiago**

# Parque Nacional de Garajonay ❼

DER NATIONALPARK GARAJONAY wurde 1978 gegründet. Er umfasst rund 4000 Hektar und hat den größten intakten alten Waldbestand der Kanarischen Inseln. Hier treffen kalte atlantische Passatwinde auf warme Winde und erzeugen fast immer Nebel. Diese einzigartigen Wetterbedingungen ermöglichen die Existenz von 450 Pflanzenarten. Die einzelnen Bäume oder Pflanzen erreichen zum Teil ungeahnte Größen und vermitteln einen Eindruck davon, wie ein mediterraner Wald vor der letzten Eiszeit ausgesehen haben könnte. Diese außergewöhnliche Region steht seit 1986 als Weltnaturerbe unter dem Schutz der UNESCO.

**Wanderwege**
*Hoch gelegene Aussichtspunkte ermöglichen einen Blick bis nach Teneriffa.*

**La Laguna Grande**
*Hier liegt häufig Nebel, dennoch ist La Laguna Grande ideal für eine Pause, wenn man durch den Park wandert. Es gibt ein ausgezeichnetes Restaurant, einen Kinderspielplatz und einen Picknickbereich.*

Epina
TF 713
Banda de las Rosas
VALLE GRAN REY
QUEMADO
1136 m
Las Hayas
El Cercado
Chipude


**El Cercado**
Das schön gelegene Dorf ist problemlos mit dem Bus zu erreichen und bietet sich als Ausgangspunkt für Wanderungen im Park an.

**Chipude**
Das Dorf am Rand des Parks verfügt über ein kleines Hotel mit Restaurant.

**0 Kilometer 1**

**LEGENDE**

- Nebenstraße
- Hauptstraße (rot!)
- Wanderweg
- Parkgrenze
- Fluss (nur saisonal Wasser)
- Aussichtspunkt

## VEGETATION

Im Herzen des Parks steht uralter Lorbeerwald, wissenschaftlich als *Laurisilva* bezeichnet. Einzelne Exemplare dieser immergrünen Lorbeerbäume werden bis zu 20 Meter hoch. Sie bilden über große Areale hinweg ein zusammenhängendes grünes Dach, das den Großteil des Nebels auffängt. Deswegen sind auch viele Wege und Pfade oft schattig – ideal für den Wanderer. Außer den Lorbeerwäldern gibt es dichte Haine von Baumheiden und Wacholder im Park.

**Lange Flechten hängen von den Ästen der Baumheide**

**INFOBOX**

Centro de Visitantes, Las Rosas. 922 800 993. tägl. 9.30–16.30 Uhr. www.reddeparquesnacionales.mma.es

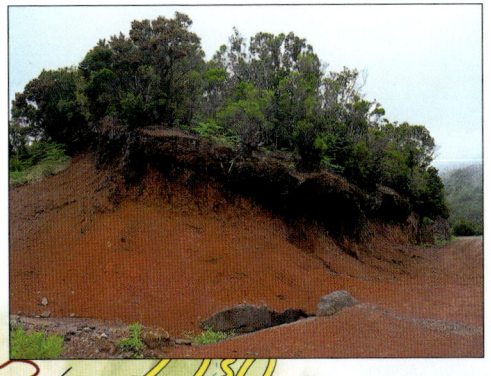

**Mirador de Vallehermoso**
*Der Aussichtspunkt liegt knapp innerhalb der Parkgrenzen und ist von dichtem Heidekraut umgeben. Von hier hat man einen fantastischen Blick über den Park und den Nordteil der Insel.*

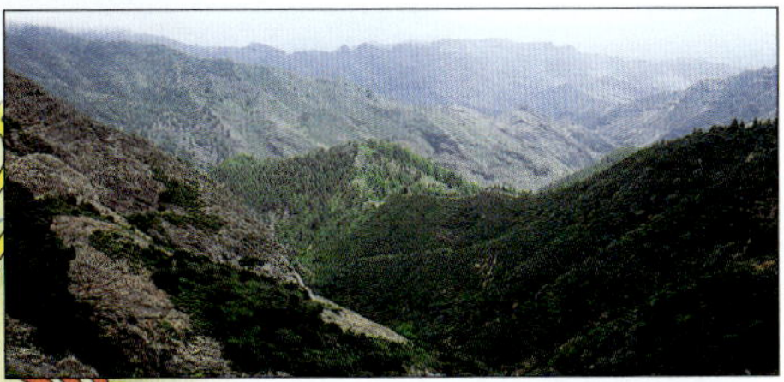

**Schluchten**
*Der Nationalpark wird von zahlreichen dicht bewaldeten Schluchten durchzogen, die für viele seltene Vogelarten, etwa die Kanarische Taube, Lebensraum bieten.*

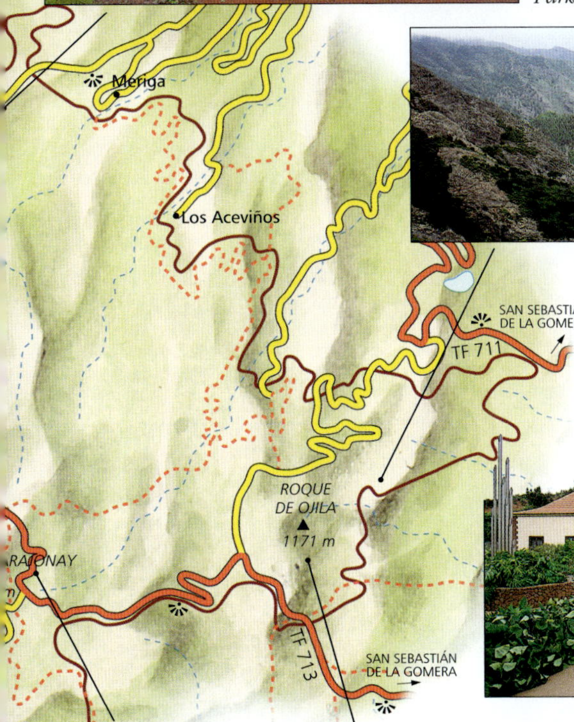


**Garajonay**
Mit 1487 Meter ist El Alto de Garajonay der höchste Berg La Gomeras. Ein markierter Pfad führt auf den Gipfel.

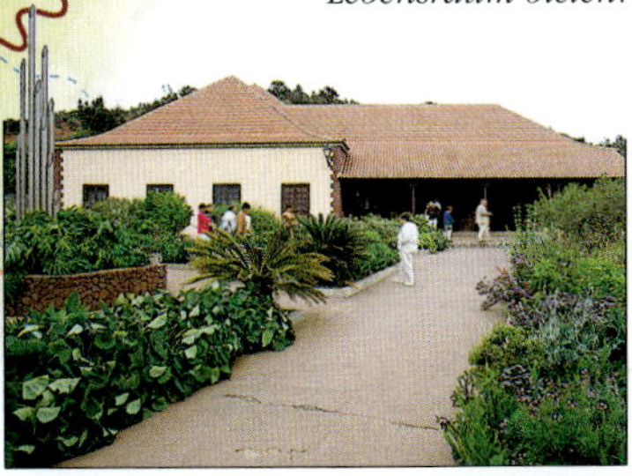

**Centro de Visitantes**
*Sehenswert ist das Besucherzentrum in der Nähe von Las Rosas. Es hat Werkstätten, Ausstellungsräume mit Kunsthandwerk, einen Garten und ein Restaurant.*

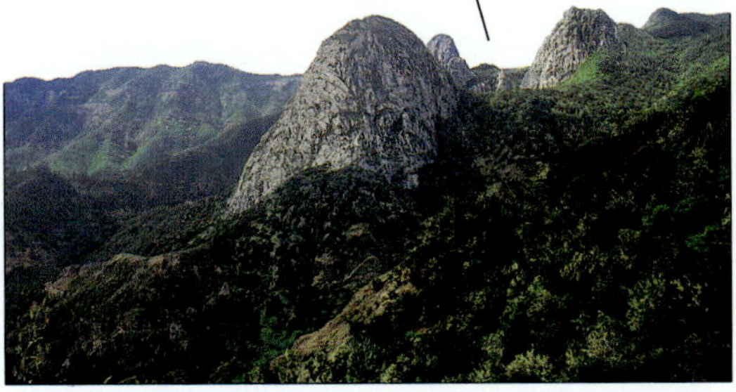

**Los Roques**
*Diese vulkanischen Formationen, darunter die Gipfel Zarcita (1236 m), Carmen (1140 m) und Agando (1250 m), liegen knapp außerhalb des Parks und können am besten vom Mirador El Bailadero aus betrachtet werden.*

# EL HIERRO

EL HIERRO IST *die kleinste und westlichste Insel des Archipels. Sie wird auch »La Isla Chiquita« (die kleine Insel) genannt und nimmt lediglich eine Fläche von 269 Quadratkilometern ein. El Hierro wird von der Landwirtschaft geprägt und ist mangels schöner Sandstrände touristisch noch fast unberührt. Auf der Insel leben etwa 10 000 Menschen, ein Viertel davon in der Hauptstadt Valverde.*

Das heutige Erscheinungsbild von El Hierro ist das Ergebnis eines Erdbebens vor ungefähr 50 000 Jahren. Damals brach an der Nordseite der gebirgigen Insel, wo heute die Bucht von El Golfo liegt, ein Drittel der Landmasse weg und stürzte ins Meer. Der letzte Vulkanausbruch auf der etwa 500 Vulkankegel zählenden Insel ereignete sich vor über 200 Jahren.

**Aeonium, ein Felsenbewohner**

Vor der spanischen Invasion von 1403 bestand die Bevölkerung der Insel aus Angehörigen der Bimbache. Nach der Eroberung fielen die meisten von ihnen Sklavenhändlern zum Opfer, ihr Land wurde von normannischen und kastilischen Siedlern annektiert. Das Feudalsystem, das damals eingeführt wurde, herrschte bis zur Mitte des 19. Jahrhunderts. Heute leben die Einwohner hauptsächlich vom Anbau von Bananen, Weintrauben, Mandeln, Pfirsichen, Tomaten und Kartoffeln. Wie auf den anderen Inseln auch spielt der Fischfang eine wichtige Rolle, vor allem an der Südküste.

Der Fremdenverkehr ist für die Wirtschaft der Insel fast ohne Bedeutung. Lediglich 800 Betten sind im Angebot; im Juli und August werden sie vor allem von Bewohnern der anderen Kanarischen Inseln gebucht. Auch der Campingplatz im Kiefernwald von Hoya del Morcillo ist beliebt.

Es gibt keine Industrie auf El Hierro, dafür alte Handwerkstraditionen wie Töpfern, Weben und Schnitzen. Die jeweiligen Produkte, etwa Teppiche mit typischem Muster, werden auf den Dorfmärkten angeboten, wo oft auch Volkstänze aufgeführt werden.

Natürliches Schwimmbecken im Lavagestein von Charco Manso bei Valverde

◁ Rote und gelbe Pflanzenteppiche bedecken den felsigen Untergrund

# Überblick: El Hierro

**E**L HIERROS größtes Plus ist seine romantische Wildheit. Vor den Reisen von Kolumbus war dies der westlichste Punkt der bekannten Welt. Noch heute ist die Insel vom Tourismus kaum berührt und vermittelt das Gefühl, am »Ende der Welt« zu sein. Für den Mangel an sandigen Stränden entschädigt die großartige Gebirgslandschaft. Das wilde, bisweilen in Nebel gehüllte Terrain ist stellenweise von dichtem Kiefernwald überwuchert und zieht vor allem Naturliebhaber an; einige Stellen kann man nur zu Fuß erreichen. Genauso attraktiv ist das Naturschutzgebiet an der Südküste, wo Taucher ein wahres Paradies vorfinden. Die Küche zeichnet sich durch frischen Fisch und hervorragende lokale Weine aus.

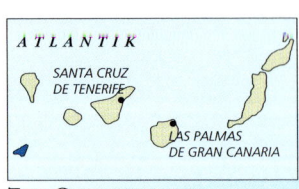

ATLANTIK
SANTA CRUZ DE TENERIFE
LAS PALMAS DE GRAN CANARIA

**ZUR ORIENTIERUNG**

EL SABINAR **5**

POZO DE SABINOSA

SABINOSA **4**

SANTUARIO DE NUESTRA SEÑORA DE LOS REYES **6**

HI

EL JULÁN

0 Kilometer    4

**SIEHE AUCH**

• *Übernachten* S. 162f.

• *Restaurants* S. 175

**Wacholderbäume bei El Sabinar, von Stürmen fantastisch verformt**

## SEHENSWÜRDIGKEITEN AUF EINEN BLICK

El Sabinar **5**
Frontera **2**
Isora **8**
La Restinga **7**
Las Puntas **3**
Puerto de la Estaca **10**
Sabinosa **4**
San Andrés **9**
Santuario de Nuestra Señora de los Reyes **6**
Valverde **1**

**Puerto de la Estaca an der Ostküste von El Hierro, der einzige Fährhafen der Insel**

*TAMADUSTE*

*MOCANAL*

*VALVERDE* **1**

*GUARAZOCA*

*EL GOLFO*
*BAY*

*LAS PUNTAS* **3**

HI 1

*TIÑOR*

**10** *PUERTO*
*DE LA ESTACA*

**9**
*SAN*
*ANDRÉS*

*TIGADAY*   **2** *FRONTERA*

**8** *ISORA*

HI 30

HI 1

*EL PINAR*

*TAIBIQUE*

## ANREISE

El Hierro hat Flugverbindungen mit
Teneriffa, Gran Canaria und La Palma.
Eine regelmäßige Fährlinie verbindet
Puerto de la Estaca mit Teneriffa und
La Gomera. Angesichts der wenigen
Buslinien und ihrer geringen Kapazität
ist es ratsam, ein Auto zu mieten,
wenn man die Insel erkunden will.
Der Straßenzustand hat sich in letzter
Zeit sehr verbessert, für einige abge-
legene Ziele brauchen Sie jedoch
einen Geländewagen.

**7**
*LA RESTINGA*

## LEGENDE

| | |
|---|---|
| ▬ | Hauptstraße |
| ▬ | Nebenstraße |
| ▬ | Panoramastraße |
| ✈ | Flughafen |
| ⚓ | Fährhafen |
| ☼ | Aussichtspunkt |

**Iglesia de la Concepción in Valverde**

Die Meerwasserbecken von Pozo de las Calcosas bei Valverde

# Valverde ❶

🏛 1700. 📧 ℹ C/Dr. Quineiro, 4.
📞 922 550 302. 🎭 Fiesta de San
Isidro (15. Mai), Bajada de la Virgen
de los Reyes (alle 4 Jahre im Juni:
2009, 2013…).

Der vollständige Name der Inselhauptstadt lautet La Villa de Santa María de Valverde. Im Gegensatz zu den Hauptorten der anderen Inseln liegt Valverde nicht am Meer, sondern in einem immergrünen Tal – daher auch der Name.

Das einzige bemerkenswerte Gebäude ist die **Iglesia Santa María de la Concepción**. Die stattliche Kirche wurde 1767 an der Stelle einer Kapelle aus dem 16. Jahrhundert errichtet – aus Dankbarkeit, dass ein Piratenangriff abgewehrt worden war. Im Glockenstuhl befindet sich eine große Glocke, die 1886 aus Paris kam; das Kircheninnere wird von einem Barockaltar dominiert. Gegenüber der Kirche steht das zwischen 1910 und 1940 im lokalen Stil erbaute Rathaus.

**UMGEBUNG:** Zehn Kilometer nordöstlich liegt **Tamaduste**. Die Bucht und der hübsche Strand sind ein beliebtes Ziel der Einheimischen.

Im acht Kilometer nördlich gelegenen **Charco Manso** gibt es mehrere natürliche Bassins im Vulkangestein.

Man erreicht sie über eine sehr schmale Straße mit Haarnadelkurven. Das Meer kann hier sehr tückisch sein: Vom Schwimmen ist abzuraten.

Das acht Kilometer nordwestlich gelegene **Pozo de las Calcosas** ist dagegen gutes Schwimmterrain. Es hat ähnliche Naturbecken wie Charco Manso, dazu ein paar Hütten aus schwarzem Stein.

Eine unvergessliche Aussicht über die Bucht **El Golfo** hat man vom **Mirador de La Peña**, acht Kilometer westlich. Das Restaurant wurde 1988 nach einem Entwurf von César Manrique gebaut.

# Frontera ❷

📧 🎭 Fiesta de la Virgen de la
Candelaria (Aug).

Viele Einwohner des zweitgrößten Inselorts leben vom Weinbau. Der daraus gekelterte Wein, Viña Frontera, ist innerhalb der gesamten Inselgruppe berühmt.

Am Rand des Ortes steht die 1818 errichtete **Iglesia de la Candelaria**. In ihrem Inneren befindet sich unter der hölzernen Decke ein schöner vergoldeter Altar. Der von weitem sichtbare Glockenturm steht

oberhalb der Kirche auf einem Hügel aus roter Vulkanasche.

**UMGEBUNG:** Einen Kilometer westlich liegt **Tigaday** im Weinbaugebiet. Hier beginnt die Straße nach Las Puntas.

# Las Puntas ❸

ℹ 922 559 081. 🎭 Fiesta de San
Juan (24. Juni).

Auf dem ehemaligen Kai, an dem bis 1930 Schiffe ihre Fracht löschten, steht das Hotel Puntagrande, das im *Guinnessbuch der Rekorde* als das kleinste Hotel der Welt geführt wird. Es wurde 1884 als Hafengebäude errichtet und erst später in ein Hotel mit vier Zimmern, einer Bar und einem Restaurant umgewandelt. Es ist nicht leicht, ein Zimmer zu bekommen. Die Anfahrt lohnt sich aber schon allein wegen des schönen Sonnenuntergangs oder wegen eines Bads in einer der felsigen Buchten.

Eine weitere Sehenswürdigkeit sind die **Roques de Salmor**. Die Felsen erheben sich aus dem Meer und sind einer der wichtigsten Brutplätze für die Vögel der Insel.

**UMGEBUNG:** Etwas weiter südlich liegt **Casas de Guinea**, eine alte normannische Siedlung aus dem frühen 15. Jahrhundert. Gemeinsam mit Las Montañetas beansprucht es den Titel des ältesten Dorfes auf El Hierro. Heute beherbergt es das **Ecomuseo de Guinea**, einen Komplex ehemaliger Schäferhütten, die restauriert und mit Mobiliar

Das kleinste Hotel der Welt in Las Puntas

aus verschiedenen Epochen ausgestattet wurden.

An einem Platz namens **Lagartario** oberhalb des Museums versucht man, natürliche Brutbedingungen für eine seltene Echsenart zu schaffen: Die Echsen von Salmor gibt es nur auf El Hierro. Seit 1975 wird versucht, die seit den 1930er Jahren ausgestorbenen, bis zu 1,5 Meter langen Riesenechsen rückzuzüchten. Nur wenige Besucher sind hier zugelassen. (Anfragen richtet man an das Rathaus von Tigaday.)

🏛 **Ecomuseo de Guinea**
☎ 922 555 056. ◐ Di–Fr 11–14, 16–18 Uhr, Sa, So 11–15 Uhr.

Pozo de la Salud an der Bucht von El Golfo

## Sabinosa ❹

🚌 🕭 San Simón (Ende Okt).

D AS BLUMENREICHE Sabinosa mit seinen hübschen Gassen und Pfaden liegt besonders abgelegen. Es thront auf einer Klippe, von der aus man fast die ganze Bucht von El Golfo überblickt. Berühmt ist Sabinosa für seinen »Gesundheitsbrunnen« **Pozo de la Salud**, der sich unterhalb des Ortes am Meer befindet. Sein Wasser, das mit Eimern aus der Tiefe befördert wird, ist radioaktiv, soll aber ein Allheilmittel gegen alle Arten von Krankheiten sein. Das 1996 hier errichtete Kurhotel, das gesundheitsbewusste Gäste versorgt, ist das einzige seiner Art auf den Kanarischen Inseln.

## BAJADA DE LA VIRGEN DE LOS REYES

Anfang des 18. Jahrhunderts, in einer Zeit großer Dürre, trugen Bauern die Madonna von Nuestra Señora de los Reyes nach Valverde – prompt begann es zu regnen. Seitdem wird das Fest alle vier Jahre (2009, 2013) am ersten oder zweiten Samstag im Juni abgehalten. Die Marienstatue wird in einer Sänfte auf derselben Route wie damals, dem Camino de la Virgen,

über schmale Pfade und Gassen getragen. Die Prozession beginnt um 5 Uhr morgens und dauert bis spät in die Nacht. Eine Woche lang wird gefeiert, viele Einwohner tragen dabei rotweiße Tracht.

Die Prozession »Bajada de la Virgen«

**UMGEBUNG:** Sechs Kilometer westlich liegt **Playa de Arenas**, ein sandiger Strand, den Einheimische und Urlauber schätzen. **Playa de Verodal**, zehn Kilometer im Westen, gilt allgemein als schönster Strand der Insel und erstreckt sich am Fuß einer hohen Klippe. Zu erreichen ist dieser kleine, windumtoste Streifen mit dem rostfarbenen Sand nur über eine holprige, ungeteerte Piste.

Östlich von Sabinosa führt eine Straße nach **Los Llanillos**, einem winzigen Dorf mit einer kleinen Kapelle aus Vulkangestein. Neben der Straße befindet sich eine Werkstatt, in der Vogelkäfige aller Größen und Formen hergestellt werden. Etwas weiter erreicht die Straße **Charco Azul**, wo Felsbuchten mit türkisfarbenem Wasser zum Baden einladen.

## El Sabinar ❺

D ER NAME dieses von Winden gepeitschten Hochlands, das von einer Schlucht geteilt wird, leitet sich von *sabina*, dem lokalen Namen für Wacholder ab. Hier stehen fast 300 weißstämmige Wacholderbäume, die Wind und Stürme zu bizarren Formen verbogen haben.

El Sabinar erreicht man auf einer Straße, die zu Beginn asphaltiert ist, aber später zur Piste wird und durch Weideland mit Viehgattern führt. Es liegt knapp vier Kilometer vom Santuario de Nuestra Señora de los Reyes entfernt.

**UMGEBUNG:** Vom **Mirador de Basco**, drei Kilometer nördlich, schweift der Blick nicht nur über El Golfo, sondern man kann auch La Palma, La Gomera und Teneriffa sehen.

Wahrzeichen der Insel – ein vom Wind verformter Wacholderbaum

Santuario de Nuestra Señora de los Reyes, von einer Mauer umgeben

# Santuario de Nuestra Señora de los Reyes ❻

🎦 *Bajada de la Virgen de los Reyes (alle 4 Jahre, siehe S. 137).*

UMGEBEN VON bewaldeten Hügeln und eingefasst von einer niedrigen Mauer, präsentiert sich die Pilgerstätte der »Heiligen Mutter der drei Könige«, der Schutzpatronin von El Hierro. Im Santuario wird eine Madonnenstatue in einer silbernen Sänfte aufbewahrt. Alle vier Jahre wird die Statue in einer Prozession, der Bajada de la Virgen de los Reyes, nach Valverde getragen *(siehe S. 137)*.

Der Überlieferung nach geriet ein französisches Schiff vor der Küste in eine Flaute; seine Mannschaft konnte nur dank der Hilfe der Einwohner von El Hierro überleben. Da sie Wasser und Nahrungsmittel nicht bezahlen konnten, übergab der Kapitän des Schiffs den Insulanern eine Marienstatue. Am selben Tag, dem 6. Januar 1577 (Heilige Drei Könige), erhob sich ein starker Wind, und das Schiff konnte weitersegeln.

**UMGEBUNG:** Der Leuchtturm **Faro de Orchilla** liegt sieben Kilometer im Südwesten. Im Jahr 150 n. Chr. erklärte der alexandrinische Geograf Ptolemäus dieses westlichste Inselstück zum Ende der Welt. 1634 definierte man den Nullmeridian durch diesen Punkt und berechnete von hier aus die Längengrade, bis der Nullmeridian 1884 nach Greenwich verlegt wurde. El Hierro nennt sich aber weiterhin »Isla del Meridiano«. Besucher können eine Urkunde erwerben, die das Überqueren des Nullmeridians bezeugt.

# La Restinga ❼

🎦 *Fiesta de San Juan (24. Juni), Fiesta de la Virgen del Carmen (16. Juli).*

LA RESTINGA ist ein kleiner Yacht- und Fischerhafen, der am sonnigsten, nämlich am südlichsten Ende der Insel liegt. Mit einem großen Hotel und einem Apartmentkomplex ist es auch der beliebteste Ferienort El Hierros. An der Küstenstraße, der Avenida Marítima, reihen sich Läden, Bars und Restaurants. Hier kann man sich entspannt niederlassen und die Welt an sich vorbeitreiben lassen.

Der kleine schwarze Sandstrand im Stadtzentrum wird durch den großen Hafen geschützt.

La Restinga ist – trotz des Tourismus – ein recht ruhiger Ort geblieben. Es gibt ein großes Angebot an Wassersportmöglichkeiten, darunter auch Tauchen. Das Meer der Umgebung steht unter Naturschutz und besitzt eine reiche Meeresfauna und -flora. Interessant sind die Unterwasserschächte und bizarren Felsformationen. Die Tauchzentren sind das ganze Jahr über geöffnet. Sie organisieren Boote und bieten auch nächtliche Exkursionen an.

**UMGEBUNG:** Etwas weiter nordwestlich liegt **Bahía de Naos**, wo Jean de Béthencourt 1403 an Land ging. Zehn Kilometer weiter kommt man zur **Cala del Tacorón**, kleinen Buchten, die in die vulkanische Küste des Mar de las Calmas eingegraben sind. Stufen führen hinunter zum Meer; das klare Wasser lädt zum Baden ein. Zwei Kilometer nördlich liegt die **Cueva Don Justo** im Massiv der Montaña de Prim – mit ihrem sechs Kilometer langen Labyrinth unterirdischer Gänge ein Eldorado für Höhlenforscher.

**Fantastischer Ausblick vom Mirador de las Playas**

# Isora ❽

🎦 *Fiesta de San José (19. März).*

DAS DORF Isora im Osten der Insel besteht aus mehreren Weilern, bekannt ist es für seinen Käse. Es lohnt sich, früh aufzustehen und von hier aus den Sonnenaufgang zu beobachten. Ein weiterer Anziehungs-

**Vulkankegel in der Gegend um La Restinga**

punkt: die Wettbe-
werbe im kanari-
schen Ringkampf,
der *Lucha Canaria*,
die im hiesigen Sta-
dion stattfinden.

**Nebelverhangene Felder bei San Andrés**

**UMGEBUNG:** Etwa
einen Kilometer
südlich ermöglicht
der **Mirador de
Isora**, am Rand der
Gebirgskette von El
Risco de los Herre-
nos gelegen, zau-
berhafte Ausblicke auf das
Meer. Ein schmaler, vier Kilometer langer Fußweg führt
hinunter zur Küste.

Drei Kilometer südlich liegt
inmitten von Kiefern der Aussichtspunkt **Mirador de las
Playas**. Von der Terrasse
kann man einen fantastischen
Rundblick über die Bucht von
Las Playas genießen, vom
Roque de la Bonanza bis
hinauf zum Parador.

**El Pinar**, sechs Kilometer
Richtung Süden, ist die Be-
zeichnung für zwei Dörfer,
**Las Casas** und **Taibique**. An
der Hauptstraße der Dorfge-
meinschaft findet man Bars,
Restaurants, Läden, ein Hotel,
eine Bank und die hiesige
Artesania Cerámica, die Keramik und handgefertigten
Schmuck anbietet. Die kleine
einfache Kirche heißt **Iglesia
de San Antonio**. Im **Museo
de Panchillo** kann man
Fundstücke aus der Region
besichtigen – und auch Feigen und Honig kaufen.

🏛 **Museo de Panchillo**
C/El Lagar, 53. ◯ *keine festen
Öffnungszeiten.*

## San Andrés ❾

🎉🎊 *Fiesta de la Apañada
(1. So im Juni).*

SAN ANDRÉS liegt 1100 Meter
über dem Meer und ist
daher oft in dichten Nebel
gehüllt. Die Sommer sind hier
meist heiß, die Winter bei
starken Winden dagegen kalt.

Die Bewohner leben über-
wiegend von Ackerbau und
der Schaf- und Ziegenzucht.
Trotz der fruchtbaren Erde
veranlassen die ungünstigen
Witterungsbedingungen viele

Menschen dazu, aus dieser
rauen, unwirtlichen Gegend
fortzuziehen.

**UMGEBUNG:** In nördlicher
Richtung führt eine knapp
vier Kilometer lange Asphalt-
straße, die später zum
Wanderpfad wird,
zum **Árbol Santo**,
dem heiligen Baum
der Bimbache, den
die Einheimischen
*Garoé* nennen. Der
Sage nach floss von
dem Baum einst
genügend Wasser
für den Bedarf der ganzen
Insel. (Tatsächlich können
Kiefernnadeln große Mengen
an Wasser aufnehmen.) Der
uralte Baum wurde 1949 bei
einem Orkan zerstört; an
seiner Stelle steht eine 1957
gepflanzte Linde.

Zwei Kilometer südwestlich
befindet sich der **Mirador de
Jinama**. Die Straße verläuft
durch Felder mit Trocken-
mauern. Bei klarem Wetter
hat man einen guten Blick
über die Bucht von **El Golfo**.

**Ziegenkäse
aus San Andrés**

## Puerto de la Estaca ❿

🎉 *San Telmo (14. Sep).*

BIS ZUR Eröffnung des Flughafens 1972 stellte dieser
kleine Hafen, der durch steile
vulkanische Felsen vom Land
abgetrennt ist, die einzige
Verbindung der Insel zum
Rest der Welt dar. Der Name
des 1906 gebauten Hafens
verweist auf die *estaca*, einen
Holzpfahl, an dem die Fischer
ihre Boote festzurrten.

**UMGEBUNG:** Der **Roque de la
Bonanza**, ein nackter Basaltfelsen, der direkt vor der Küste aus dem Meer herausragt,
liegt neun Kilometer weiter
im Süden. Er ist über
eine sehr schöne
Küstenstraße am
Fuß eines steilen
Vulkanhangs zu er-
reichen. An einer
Stelle führt die Stra-
ße durch einen ein-
spurigen Tunnel;
die Fahrtrichtung
wird durch eine Verkehrsam-
pel geregelt. Zwei Kilometer
weiter steht inmitten einer
malerischen Landschaft der
**Parador del Hierro**, das
komfortabelste Hotel der Insel. Zwischen 1973 und 1976
im »Kastilien-Stil« gebaut, liegt
es völlig einsam am Meer und
blickt auf die hohen Klippen
rund um die Bucht. Seine
Eröffnung verzögerte sich um
fünf Jahre, weil der Bau der
Straße, die hier endet, so viel
Zeit benötigte.

**Roque de la Bonanza, der »Fels des Stillen Ozeans« in der Bucht Las Playas**

# LA PALMA

DIE EINHEIMISCHEN NENNEN sie »La Isla Bonita« (schöne Insel) oder »La Isla Verde« (grüne Insel). Beide Bezeichnungen sind gerechtfertigt, denn La Palma ist sowohl auffallend schön als auch verblüffend grün. Dank seiner reichhaltigen Vegetation mit Farn- und Lorbeerwäldern sowie seiner gepflegten Parks und Gärten ist das Eiland der grünste Flecken Erde der Kanarischen Inseln.

Die üppige Vegetation verdankt »La Isla Verde« dem reichlich fallenden Regen: Von allen Kanarischen Inseln weist La Palma die höchste Niederschlagsmenge auf. Im Frühjahr und Herbst bleibt die Sonne an durchschnittlich 63 Tagen hinter den Wolken – beste Wachstumsbedingungen für Pflanzen.

La Palma besitzt die Form eines Faustkeils und ist mit ihren 708 Quadratkilometern die fünftgrößte Insel des Archipels.

Wenn man die Fläche in Relation zur Höhe setzt, gehört La Palma zu den gebirgigsten Inseln der Welt: Mit 2426 Metern ist der Roque de los Muchachos der höchste Gipfel. Wie der Rest der Inselgruppe ist auch La Palma vulkanischen Ursprungs – und die Vulkane sind keineswegs erloschen. Der letzte Ausbruch ereignete sich 1971 im Süden der Insel, wo heute die schwarzen Lavafelder und das rötlich-braune Vulkangestein in deutlichem Kontrast zum satten Grün der übrigen Insel stehen.

Statue eines tanzenden Zwergs

Die Insulaner leben meist von der Landwirtschaft; der große Wasserreichtum ermöglicht den Anbau von Wein, Avocados, Bananen und Tabak. Übrigens: Nach Meinung von Fachleuten sind die mit dem Inseltabak gerollten Zigarren ebenso gut wie die kubanischen.

La Palma ist auch für seinen Honig bekannt; hingegen hat der Fischfang, wie auf den meisten Inseln, vor allem lokale Bedeutung. Massentourismus sucht man hier vergeblich; dies liegt zum Teil daran, dass es entlang der zerfurchten Küste nur wenige schöne Strände gibt. An der West- und an der Ostküste findet man gleichwohl ein paar attraktive Ferienzentren.

Glitzernde Vulkanfelsen – traumhaftes Farbenspiel am Pico de la Cruz

◁ Grüne Landschaft im Parque Nacional de la Caldera de Taburiente

# Überblick: La Palma

L A PALMA IST ist vor allem eine Insel zum Wandern; vom gemütlichen Spaziergang bis zur ausgedehnten Tour ist hier alles möglich. Die vielfältige Landschaft – von der aschereichen Vulkangegend um El Pinar bis zu den üppigen Wäldern von Los Tilos – entschädigt völlig für den Mangel an Stränden und wichtigen historischen Stätten. Die Küstengewässer von La Palma sind reich an Flora und Fauna und ein lohnendes Ziel für Taucher. Eine Tour auf der Ruta de los Volcanes, dem Vulkanpfad im Süden des Landes, ist ein unvergleichliches Erlebnis und kann der Höhepunkt des Urlaubs werden.

**Holzbalkone an der Seepromenade von Santa Cruz de La Palma**

GARAFÍA

⑥ LP 1
LA ZARZA

LP 1

PUNTAGORDA ●

TAJARAFE ●

LP 1

LOS LLANOS DE ARIDANE
ᛤ ARGUAL ● ⑧

TAZACORTE ⑦    EL PASO

LA LAGUNA

TRIANA

LAS MANCHAS

⑩
PUERTO NAOS

0 Kilometer          5

## SEHENSWÜRDIGKEITEN AUF EINEN BLICK

Barlovento ⑤
Fuencaliente de La Palma ⑪
La Zarza ⑥
Las Nieves ②
Los Llanos de Aridane ⑧
Los Tilos ③
Mazo ⑬
*Parque Nacional de la Caldera de Taburiente S. 150f* ⑨
Puerto Naos ⑩
San Andrés ④
*Santa Cruz de La Palma S. 144f* ①
Tazacorte ⑦

**Tour**
Ruta de los Volcanes ⑫

### SIEHE AUCH

• *Übernachten* S. 163

• *Restaurants* S. 175

### ANREISE

La Palma hat feste Flugverbindungen nach Teneriffa, Gran Canaria, El Hierro sowie zu einigen spanischen Städten. Von vielen europäischen Flughäfen gibt es direkte Charterflüge. Die Maschinen landen auf dem Flughafen an der Ostküste, der mit Santa Cruz de La Palma über eine acht Kilometer lange Schnellstraße verbunden ist. Die Fähren von Teneriffa und La Gomera legen im Hafen von Santa Cruz de La Palma an. Die meisten Städte und Dörfer der Insel sind mit dem Bus zu erreichen, nur für die entlegeneren Regionen braucht man ein Auto.

BARLOVENTO

LOS SAUCES

SAN ANDRÉS

LOS TILOS

PARQUE NACIONAL DE LA CALDERA DE TABURIENTE

LP 1032

PUNTALLANA

LP 1

LAS NIEVES

SANTA CRUZ DE LA PALMA

BREÑA ALTA

BREÑA BAJA

MAZO

RUTA DE LOS VOLCANES

LP 1

TIGALATE

MONTE DE LUNA

LP 1

FUENCALIENTE DE LA PALMA

ATLANTIK

SANTA CRUZ DE TENERIFE

LAS PALMAS DE GRAN CANARIA

**ZUR ORIENTIERUNG**

Das Observatorium auf dem Gipfel
des Roque de los Muchachos

**LEGENDE**

| | |
|---|---|
| ▮ | Hauptstraße |
| ▮ | Nebenstraße |
| ▮ | Panoramastraße |
| ✈ | Flughafen |
| ⛴ | Fährhafen |
| ❁ | Aussichtspunkt |

Der Felsstrand von Charco Azul bei San Andrés

# Santa Cruz de La Palma ❶

IE BUCHT, an der die Inselhauptstadt Santa Cruz de La Palma liegt, wurde von den Guanchen Timibucar genannt. Seit ihrer Gründung hat die Stadt immer eine wichtige Rolle im wirtschaftlichen und politischen Leben Spaniens gespielt. Im 16. Jahrhundert war sie hinter Sevilla und Antwerpen der drittwichtigste Hafen des gesamten spanischen Imperiums. Bis heute gilt Santa Cruz auch als wichtigstes Schiffsbauzentrum der Kanarischen Inseln. Der Wohlstand der Stadt rief Piraten auf den Plan, die sie mehrmals plünderten; ein besonders brutaler Beutezug erfolgte im Jahr 1553 unter Jean-Paul de Billancourt, der auch als »Pegleg« bekannt war.

**Calle O'Daly, die Hauptstraße der Altstadt von Santa Cruz**

## Überblick: Santa Cruz de La Palma

Santa Cruz liegt am Hang eines Vulkankraters und ist eine der schönsten Städte der Kanarischen Inseln. Im Stadtbild sieht man viele moderne Gebäude, es gibt aber auch eine intakte Altstadt. Das Zentrum entwickelte sich während einer kurzen Zeitspanne und strahlt daher eine gewachsene Harmonie aus. Santa Cruz ist jedoch mehr als nur eine Ansammlung alter Kolonialgebäude. Die vielen Bars und Restaurants an der Avenida Marítima ziehen Urlauber und Einheimische gleichermaßen an und tragen viel zum Flair der Stadt bei.

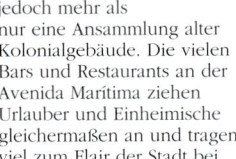

**Musikerstatuen in der Calle O'Daly**

## 🏛 Calle O'Daly

Die von historischen Häusern und Residenzen gesäumte Hauptstraße ist heute Fußgängerzone und verrät viel vom früheren Reichtum und Ansehen der Stadt. Ihren Namen bekam sie nach einem hier ansässigen irischen Bananenhändler. Die bemerkenswertesten Gebäude sind die aus dem frühen 17. Jahrhundert stammende **Palacio de Salazar** (Nr. 22) mit seinen charakteristischen Holzbalkonen sowie die **Casa Pinto** (Nr. 2) aus dem 19. Jahrhundert.

## 🏛 Ermita de San Sebastián

Plaza de San Sebastián.

Die kleine (leider meist geschlossene) Kapelle ist nur eine von vielen in Santa Cruz; eine andere ist **Ermita de Nuestra Señora de la Luz** aus dem 16. Jahrhundert auf der hübschen Plaza de San Sebastián. Sie beherbergt eine aus Antwerpen stammende Statue der heiligen Katharina.

## 🏛 Plaza de España

Um den dreieckigen Platz im Herzen der Stadt mit seinem Brunnen aus dem 16. Jahrhundert stehen lauter historische Gebäude. Das Denkmal in der Mitte stellt Manuel Díaz Hernández (1774–1863) dar, einen Geistlichen der Kirche San Salvador, der in seinen Predigten für politische Freiheiten eintrat.

## 🏛 Iglesia de El Salvador

Plaza de España. ⏰ tägl. 8.30–13, 16–20.30 Uhr.

Die Kirche wurde Ende des 15. Jahrhunderts gebaut, ihre jetzige Form bekam sie in der zweiten Hälfte des 16. Jahrhunderts. Sie ist das größte Renaissance-Gebäude auf den Kanarischen Inseln. An der Fassade sieht man ein Portal in Form eines Triumphbogens (1503), eine Allegorie der Kirche Christi. Das Innere zieren eine Kassettendecke im spanisch-maurischen Mudéjar-Stil und Skulpturen von Fernando Estévez.

## 🏛 Casas Consistoriales

Plaza de España.

Die Casas Consistoriales wurden zwischen 1559 und 1563 als Bischofsresidenz errichtet; heute ist hier das Rathaus. Die Renaissance-Fassade ruht auf den Säulen von Arkadengängen; ein Flachrelief zeigt Philip II. sowie die Wappen von La Palma und Habsburg. Die Innenwände bemalte Mariano de Cassio mit Szenen aus dem Inselleben.

## 🏛 Avenida Marítima

Die Avenida Marítima gilt als eine der schönsten Ufer-

**Iglesia de El Salvador an der Plaza de España**

straßen der Kanaren. An ihrem Südende steht ein Drachenbaum *(siehe S. 14)* mit auffällig verdrehten Ästen. Am Nordende des Ufers befinden sich die Casas de los Balcones, eine Reihe malerischer alter Häuser, die hervorragend restauriert wurden; sie besitzen schöne Holzbalkone im Kolonialstil und sind in fröhlichen Farben angestrichen.

**Hauptaltar der Iglesia de San Francisco**

### 🔒 Iglesia de San Francisco

Plaza de San Francisco. ⬜ *Mo–Fr 9–14, 16–18.30 Uhr.* 

1508 begannen die Franziskanermönche, die Alonso Fernándo de Lugo bei seinem Eroberungszug durch die Insel begleiteten, mit dem Bau einer Abtei in Santa Cruz. Damit ist die Kirche eines der ersten Renaissance-Bauwerke auf La Palma. Zu den Besonderheiten im Inneren gehören neben der reichhaltigen Ausmalung der Hauptaltar und die Kassettendecke. Heute beherbergt die Abtei das **Museo Insular**. Es besitzt diverse lokale Fundstücke, darunter Guanchen-Schädel, ausgestopfte Tiere und Gemälde der Spanischen Schule.

### 🏛 Museo Naval

⬜ *Mo–Fr 9.30–14.30 Uhr, im Sommer auch 16–19 Uhr.* 

In der Nähe der Plaza de la Alameda steht ein 1940 gefertigter Nachbau der *Santa María*, eines der Schiffe, mit denen Christoph Kolumbus die Neue Welt entdeckte. Die Einwohner von Santa Cruz haben das Schiff *El Barco de la Virgen* (Schiff der Heiligen Jungfrau) getauft. Im Inneren birgt es ein bescheidenes Seefahrtsmuseum; das Kernstück der Sammlung sind faszinierende alte Seekarten, Navigationsinstrumente und Schiffsflaggen.

**INFOBOX**

🚶 17 800. 🚌 ⛴ ✈ 11 km südlich. 🏢 C/O'Daly, 22. 📞 922 412 106. 🎭 Sa, So. 🎉 Karneval (Jan/Feb), Fiesta de la Cruz (3. Mai), Bajada de la Virgen (alle 5 Jahre im Juni/Juli: 2010, 2015…).

### ⚓ Castillo de Santa Catalina

Avenida Marítima.

Die Burg aus dem 16. Jahrhundert heißt auch Castillo Real. Wie das **Castillo de la Virgen** – eine kleinere Festung auf der gegenüberliegenden Seite des Barranco de las Nieves – wurde sie zum Schutz gegen Piraten gebaut. 1585 verhinderten ihre Kanonen eine Übernahme der Insel durch Sir Francis Drake.

***El Barco de la Virgen***, ein Nachbau des Schiffs von Christoph Kolumbus

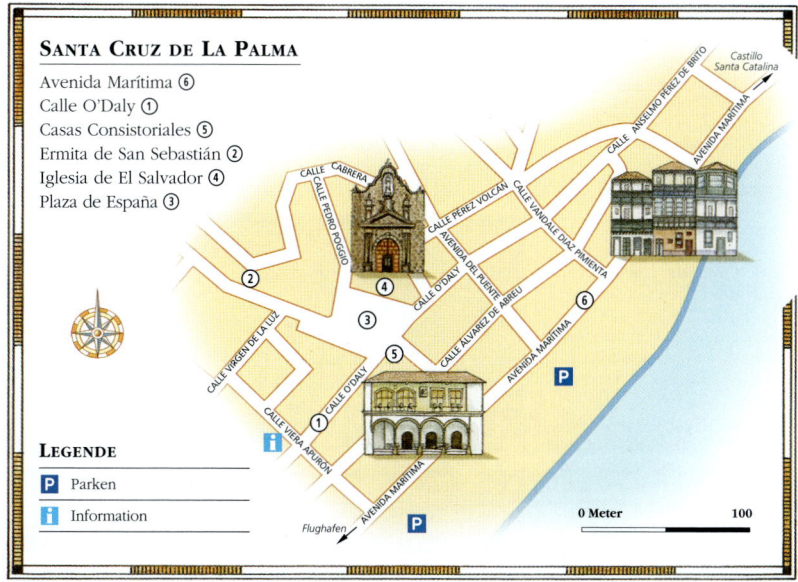

**SANTA CRUZ DE LA PALMA**

Avenida Marítima ⑥
Calle O'Daly ①
Casas Consistoriales ⑤
Ermita de San Sebastián ②
Iglesia de El Salvador ④
Plaza de España ③

**LEGENDE**

🅿 Parken
ℹ Information

Castillo Santa Catalina

Flughafen

0 Meter 100

Das Innere des Santuario in Las Nieves

## Las Nieves ❷

📷 🎭 *Bajada de la Virgen de las Nieves (alle 5 Jahre im Juni/Juli: 2010, 2015…).*

Zwischen grünen Hügeln gelegen, ist das Dorf ein bedeutender Wallfahrtsort mit dem wichtigsten Heiligtum der Insel. An einer wunderschönen Stelle steht das **Santuario de la Virgen de las Nieves**, dessen kleine Kirche von 1657 die frühere Kapelle ersetzte. Zusammen mit den Nachbargebäuden, dem Pilgerquartier und dem Pfarrhaus aus dem 17. bzw. 18. Jahrhundert und mehreren Häusern, die einst der hiesigen Aristokratie gehörten, bildet sie ein historisches Ensemble.

Die Kirche ist ein typisches Beispiel für die Kolonialarchitektur auf den Kanaren: Sie hat Holzbalkone, weiß getünchte Wände und eine schöne Mudéjar-Decke im spanisch-maurischen Stil aus Kanarischer Kiefer. Das Flackern der Kerzen, die von den Gläubigen angezündet werden, und die reiche Bemalung geben der Kirche eine besondere Atmosphäre. Im Zentrum des vergoldeten barocken Hauptaltars steht eine 82 Zentimeter hohe Terrakottastatue der »Madonna des Schnees«, der Schutzpatronin der Insel. Die Statue wurde im 14. Jahrhundert in Flandern hergestellt und auf einen Sockel aus mexikanischem Silber gestellt. Der Name der Madonna geht allerdings nicht auf die schneebedeckten Gipfel der Inselgruppe zurück, sondern auf das wundersame Erscheinen der Jungfrau während eines ungewöhnlichen Schneesturms, mitten im August, in Rom. Die Seitenwände der Kirche sind mit vielen Votivbildern geschmückt. Gläubige Pilger stifteten sie als Dank für die Rettung eines Schiffs aus stürmischer See.

## Los Tilos ❸

ℹ️ *Centro de Investigaciones e Interpretación de la Reserva de Biosfera »Los Tilos«.* ⏰ *Mo–Fr 9–16 Uhr.*

3 km westlich von San Andrés.

Die felsigen, fast senkrechten Wände der Schlucht Barranco del Agua werden von einem feuchten, immergrünen Regenwald mit moosbehangenen Lorbeerbäumen, Linden, Myrten und Farnen bewachsen. Er stellt die größte Konzentration an *Laurisilva* (uraltem Lorbeerwald) auf der Insel dar. 1983 wurde Los Tilos von der UNESCO zum Biosphärenreservat erklärt.

Eine drei Kilometer lange Teerstraße schlängelt sich am Talboden einem Besucherzentrum mit Informationstafeln und kleinem Café entgegen. Im 511 Hektar großen Schutzgebiet gibt es mehrere beschilderte Wanderwege. Einer davon führt zum Aussichtspunkt **Mirador de las Barrandas**. Ein längerer, anspruchsvollerer Wanderpfad mit steilem Anstieg führt sechs Kilometer in südwestliche Richtung zur **Caldera de Marcos y Cordero**, wo der Tourengänger malerische Wasserfälle vorfindet.

## San Andrés ❹

🚶 *1100.* 🚌 🎭 *Fiesta de San Andrés (30. Nov).*

Den hübschen Küstenort charakterisieren typisch kanarische Häuser, gepflasterte Straßen sowie Plätze mit Blumenrabatten und Palmen. Im Zentrum steht die **Iglesia de San Andrés Apóstol**, eine der ältesten Kirchen auf den Kanarischen Inseln. Sie wurde im 16. Jahrhundert als Festungskirche begonnen und im 17. Jahrhundert ausgebaut. Im Inneren birgt sie einen barocken Hauptaltar mit Altaraufsatz und eine Kassettendecke im Mudéjar-Stil. An der Wand hängen Bilder von allen möglichen menschlichen Gliedmaßen; sie legen Zeugnis von den Heilkräften des Schutzpatrons der Kirche ab.

San Andrés und das größere Städtchen **Los Sauces** werden als Verwaltungseinheit unter dem Namen San Andrés y Los Sauces geführt. Die Umgebung beider Orte ist bekannt für ihre Bananen und ihr Zuckerrohr. Ein auffallendes Bauwerk in Los Sauces ist die größte Kirche der Insel, **Iglesia Nuestra Señora de Montserrat** von 1515. Ihr heutiges neoromanisches Aussehen verdankt sie einer

Die kleine Iglesia de San Andrés Apóstol

Modernisierung im Jahr 1960. Im Inneren sieht man ein Madonnenbild, das dem niederländischen Maler Pieter Poubrus zugesprochen wird.

**UMGEBUNG:** Südlich von San Andrés liegt das kleine Dorf **Charco Azul** inmitten von Bananenplantagen. Die hohen Felsklippen bilden eine Schutzmauer für ein natürliches Becken in faszinierender Blautönung. Rund sieben Kilometer südlich erreicht man **Puntallana** mit der Iglesia San Juan Bautista; Hauptattraktion des Ortes ist die Playa de Nogales, ein langer schwarzer Sandstrand.

Mysteriöse Felszeichnungen der Ureinwohner in La Zarza

**Tiefe Schluchten durchziehen die Umgebung von Barlovento**

# Barlovento ➎

🏃 2500. 🚌 🎊 Fiesta de la Virgen del Rosario (2. Aug, alle 2 Jahre: 2007, 2009…).

DIE SCHMUCKE **Iglesia de Nuestra Señora** mit einem Altar von 1767 und spanischen Statuen aus dem 16. bis 18. Jahrhundert ist die Zierde der Ortschaft. Alle zwei Jahre feiern die Einwohner bei einer Fiesta Kampfszenen der Schlacht von Lepanto (1571) nach.

**UMGEBUNG:** Das Felsbecken der **Piscinas de Fajana**, sechs Kilometer nordöstlich, wird vom Atlantik mit Wasser versorgt. Der nahe gelegene Leuchtturm von **Punta Cumplida** ist seit 1860 in Betrieb.

# La Zarza ➏

10 km westlich von Barlovento.

DIE ARCHÄOLOGISCHEN Funde von La Zarza gehen auf die Benahoares, die Ureinwohner von La Palma zurück. Diese ritzten an mehreren Stellen im Nordteil der Insel, z. B. bei Roque Faro, Don Pedro und Juan Adalid, merkwürdige Zeichnungen – meist sind es Spiralen, Kreise und Geraden – in den Fels. Die Gravuren haben bis zum heutigen Tag in ihrer natürlichen Umgebung überlebt; ihre Bedeutung ist allerdings völlig unklar.

Im Besucherzentrum gibt es ein kleines Museum zum Alltagsleben der Benahoares. Die Ausstellung macht deutlich, wie die Ureinwohner der Insel lebten, was sie aßen, welche medizinischen Kenntnisse sie hatten und wie sie ihre Toten bestatteten; auch ein 20-minütiges Video ist zu sehen. Beleuchtete Tafeln zeigen Bilder von Vulkanausbrüchen, Insellandschaften, Fauna und Flora von La Palma und die Fundstellen der Felsbilder. Als die Bilder 1941 entdeckt wurden, waren sie eine archäologische Sensation. Neben den rätselhaften Ornamenten hinterließen die Benahoares zwei aztekisch wirkende Figuren: einen Mann und eine Frau mit Insektenkopf.

🏛 **Parque Cultural La Zarza** La Mata, s/n. ☎ 922 695 005. 🕐 Winter: 11–17 Uhr, Sommer: 11–19 Uhr. ✉

# Tazacorte ➐

🏃 5800. 🚌 🎊 Fiesta de San Miguel (29. Sep).

ALONSO FERNÁNDEZ DE LUGO begann 1492 die Eroberung der Insel von Tazacorte aus. Heute wird das Bild des inmitten von Bananenplantagen gelegenen Ortes von der **Iglesia de San Miguel Arcángel** beherrscht. Die Kirche wurde im 16. Jahrhundert erbaut und 1992 erweitert; dabei erhielt sie ein abstraktes Buntglasfenster. Gleich neben der Kirche findet man eine von Bougainvillea überwucherte Pergola mit Keramikfliesen; hier treffen sich die Einheimischen zum Plaudern.

**UMGEBUNG:** Zwölf Kilometer nördlich liegt der **Mirador del Time**, der eine schöne Aussicht über Los Llanos und Tazacorte, über die Berge und das Meer bietet.

**Bananenplantagen wachsen fast bis ins Zentrum von Tazacorte**

**Ein Boulevard führt zur Plaza de España in Los Llanos de Aridane**

# Los Llanos de Aridane ❽

🚶 20 000. 🚌 📷 *Fiesta de los Remedios (2. Juli, alle 2 Jahre: 2008, 2010…).*

DIE MITTLERWEILE GRÖSSTE Stadt von La Palma ist bis auf die Plaza de España überwiegend jüngeren Datums. Auf dem hübschen Platz mit den von Lorbeerbäumen beschatteten Cafétischchen finden auch Konzerte statt.

Eine Seite der Plaza wird vom Rathaus begrenzt. Direkt gegenüber steht die **Iglesia de Nuestra Señora de los Remedios**. Die weiße Kirche aus dem 16. Jahrhundert ist ein Beispiel für den Kolonialstil auf den Kanarischen Inseln. Auf ihrem barocken Hauptaltar steht eine ebenso alte holländische Figur der Schutzheiligen.

**UMGEBUNG:** Etwa drei Kilometer in Richtung Osten findet man **El Paso**, das für seine handgerollten Zigarren berühmt ist. Sehenswert ist die Altstadt um die **Ermita de la Virgen de la Concepción de la Bonanza**. Neben der Kapelle steht eine moderne Kirche mit neugotischer Ausstattung; sie ist der Heiligen Jungfrau geweiht.

Etwas südlich von El Paso liegt der **Parque Paraíso de las Aves**, eine Mischung aus botanischem Garten und Minizoo mit exotischen Vögeln.

# Parque Nacional de la Caldera de Taburiente ❾

*Siehe S. 150f.*

# Puerto Naos ❿

🚶 870. 🚌 ℹ️ *Palmaclub, Paseo Marítimo, s/n.* 📞 *922 408 121.*

DER EHEMALS KLEINE, ruhige Urlaubsort bekommt von Jahr zu Jahr mehr Apartmentanlagen. Durch seine Lage ist er einfach für gutes Wetter prädestiniert: Puerto Naos verspricht jährlich 3300 Stunden Sonnenschein.

Hinter dem Strand mit seinen Palmen und dem schwarzen Sand, dem längsten von La Palma, verläuft eine Promenade mit Cafés, Restaurants, Boutiquen und dem Vier-Sterne-Hotel Sol Palma, das 1990 eröffnete. Die moderne Anlage ist die größte der Insel und kann fast 1000 Gäste beherbergen.

**UMGEBUNG:** Etwa zwei Kilometer südlich liegt der hübsche Sandstrand **Charco Verde**. Er ist vor den Wellen des Atlantiks geschützt und daher auch für Familien ideal.

# Fuencaliente de La Palma ⓫

🚶 1900. 🚌 📷 *La Vendimia (14.–30. Aug), San Martín (11. Dez).*

DER NAME des Ortes leitet sich von den Wörtern *fuente caliente* (heiße Quelle) ab; die Quelle wurde durch Vulkanausbrüche verschüttet. Das Städtchen ist von Weinbergen umgeben und berühmt für seinen schweren Dessertwein. Die 1948 gegründete Kellerei ist die älteste und größte auf der Insel. Zeugnis von der historischen Vergangenheit des Ortes gibt die Pfarrkirche **San Antonio Abad** von 1730.

**UMGEBUNG:** Rund zehn Kilometer südlich liegt **Punta Fuencaliente**, der südlichste Punkt von La Palma. Dort befinden sich ein Leuchtturm und eine Entsalzungsanlage.

# Mazo ⓭

🚶 5300. 🚌 🚢 *Sa, So.* 📷 *Fronleichnam (Mai/Juni).*

**Madonna, Iglesia de San Blás in Mazo**

MAZO IST für seine handgerollten Zigarren, die *puros*, bekannt. Auch Handwerkskünste werden hier gepflegt. In der **Escuela Insular de Artesanía** kann man zusehen, wie Körbe geflochten werden und Spitze geklöppelt wird. Interessant ist auch ein Besuch von **Cerámico Molino**, wo Reproduktionen der schwarzen Guanche-Gefäße getöpfert werden. Im **Museo de Corpus** in der Casa Roja kann man sich die Dekorationen für die Fronleichnamsprozession anschauen.

Die **Iglesia de San Blás** von 1512 blickt auf das ferne Teneriffa. Sie wurde im 19. Jahrhundert ausgebaut, besitzt aber noch einen herrlichen Barockaltar sowie kunstvolle Schnitzereien.

**UMGEBUNG:** Vier Kilometer weiter südlich liegt die **Cueva de Belmaco**, eine Höhle mit Felsgravuren der Guanchen.

**Der Vulkan San Antonio bei Fuencaliente de La Palma**

# Ruta de los Volcanes ⑫

E INE RELATIV ANSPRUCHSVOLLE Wanderroute
führt vom Refugio del Pilar auf 1450 Meter
Höhe an der Bergkette von Cumbre Vieja entlang nach Fuencaliente. Die Wanderung, für
die auch Geübte sechs bis sieben Stunden ein-
planen sollten, ist ein unvergessliches Erlebnis.
Man kommt an Vulkankratern und spektakulären geologischen Formationen vorbei und
erlebt immer wieder herrliche Ausblicke.

**Refugio del Pilar** ①
Die Hütte auf dem Bergkamm ist
mit dem Auto erreichbar. Sie ist ein
beliebter Picknickplatz und der
Ausgangspunkt für die Wanderung.

**Fuencaliente** ⑥
Von hier kann man noch ein Stück weiter
nach Süden zu den nahe gelegenen Vulkanen
San Antonio (letzter Ausbruch 1949) und
Teneguía (letzter Ausbruch 1971) wandern.

**Montaña
de los Charcos** ②
1712 hatte dieser Vulkan
einen gewaltigen
Ausbruch, bei dem sich
riesige Mengen Lava
über den südwestlichen
Teil der Insel ergossen.

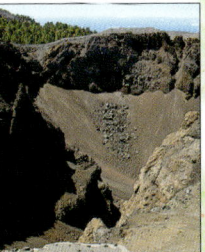

**Volcán Martín** ⑤
Der Ausbruch dieses Vul-
kans im Jahr 1646 zer-
störte die heiße Quelle
(die angeblich bei Lepra
helfen konnte), die Fuen-
caliente ihren Namen gab.

Refugio
del Pilar ①

② Montaña
de los Charcos

③ Cráter del
Hoyo Negro

④ Cráter del
Duraznero

LOS LLANOS
DE ARIDANE

SANTA CRUZ
DE LA PALMA

El Charco

LP 1          LP 1

⑤ Volcán
Martín

Las
Indias

⑥ Fuencaliente

**Cráter del Hoyo Negro** ③
Die Route führt am Kraterrand des Vulkans San Juan
entlang, der 1949 zum letzten Mal ausbrach. Lava-
schotter erinnert daran, wie
wenig Zeit seit dem letzten
Ausbruch vergangen ist.

**Cráter del Duraznero** ④
Der 1902 Meter hoch lie-
gende Krater entstand
beim Ausbruch des San
Antonio 1949. Zu seiner
Linken erhebt sich der
Gipfel Nambroque.

0 Kilometer          2

## ROUTENINFOS

**Länge:** *19 km.*
**Rasten:** *Fuencaliente ist ein
guter Rastplatz für eine Mahlzeit.*
**Achtung:** *Verlassen Sie nie den
markierten Weg, und vergewis-
sern Sie sich, dass Sie genug
Trinkwasser dabei haben.*

**LEGENDE**

━━ Routenempfehlung
━━ Panoramastraße
══ Andere Straße
∙∙∙ Wanderweg
❉ Aussichtspunkt

# Parque Nacional de la Caldera de Taburiente ❾

Die Caldera de Taburiente ist ein riesiger Vulkankrater, das Resultat mehrerer gewaltiger Ausbrüche. Er bildet eine natürliche Festung, in die sich auch die letzten Benahoares flüchteten, als die Spanier im 15. Jahrhundert die Insel eroberten. Einige der Wände sind bis 2000 Meter hoch. 1954 wurde der Krater zum Nationalpark. Durch den Park verlaufen keine Straßen. Viele Wanderwege verlangen Trittfestigkeit und Schwindelfreiheit. Wanderer sollten stets genug Wasser und etwas zu essen dabeihaben.

**Roque de los Muchachos**
*Sechs Teleskope wurden entlang der Bergstraße um den Roque de los Muchachos installiert.*

**Caldera de Taburiente**
*Die üppige Vegetation mit vielen endemischen Pflanzen und die zerklüfteten Gipfel machen den Park für Naturliebhaber attraktiv.*

## Observatorium

Dank des klaren Himmels eignen sich die Kanarischen Inseln hervorragend für die Beobachtung des Weltalls. Das Internationale Astrophysische Observatorium bei Roque de los Muchachos wurde 1985 in Gegenwart von König Juan Carlos eröffnet. Sechs Teleskope werden für die nächtlichen Beobachtungen genutzt, das größte ist nach Sir Friedrich Wilhelm Herschel benannt und hat einen Durchmesser von 4,20 Metern. In der Zeit zwischen 20 und 9 Uhr ist es streng verboten, im Park Autoscheinwerfer anzuschalten. Einmal im Jahr werden sogar auf der gesamten Insel die Lichter ausgeschaltet, um bestimmte Experimente zu ermöglichen.

**Das Herschel-Teleskop im Observatorium**

GARAFÍ
ROQUE DE LOS MUCHACHOS
2426 m
Hoyo Verde
ROQUE DEL HUSO
Zona de Acampada
Somada Alta
Tenerra
ROQUE IDAF
PICO BEJENADO
1845 m
LEGENDE
Hauptstraße
Andere Straße
Wanderweg
Parkgrenze
Fluss (nur saisonal Wasser)
Parken
Information
Aussichtspunkt
0 Kilometer 1

### Mirador de los Andenes

*Wind und Wetter formten im Zeitraum von mehreren tausend Jahren die nackten Felsen zu bizarren »Artefakten«.*

**INFOBOX**

ℹ️ Besucherzentrum: östlich von El Paso. 📞 922 497 277.
FAX 922 497 081. 🕐 tägl. 9–18.30 Uhr. W www. reddeparquesnacionales.mma.es

**Pico de la Cruz** ist einer der höchsten Gipfel des Parks. Eine anspruchsvolle Tour von vier bis fünf Stunden verbindet den Pico de las Nieves mit dem Roque de los Muchachos und führt durch atemberaubende Landschaften auch auf diesen Gipfel.

### Route zum Roque de los Muchachos

*Der Wanderweg führt über die höchsten Gipfel der Caldera de Taburiente und ermöglicht grandiose Ausblicke in die Tiefe, wo sich häufig dichter Nebel ausbreitet.*

### La Cumbrecita

*Eine asphaltierte Straße führt nach La Cumbrecita und zum Informationsstand. Von hier aus kann man den Park am besten erkunden.*

### Lomo de las Chozas

*Ein kurzer Fußweg führt zwischen Kanarischen Kiefern von La Cumbrecita aus nach Westen bis Lomo de las Chozas. Hier hat man vor allem bei Sonnenaufgang und Sonnenuntergang eine schöne Aussicht.*

Mirador de los Andenes

PICO DE LA CRUZ
2351 m

SANTA CRUZ DE LA PALMA

PICO DE LA NIEVE
2239 m

PUNTA DE LOS ROQUES
2087 m

Lomo de las Chozas

P ℹ️
La Cumbrecita

Pista de Valencia

OVIEJAS
1845 m

EL PASO

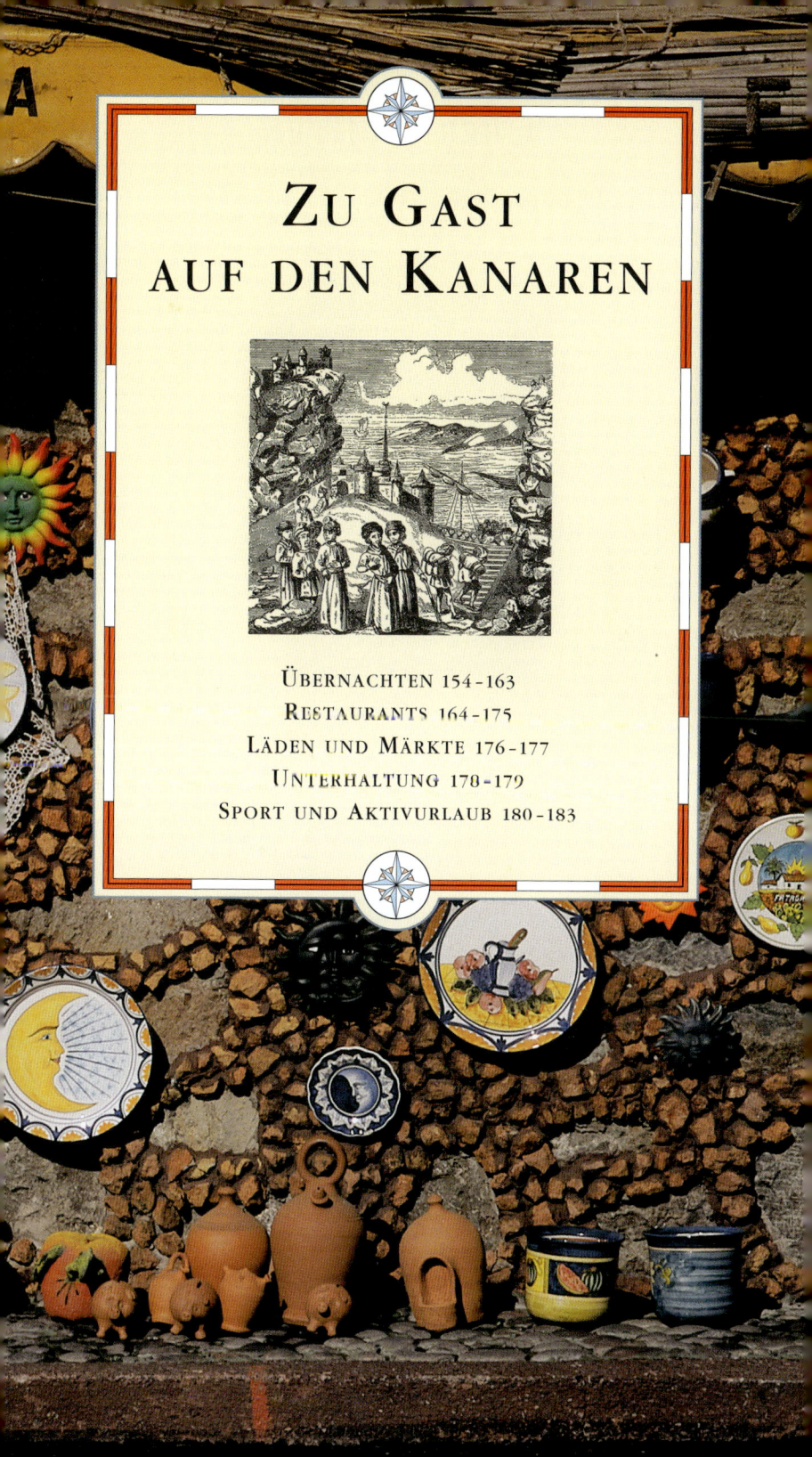

# Zu Gast
# auf den Kanaren

# ÜBERNACHTEN

DIE KANAREN nehmen auf der Liste der Reiseziele der Welt Platz sieben ein – kein Wunder, dass man hier eine gute touristische Infrastruktur vorfindet. Die Schattenseite der Beliebtheit: Die Übernachtungskosten sind relativ hoch, vor allem auf den größeren Inseln und wenn man das Hotel nicht im Rahmen einer Pauschalreise bucht. Auf den klei-

**Teneriffas Parador**

neren, weniger überlaufenen Inseln wie El Hierro und La Gomera sind die Preise niedriger, allerdings tut man sich mitunter schwer, eine Übernachtungsmöglichkeit zu finden. In den letzten Jahren sind die *casas rurales* immer verbreiteter und beliebter geworden. Die Pensionen in ländlichen Regionen sind meist sehr viel persönlicher als ein Hotel.

**Aufenthaltsraum im Parador de Cañadas del Teide auf Teneriffa**

## HOTELS

HOTELS STELLEN die teuerste Übernachtungsmöglichkeit dar. Viele gehören zu internationalen Hotelketten wie NH Hotels, Riu und TRYP oder zu spanischen Ketten wie Sol Meliá, H10 Hoteles und Paradores Nacionales. Die meisten großen Häuser sind überwiegend von Reiseveranstaltern gebucht, die Pauschalreisen anbieten.

Die Hotels in den größeren Städten sind hauptsächlich auf Geschäftsreisende eingestellt, während die Hotelkomplexe in den Ferienorten ausschließlich auf die Bedürfnisse von Urlaubern eingehen. Die meisten Ferienanlagen stehen relativ nah am Strand und sind von üppigem Grün umgeben; die Zimmer haben in der Regel Meerblick sowie Balkone oder Terrassen.

In den Ferienanlagen wird dafür gesorgt, dass die Gäste Spaß haben – möglichst Tag und Nacht. Es gibt oft große Pools, Tennisplätze, Minigolf-

Anlagen und Fitnessräume. Erkundigen Sie sich bei der Buchung, ob die Benutzung aller Anlagen im Preis eingeschlossen ist.

## PARADORES NACIONALES

ES GIBT fünf Paradores auf den sieben Hauptinseln der Kanaren. Alle zeichnen sich durch ihre attraktive Lage an der Küste oder in der Nähe eines Nationalparks sowie durch hervorragenden Service aus. Den staatlich betriebenen Hotels sind normalerweise ausgezeichnete Restaurants angeschlossen.

## APARTMENTS

APARTMENTS SIND die beliebteste Unterbringungsmöglichkeit, es gibt wesentlich mehr davon als Hotelzimmer. Die Ausstattung variiert. Meist haben sie einen größeren Wohn- und Essbereich, eine voll ausgestattete Küche und ein oder zwei Schlafzimmer.

Normalerweise können Apartments von zwei bis sechs Gästen bewohnt werden. Insbesondere für Familien mit kleineren Kindern bieten sie sich an, da man sich hier leicht selbst versorgen kann und nicht auf Restaurants angewiesen ist.

Viele Apartments kann man nur bei einer Mindestaufenthaltsdauer von drei oder fünf Nächten buchen, manchmal ist eine Woche Aufenthalt das Minimum.

Größere Apartmentanlagen bieten häufig denselben Luxus wie Hotels. Sie haben einen Pool, oft auch Tennisplätze und andere Annehmlichkeiten. Vor allem die Anlagen für Pauschalreisende bemühen sich intensiv darum, ihren Gästen so viel zu bieten, dass diese den Bereich möglichst selten verlassen.

**Bungalows in Las Puntas auf El Hierro**

## CASAS RURALES

DIESE »LANDHÄUSER« sind oft umgebaute Bauernhöfe oder Privathäuser in ländlichen Gebieten und kleineren Orten, in denen einige Zimmer angeboten werden. Für Gäste, die eine ruhige, persönliche Umgebung suchen, sind *casas rurales* ideal. Allerdings liegen sie oft wirklich abgeschieden und sind möglicherweise nicht mit öffentlichen Verkehrsmitteln zu erreichen. Erkundigen Sie sich also vorab, ob Sie ein Mietauto brauchen.

*Casas rurales* bieten in der Regel zwar keine Freizeiteinrichtungen wie Pool oder Fitnessraum, dafür aber viel Authentizität. In den oft sehr individuell eingerichteten Räumen kann man erfahren, wie die Leute auf der Insel wirklich leben. Oft bekommt man vom Vermieter auch gute Tipps, wo man am besten einkauft oder isst und wo man die schönsten Orte und Strände findet.

Einer der wenigen Campingplätze auf Lanzarote

Eingang zum Hotel Jardin Tropical an der Costa Adeje

Die Fremdenverkehrsämter haben eine Liste der *casas rurales*; Informationen findet man auch im Internet oder in der Publikation *Guía de Alojamiento en Casas Rurales de España*.

## CAMPING

CAMPINGPLÄTZE sind oft recht einfach ausgestattet; die meisten Inseln haben nur einen oder zwei. Wer campen will, sollte sich vorab über die Bedingungen auf der jeweiligen Insel erkundigen. Wildes Campen am Strand oder anderswo ist verboten.

## BUCHEN

DIE MEISTEN Hotelzimmer und Apartments auf den Kanarischen Inseln werden von Reiseveranstaltern für Pauschalreisende gebucht. In der Regel sind Flug, Hotel und Halbpension im Preis inbegriffen. Ohne Frage ist das die preiswerteste Möglichkeit, die Kanarischen Inseln

zu besuchen. Wer seinen Aufenthalt individuell zusammenstellen will, sollte längere Zeit im Voraus buchen – im Internet und in den Kleinanzeigen der Tageszeitungen findet man oft auch Angebote von privaten Vermietern, die eine reizvolle Alternative zu den Hotelkomplexen darstellen können. Hotels und Pensionen kann man schriftlich, telefonisch, via Fax oder im Internet buchen. In der Regel werden Sie bei der Buchung nach Ihrer Kreditkartennummer als Sicherheit gefragt.

## PREISE

HOTELPREISE schwanken je nach Saison und je nach Insel erheblich. Welche Zeiten auf den Kanarischen Inseln als Hochsaison gelten, unterliegt der Festlegung durch jedes einzelne Hotel und deckt sich nicht unbedingt mit den deutschen

Apartmentanlage des Klubs La Santa auf Lanzarote

Ferienzeiten. So zählen beispielsweise die Karnevalwochen im Februar/März auf jeden Fall zur Hochsaison.

Hotelzimmer können pro Person oder pro Zimmer berechnet werden – fünf Prozent IGIC-Steuer sind normalerweise im Preis dabei, dagegen ist das Frühstück in Apartments, Pensionen und *casas rurales* in der Regel nicht inklusive. Selbst Hotels, bei denen bis vor kurzem das Frühstück noch inbegriffen war, ändern seit einiger Zeit ihre Preispolitik.

Fast jedes größere Hotel akzeptiert Kreditkarten. In Pensionen und *casas rurales* wird dagegen oft noch Barzahlung bevorzugt.

# Hotelauswahl

**D**IE NACHFOLGENDEN HOTELS wurden nach ihrer Qualität und Lage ausgewählt sowie nach einem guten Preis-Leistungs-Verhältnis. Die Einträge sind nach Inseln geordnet und innerhalb jeder Insel alphabetisch nach dem Namen der Stadt oder des Ortes. Die Farbmarkierungen am Rand erleichtern es Ihnen, die gesuchte Insel mit einem Griff zu finden.

| | ANZAHL DER ZIMMER | KREDITKARTEN | ANGEBOTE FÜR KINDER | SCHÖNE AUSSICHT | SWIMMINGPOOL |
|---|---|---|---|---|---|
| **GRAN CANARIA** | | | | | |
| **AGÜIMES:** *Casa de los Camellos* €€<br>C/Progreso, 12. ☎ 928 785 003. FAX 928 785 053. @ rcamellos@hecansa.com<br>In einem historischen Gebäude mit schöner Ausstattung kann man die friedliche Atmosphäre genießen. Es gibt ein Restaurant mit Bar und einen sehr gepflegten Garten. TV ⛶ 🍽 | 12 | ● | | | |
| **CRUZ DE TEJEDA:** *El Refugio* €€<br>☎ 928 666 513. FAX 928 666 520. @ elrefugio@canariasonline.com<br>Ruhige, freundliche Räume mit gepflegter Einrichtung; die meisten Möbel sind traditionell von Hand gefertigt. Im Hotelrestaurant wird lokale und internationale Küche serviert. TV ⛶ 🍽 P | 10 | | | | ▣ |
| **FATAGA:** *Molino de Agua de Fataga* €€<br>Ctra. Fataga–San Bartolomé, 1 km außerhalb. ☎ 928 172 089. FAX 928 172 244.<br>Das Gebäude ist 200 Jahre alt, der jetzige Besitzer hat es liebevoll restauriert. Nur wenige Schritte entfernt liegt die Wassermühle aus dem 19. Jh., die dem Hotel seinen Namen gab. TV ⛶ 🍽 P 🏠 | 20 | ● | | ● | |
| **LAS PALMAS DE GRAN CANARIA:** *Fataga & Centro de Negocios* €€<br>C/Néstor de la Torre, 21.<br>☎ 928 290 614. FAX 928 292 786. @ fataga@hai.es<br>Luxuriös und modern befriedigt das Hotel mitten im Einkaufsviertel von Las Palmas die Bedürfnisse von Urlaubern genauso wie die von Geschäftsreisenden. TV ⛶ 🍽 P 🍴 | 94 | ● | | | |
| **LAS PALMAS DE GRAN CANARIA:** *Parque* €€<br>C/Muelle de las Palmas, 2.<br>☎ 928 368 000. FAX 928 368 856. @ hparque@idecnet.com<br>Gleich gegenüber dem schönen Park San Telmo hat man von der Terrasse des Hotelrestaurants einen prächtigen Blick über den Park und das Meer. Zu den Annehmlichkeiten zählt ein türkisches Bad. TV ⛶ 🍽 🍴 | 102 | ● | | ● | |
| **LAS PALMAS DE GRAN CANARIA:** *Santa Catalina* €€€€<br>C/León y Castillo, 227. ☎ 928 243 040. FAX 928 242 764.<br>W www.hotelsantacatalina.com @ hsantacatalina@entorno.es<br>Das Gebäude im Stadtzentrum steht auf der Liste der historischen Sehenswürdigkeiten. Es ist von einem schönen Garten umgeben und zählt viel Prominenz zu seinen Gästen. TV ⛶ 🍽 24 🍴 ♿ P | 208 | ● | ▣ | | ▣ |
| **LAS PALMAS DE GRAN CANARIA:** *Reina Isabel* €€€€€<br>C/Alfredo L. Jones, 40.<br>☎ 928 260 100. FAX 928 274 558. @ h.reina.isabel@retemail.es.<br>Das 5-Sterne-Hotel am Strand Las Canteras bietet allen Komfort. Von den meisten Zimmern und den Restaurants hat man einen schönen Blick aufs Meer. TV ⛶ 🍽 🍴 P | 224 | ● | | ● | ▣ |
| **MASPALOMAS:** *Gran Hotel Costa Meloneras* €€€<br>C/Mar Mediterraneo, 1.<br>☎ 928 128 100. FAX 928 128 122. @ info@meloneras.com<br>Erst Ende 2000 wurde der Hotelkomplex eröffnet; beim Bau hat man sich an der traditionellen kanarischen Architektur orientiert. Die Atmosphäre ist trotz der Größe angenehm, und der Gast hat die Wahl zwischen zahlreichen Sportmöglichkeiten. TV ⛶ 🍽 🍴 🏐 | 1136 | ● | ▣ | | ▣ |
| **MASPALOMAS:** *Maspalomas Oasis (Riu)* €€€€€<br>Centro Hotelero de Maspalomas.<br>☎ 928 141 448. FAX 928 141 192. @ roasismaspalomas@riu.es<br>Das schöne 5-Sterne-Hotel wird mit seinen vielen Erholungsangeboten auch dem verwöhntesten Gast gerecht. Die Zimmer liegen in drei fünfgeschossigen Gebäuden inmitten einer Parkanlage, und es gibt einen direkten Zugang zum Strand. TV ⛶ 🍽 🍴 🏐 🏖 | 372 | ● | | ● | ▣ |

**Preiskategorien** für ein Doppelzimmer pro Nacht, Frühstück, Service und Steuer inbegriffen:

€ unter 50 Euro
€€ 50–100 Euro
€€€ 100–150 Euro
€€€€ 150–200 Euro
€€€€€ über 200 Euro

**KREDITKARTEN**
Zu den akzeptierten Karten gehören in der Regel American Express, MasterCard, Visa, Diners Club.

**ANGEBOTE FÜR KINDER**
Spezielle Programme und Unternehmungen für Kinder werden angeboten, manchmal auch Babysitting.

**SCHÖNE AUSSICHT**
Die meisten Zimmer haben Fenster zum Meer.

**SWIMMINGPOOL**
Größerer Pool ausschließlich für Hotelgäste.

| | ANZAHL DER ZIMMER | KREDITKARTEN | ANGEBOTE FÜR KINDER | SCHÖNE AUSSICHT | SWIMMINGPOOL |
|---|---|---|---|---|---|
| **MOGÁN:** *Steigenberger La Canaria* €€€€<br>Barranco de la Verga. ☎ 928 150 400. FAX 928 151 003.<br>@ reservas@lacanaria.com<br>Mit viel Stil wird hier Schlichtheit und Eleganz kombiniert. Direkt an der Küste bietet das Steigenberger nicht nur allen Komfort, sondern auch schön bepflanzte Balkone vor den Zimmern. TV ▤ ▼ ▯▯ ▮ ◉ ▧ ⛱ ▣ | 249 | ● | ▪ | ● | ▪ |
| **PLAYA DEL INGLÉS:** *Catarina* €€<br>Avda. de Tirajana, 1. ☎ 928 762 812. FAX 928 760 615.<br>@ catarina@creativhotels.com<br>Große Zimmer zeichnen das Hotel aus (auf Wunsch ist neben dem Doppelbett auch ein drittes Bett zu bekommen). Swimmingpools und verschiedene Wellness-Angebote. TV ▤ ▼ ▯▯ ▧ | 402 | ● | ▪ | | ▪ |
| **PLAYA DEL INGLÉS:** *Neptuno* €€<br>Avda. Alféreces Provisionales, 29. ☎ 928 777 492. FAX 928 766 965.<br>@ info@hotelneptuno.com<br>Modernes Ambiente mit einer familiären Atmosphäre. Das Hotel liegt neben einem Einkaufszentrum und nicht weit vom Strand. TV ▤ ▼ ▯▯ ▧ | 171 | ● | ▪ | | ▪ |
| **PLAYA DEL INGLÉS:** *Palace Maspalomas (Riu)* €€€€<br>Avda. Tirajana, s/n. ☎ 928 769 500. FAX 928 769 800.<br>@ rpalacemaspalomas@riu.es<br>Schöne Architektur, die an ein Amphitheater erinnert, und ein ausgezeichnetes Restaurant gehören zu den Vorzügen des Hotels. Die verschiedensten Unterhaltungsmöglichkeiten werden angeboten. TV ▤ ▼ ▯▯ ▮ ◉ ▧ ⛱ ▣ | 368 | ● | ▪ | | ▪ |
| **PLAYA DEL INGLÉS:** *IFA Dunamar* €€€€€<br>C/Helsinki, 8. ☎ 928 772 800. FAX 928 773 465. @ dunamar@ifacanarias.com<br>An einem zum Meer gelegenen Hang bietet das Luxushotel zahlreiche schöne Terrassen und Swimmingpools auf verschiedenen Ebenen.<br>TV ▤ ▼ ▯▯ ⛱ ▣ | 273 | ● | | ● | ▪ |
| **SAN AGUSTÍN:** *Costa Canaria* €€€€<br>Las Retamas, 1. ☎ 928 760 220. FAX 928 720 413. @ reservas@costa-canarias.com<br>Ruhig und friedlich liegt das Haus inmitten eines farbenprächtigen tropischen Gartens nahe am Strand. Hier sind Zimmer, aber auch Bungalows zu mieten. TV ▤ ▼ ▧ ⛱ | 235 | ● | ▪ | | ▪ |
| **SAN BARTOLOMÉ DE TIRAJANA:** *Hotel Las Tirajanas* €€<br>C/Oficial Mayor José Rubio, s/n. ☎ 928 123 000. FAX 928 123 023.<br>@ info@hotel-lastirajanas.com<br>Schmuckelemente des Hotels sind einige typische kanarische Motive von Francisco López. In drei Suiten kann man den Luxus eines eigenen Jacuzzi genießen. Das Restaurant serviert gute lokale Küche. TV ▤ ▼ ▯▯ ▣ | 68 | ● | | | ▪ |
| **TAFIRA ALTA:** *Escuela Santa Brígida* €€<br>C/Real de Coello, 2. ☎ 928 355 511. FAX 928 355 701. @ reservas.hesb@hecansa.org<br>Das über 100 Jahre alte Gebäude wurde liebevoll restauriert. Es liegt in einem schönen Park – ideal zum Entspannen. Dem Hotel ist eine hochgelobte Kochschule angegliedert. TV ▤ ▼ ▯▯ | 41 | ● | | | ▪ |
| **TAURITO:** *Taurito Princess* €€€<br>Urb. Costa Taurito – Playa Taurito. ☎ 928 565 250. FAX 928 565 566.<br>Das Hotel, das 4 km außerhalb von Puerto Mogán liegt, hat einen Privatstrand. Die Zimmer haben Meerblick; Gäste haben die Wahl zwischen zahlreichen Entspannungsangeboten. TV ▤ ▼ ▣ ◉ | 402 | ● | ▪ | ● | ▪ |
| **VEGA DE SAN MATEO:** *La Cantonera* €€€<br>Avda. de Tinamar, 17. ☎ 928 661 795. FAX 928 661 777.<br>Das Gebäude ist typisch für die Architektur der Kanaren, Holzbalkone und viele einheimische Pflanzen runden das Bild ab. Die Ausstattung ist überraschend modern. ▯▯ | 15 | ● | | | |

**Zeichenerklärung** siehe hintere Umschlagklappe

<table>
<tr><td colspan="2">

**Preiskategorien** für ein Doppelzimmer pro Nacht, Frühstück, Service und Steuer inbegriffen:

€ unter 50 Euro
€€ 50–100 Euro
€€€ 100–150 Euro
€€€€ 150–200 Euro
€€€€€ über 200 Euro

</td><td colspan="3">

**KREDITKARTEN**
Zu den akzeptierten Karten gehören in der Regel American Express, MasterCard, Visa, Diners Club.

**ANGEBOTE FÜR KINDER**
Spezielle Programme und Unternehmungen für Kinder werden angeboten, manchmal auch Babysitting.

**SCHÖNE AUSSICHT**
Die meisten Zimmer haben Fenster zum Meer.

**SWIMMINGPOOL**
Größerer Pool ausschließlich für Hotelgäste.

</td></tr>
</table>

| | ANZAHL DER ZIMMER | KREDITKARTEN | ANGEBOTE FÜR KINDER | SCHÖNE AUSSICHT | SWIMMINGPOOL |
|---|---|---|---|---|---|
| **FUERTEVENTURA** | | | | | |
| **ANTIGUA:** *Hotel Elba Palace Golf* W www.elbapalacegolf.com €€€€€ <br> Urb. Fuerteventura Golf Club. ☎ 928 163 922. FAX 928 163 923. <br> Das einzige Fünf-Sterne-Hotel der Insel präsentiert sich im typisch kanarischen Stil mit Holzbalkonen und Patios. Ideal für Golfer. TV ▤ ▾ 🍴 24 ♟ ♿ P | 61 | ● | ■ | ● | ■ |
| **CALETA DE FUSTES:** *Bungalows Fuerte Sol* € <br> ☎ 928 163 017. FAX 928 163 060. <br> Bungalows für zwei oder drei Personen mit Küche, Wohnbereich und einem abgeschlossenen Schlafzimmer. ▾ 24 ♿ P | 110 | ● | ■ | | ■ |
| **CALETA DE FUSTES:** *Barceló Club El Castillo* €€ <br> ☎ 928 163 101. FAX 928 163 042. W www.barcelo.com <br> Der Komplex liegt in einer kleinen Bucht; von den ansprechenden Apartments aus hat man direkten Zugang zum Strand. Ein idealer Ort für Wassersportler sowie Familien mit kleinen Kindern. TV ▤ 🍴 P | 420 | ● | ■ | ● | ■ |
| **CORRALEJO:** *Sol las Olas* € <br> Avda. de Las Palmeras, s/n. ☎ 928 536 299. FAX 928 536 297. <br> Einladend und geräumig sind die Apartments in den zweigeschossigen Gebäuden. Drei Personen können hier bequem wohnen; jedes Apartment hat Terrasse oder Balkon, Küche, Wohnbereich und Schlafzimmer. TV ▾ 🍴 ♟ | 250 | ● | | | |
| **CORRALEJO:** *Corralejo Beach* €€ <br> ☎ 928 866 315. FAX 928 866 317. @ informacion@corralejobeach.com <br> Ein ruhiges, niedrig gebautes Hotel in Strandnähe. Jedes der geräumigen, modernen Apartments hat eine Terrasse. Angeboten werden alle Arten von Sport und Unterhaltung. TV ▾ 🍴 ♟ ♟ | 79 | ● | | | ■ |
| **CORRALEJO:** *Hesperia Bristol Playa* €€ <br> Urb. Lago de Bristol, 1. ☎ 928 867 020. FAX 928 866 349. <br> @ hotel@hesperia-bristolplaya.com <br> Moderne Apartments in einem Gartenambiente geben die friedliche Umgebung für einen erholsamen Urlaub ab. ▾ | 186 | ■ | | | ■ |
| **CORRALEJO:** *Dunapark* €€€ <br> C/General Franco, s/n. ☎ 928 535 251. FAX 928 535 491. <br> Nur 50 m vom Strand entfernt liegen die zweigeschossigen Gebäude – hübsch inmitten einer farbenprächtigen Gartenanlage. <br> TV ▤ ▾ 24 ♟ ♟ | 79 | | | | ■ |
| **CORRALEJO:** *Riu Palace Tres Islas* €€€ <br> Avda. Grandes Playas. ☎ 928 535 700. FAX 928 535 858. <br> Alle schick ausgestatteten Doppelzimmer haben Balkone mit Blick über die Dünen; nur wer ein Einzelzimmer bucht, muss ohne Meerblick auskommen. TV ▤ ▾ 🍴 ♟ | 365 | ● | | ● | ■ |
| **COSTA CALMA:** *Club Barlovento* €€€€ <br> ☎ 928 547 002. FAX 928 547 038. @ barlovento@intercom.es <br> Das Hotel zeichnet sich durch allerlei Angebote aus, vor allem aber durch seine Lage ganz nahe am Yachthafen. TV ▤ ▾ ♟ ♟ ♿ P | 256 | ● | ● | | ■ |
| **COSTA CALMA:** *Risco del Gato* €€€€ <br> ☎ 928 547 175. FAX 928 547 030. <br> Viel Luxus bietet diese an einem steilen Felsen gelegene Anlage. Die Apartments am Hang sind geschmackvoll eingerichtet, das Restaurant serviert ausgezeichnete lokale und internationale Küche. TV ▤ ▾ 🍴 24 ♟ ♟ P | 51 | ● | ● | | ■ |
| **MORRO JABLE:** *Garonda Jandía* €€€€€ <br> Avda. del Saladar, 28. ☎ 928 540 430. FAX 928 540 218. <br> Elegante Zimmer mit hohem Komfort und Wohlfühlfaktor. Das opulente Frühstücksbüfett verdient besondere Erwähnung. TV ▤ ▾ 🍴 ♟ ♿ | 238 | ● | | ● | ■ |

**Morro Jable:** *Robinsón Club Jandía Playa* €€€€€  362
Solana Matorral. 📞 *928 169 100.* 📠 *928 169 540.* @ *jandiaplaya@gmx.net*
Direkt am Strand bietet das Hotel die gewohnten Annehmlichkeiten
eines Robinson Clubs und ist ideal für alle Arten von Wassersport.
📺 🍴 Ⓨ 🍴 🍷 ♿

## LANZAROTE

**Arrecife:** *Lancelot* €€  113
Avda. Mancomunidad, 9. 📞 *928 805 099.* 📠 *928 805 039.*
Das Hotel hat direkten Strandzugang, das Wasser an diesem Küsten-
abschnitt ist ruhig und ohne gefährliche Strömungen. 📺 Ⓨ 🍴 🍷 🅿

**Arrecife:** *Miramar* €€  90
C/Coll, 2. 📞 *928 801 522.* 📠 *928 801 533.*
Von der Dachterrasse hat man einen schönen Blick über das Meer. Die
Zimmer sind schlicht eingerichtet, aber sauber und geräumig. 📺 🍴 ♿

**Costa Teguise:** *Oasis de Lanzarote* €€€  372
Avda. del Mar, s/n. 📞 *928 590 410.* 📠 *928 590 791.*
@ *oasis@occidental hoteles.com*
Modernes Hotel mit viel Komfort – direkt an der Küste mit Zugang zum
Strand. Die Zimmer sind groß und bequem eingerichtet.
📺 🍴 Ⓨ 🍴 🍷 🅿

**Costa Teguise:** *Occidental Teguise Playa* €€€€  314
Avda. Jablillo, s/n 📞 *928 590 654.* 📠 *928 590 979.*
@ *comerciallanzarote@oh-es.com*
Das Haus liegt am Strand. Die Zimmer sind angenehm proportioniert und
können alle Meerblick bieten. 📺 🍴 Ⓨ 🍴 🍷 🍴 ♿

**Costa Teguise:** *Gran Meliá Salinas – The Garden Village* €€€€€  310
Avda. Islas Canarias, s/n. 📞 *928 590 311.* 📠 *928 590 390.*
@ *gran.melia.salinas@solmelia.com*
Der überraschende, pyramidenförmige Bau am Meer besteht fast nur aus
Terrassen; einige architektonische Elemente, vor allem der parkähnliche
Garten und die Poollandschaft, wurden von César Manrique entworfen.
Das Hotel wurde zum nationalen Kulturerbe erklärt.
📺 🍴 Ⓨ 🍴 🍷 🅿

**Playa Blanca:** *Lanzarote Park* €€  333
Avda. Canarias, 5. 📞 *928 517 048.* 📠 *928 517 348.*
Eine ruhige, familiäre Atmosphäre zeichnet dieses Hotel aus. Die Zimmer
sind schlicht eingerichtet, die Bäder werden allen heutigen Ansprüchen
gerecht. 📺 Ⓨ 🍴 🍷 🅿

**Playa Blanca:** *Lanzarote Princess* €€  410
Maciot, s/n. 📞 *928 517 108.* 📠 *928 517 011.* @ *lanpr@hio.es*
Das vierstöckige Gebäude mit drei Liften liegt mitten in einem Luxus-
hotelkomplex. Es gibt direkten Zugang zum Strand.
📺 🍴 Ⓨ 🕙 🍷 🍴 🅿

**Playa Blanca:** *Hesperia Playa Dorada* €€€  466
Urb. Costa Papagayo, s/n. 📞 *928 517 120.* 📠 *928 517 432.*
Modernes Hotel am Strand; alle Zimmer haben Balkone zum Meer hin.
Ein zusätzliches Bett ist auf Anfrage erhältlich. 📺 🍴 Ⓨ 🍴 🍷 🍴 ♿ 🅿

**Puerto del Carmen:** *Lanzarote Village* €€  220
Avda. de Suiza, 2. 📞 *928 511 344.* 📠 *928 512 030.*
Neues Hotel mit schlicht-eleganter Ausstattung. Das Haus liegt nicht
weit vom Strand entfernt. 📺 🍴 Ⓨ 🍴 ♿ 🅿

**Puerto del Carmen:** *La Geria* €€€  240
Júpiter, 5. 📞 *928 510 441.* 📠 *928 511 919.* @ *lageria@hipotels.com*
Geräumige Doppelzimmer; ein drittes oder viertes Bett wird auf Anfrage
bereitgestellt. Am Hotelstrand kann man auch Tauchstunden nehmen.
📺 🍴 Ⓨ 🍴 🍷 🍴 ♿ 🅿

**Puerto del Carmen:** *Los Fariones* €€€  249
Roque del Este, 1. 📞 *928 510 175.* 📠 *928 510 202.* @ *hotel@grupofariones.com*
An der Küste und zugleich in einem pittoresken Stadtviertel bietet
Los Fariones neben dem Komfort eines modernen Hotels auch Tauch-
stunden und diverse Wassersportmöglichkeiten.
📺 Ⓨ 🍴 🍷 🍴

**Preiskategorien** für ein Doppelzimmer pro Nacht, Frühstück, Service und Steuer inbegriffen:

€ unter 50 Euro
€€ 50–100 Euro
€€€ 100–150 Euro
€€€€ 150–200 Euro
€€€€€ über 200 Euro

**KREDITKARTEN**
Zu den akzeptierten Karten gehören in der Regel American Express, MasterCard, Visa, Diners Club.

**ANGEBOTE FÜR KINDER**
Spezielle Programme und Unternehmungen für Kinder werden angeboten, manchmal auch Babysitting.

**SCHÖNE AUSSICHT**
Die meisten Zimmer haben Fenster zum Meer.

**SWIMMINGPOOL**
Größerer Pool ausschließlich für Hotelgäste.

| | ANZAHL DER ZIMMER | KREDITKARTEN | ANGEBOTE FÜR KINDER | SCHÖNE AUSSICHT | SWIMMINGPOOL |
|---|---|---|---|---|---|
| **YAIZA:** *Finca de las Salinas* €€€€€ <br> C/La Cuesta, 17. ☎ 928 830 325. FAX 928 830 329. <br> @ fsalina@santandersupernet.com <br> Das Gebäude stammt aus dem 18. Jahrhundert. Die Zimmer sind schlicht, aber geschmackvoll im rustikalen Stil möbliert. TV ▤ �️ ⏸ 🍴 | 19 | | | | ▪ |
| **TENERIFFA** | | | | | |
| **COSTA ADEJE:** *Bouganville Playa* €€€ <br> Urb. S. Eugenio – C/Eugenio Domínguez, 23. ☎ 922 790 200. FAX 922 794 173. <br> Modernes Hotel an der Küste mit allem üblichen Komfort. TV ▤ ⏸ 🔄 24 🍴 ♿ | 496 | ● | | ● | ▪ |
| **COSTA ADEJE:** *Gran Tinerfe* €€€ <br> Avda. Rafael Puig Lluvina. ☎ 922 791 200. FAX 922 791 265. @ grtin@h10.e <br> Zahlreiche Unterhaltungsmöglichkeiten und ein Kasino erwarten den Gast in dem Hotel, das nicht weit vom Strand liegt. TV ▤ ⏸ 🔄 ♿ P | 1100 | ● | | ● | ▪ |
| **COSTA ADEJE:** *Torviscas Playa* €€€ <br> Urb. Torviscas – Avda. Ernesto Sarti, 5. ☎ 922 712 300. FAX 922 713 155. <br> An einem der ruhigsten Plätze der Costa Adeje bietet das moderne Haus einen Garten und Swimmingpools. TV ▤ ⏸ 🍴 ♿ P | 482 | ● | ▪ | | ▪ |
| **COSTA ADEJE:** *Guayarmina Princess* €€€€ <br> Playa de Fañabe – C/Londres, 1. ☎ 922 712 584. FAX 922 712 000. <br> Das angenehme, luxuriöse Hotel besticht mit weißen Säulen und herrlicher Lage inmitten einer weitläufigen Gartenlandschaft. TV ▤ ⏸ 🍴 🍴 ♿ | 513 | ● | | | ▪ |
| **COSTA ADEJE:** *Gran Hotel Bahía del Duque Resort* €€€€€ <br> Playa de Fañabe – C/Alcalde Walter Paetzmann, s/n. ☎ 922 713 000, <br> 922 746 900. FAX 922 746 925, 922 712 616. @ comercial@bahia-duque.com <br> Einzelne Gebäude in verschiedenen mediterranen Stilen verteilen sich auf einem großen Grundstück. Die Zimmer sind mit barock wirkenden Möbeln eher dunkel eingerichtet. TV ▤ ⏸ 🍴 🍴 ♿ P ♿ | 482 | ● | ▪ | ● | ▪ |
| **COSTA ADEJE:** *Jardín Tropical* €€€€€ <br> C/Gran Bretaña, s/n. ☎ 922 746 000. FAX 922 746 060. <br> Maurische Elemente prägen das ungewöhnliche Hotel im Park. Von den Restaurants ist El Patio besonders empfehlenswert. TV ▤ ⏸ 🍴 🍴 P | 400 | ● | | | ▪ |
| **GARACHICO:** *Hotel San Roque* €€€€ <br> Esteban de Ponte, 32. ☎ 922 133 435, 922 830 815. FAX 922 133 406. <br> W www.hotelsanroque.com @ info@hotelsanroque.com <br> Im 17. Jahrhundert war es Wohnsitz des Stadtgründers, heute genießt der Gast die edle Umgebung kombiniert mit Designer-Ausstattung. Hier werden alle Sinne verwöhnt – mit Jacuzzis, wunderschönem Patio, Dachterrasse und exzellentem Restaurant. Zum Wohlfühlen! TV ▤ ⏸ 🍴 🔄 🍴 ♿ | 20 | ● | | | ▪ |
| **LA LAGUNA:** *Nivaria* €€ <br> Plaza del Adelantado 11. ☎ 922 264 298. FAX 922 259 634. <br> Das elegante, klassische Hotel im Stadtzentrum bietet Zimmer und Apartments an. TV ⏸ 🍴 P | 76 | ● | | | |
| **LA OROTAVA:** *Parador de Cañadas del Teide* €€ <br> Ctra. Orotava–Teide, 43 km von La Orotava entfernt. <br> ☎ 922 374 841. FAX 922 382 352. W www.parador.es <br> Ruhe zeichnet das Parador im Parque Nacional del Teide aus, denn Krater und die spektakulären Roques sind die Attraktionen. TV ⏸ 🍴 🍴 P | 37 | ● | | | ▪ |
| **LOS CRISTIANOS:** *Princesa Dacil* €€ <br> Camino Penetración, s/n. ☎ 922 753 030. FAX 922 790 658. <br> Hochhaus nahe am Strand mit geräumigen Zimmern. TV ⏸ 🍴 ♿ ♿ P | 366 | ● | | | ▪ |

**LOS CRISTIANOS:** *Arona Gran Hotel* €€€€€ 401
Avda. Los Cristianos. ☎ 922 750 678. FAX 922 750 243.
Am Strand gelegen und mit Blick über den alten Hafen ist das Hotel eines der beliebtesten im Süden Teneriffas. TV 🍽 Y 🍴 🛏 🐾

**PLAYA DE LAS AMÉRICAS:** *Bitácora* €€ 314
Avda. A. Domínguez Alfonso, 1. ☎ 922 791 540. FAX 922 796 677.
Das Hotel liegt im Zentrum, umgeben von Läden, Bars und Nachtklubs. Die Zimmer sind groß und komfortabel. TV 🍽 Y 🍷 🛏 ♿

**PLAYA DE LAS AMÉRICAS:** *Gala Tenerife* €€€ 308
Avda. Litoral, s/n. ☎ 922 794 513. FAX 922 796 465. @ hotelgala@interbook.net
Modernes, familienorientiertes Haus, nur 100 m vom Meer entfernt.
TV 🍽 Y 🐾 🛏 ♿ P

**PLAYA DE LAS AMÉRICAS:** *Vulcano* €€€ 371
Avda. Domínguez Alfonso, 8. ☎ 922 787 740. FAX 922 792 853.
Hotel mit schönem Garten, 300 m vom Meer entfernt. Alle Zimmer haben Terrassen. TV Y

**PUERTO DE LA CRUZ:** *Atlantis* €€ 320
Avda. Venezuela, 15. ☎ 922 374 545. FAX 922 382 153. W www.hap.es
50 m Entfernung vom Strand und interessante Unterhaltungsprogramme zeichnen das Hotel aus. TV Y 🐾 🛏 ♿

**PUERTO DE LA CRUZ:** *LTI – Chiripa Garden* €€€ 192
Urb. San Fernando – C/Bélgica, 54. ☎ 922 381 450. FAX 922 380 893.
@ ltihotel@lachiripa.es
In einem tropischen Garten gelegenes Haus. Die meisten Zimmer haben eine Küchenzeile. TV 🍽 Y 🍴 🍷 P

**PUERTO DE LA CRUZ:** *Tigaiga* €€€€ 83
C/Parque del Taoro, 28. ☎ 922 383 500. FAX 922 384 055. W www.tigaiga.com
Vierstöckiges Hotel mit familiärer Atmosphäre. TV 🍽 Y 🍴 🍷 ♿ P

**PUERTO DE LA CRUZ:** *Botánico* €€€€€ 252
C/Richard J. Yeoward, s/n ☎ 922 381 400. FAX 922 381 504.
@ hotelbotanico@hotelbotanico.com
Elegant ausgestattetes Haus mit schönen Gärten. Viele Unterhaltungsangebote. (Achtung: Kleiderordnung zum Dinner.) TV 🍽 Y 🛁 🍷 🍷 ♿ P

**SANTA CRUZ DE TENERIFE:** *El Dorado* € 50
C/Cruz Verde, 24. ☎ 922 243 184. FAX 922 243 259.
Die Zimmer sind einfach, aber ordentlich. Preisgünstig. Y

**SANTA CRUZ DE TENERIFE:** *Escuela Hotel Santa Cruz* €€ 65
Avda. San Sebastián, 152, Parque Viera y Clavijo. ☎ 922 010 500.
FAX 922 010 501. @ reservas.ehscehecansa.com
Am Rand der Stadt vereint das Haus exzellente Gastronomie mit einer Kochschule. Auch Kochwettbewerbe werden hier abgehalten. Ein Muss für Gourmets. TV Y 🍴

**SANTA CRUZ DE TENERIFE:** *Taburiente* €€ 116
C/Dr. José Naveiras, 24-A. ☎ 922 276 000. FAX 922 270 562.
@ hoteltaburiente@teleline.es
Im Stadtzentrum nahe beim Parque García Sanabra heißt das Hotel seine Gäste willkommen. 🍽 Y 🛁 24 🍷 🍷 ♿ P 🛎

**SANTA CRUZ DE TENERIFE:** *Mencey* €€€€€ 286
Avda. José Naveiras, 38. ☎ 922 609 900. FAX 922 280 017.
@ reservations.hotelmencey@LuxuryCollection.com
Im Zentrum der Stadt ist dieses Luxushotel in einem historischen Gebäude mit typischer kanarischer Architektur angesiedelt. TV Y 24 🍷 ♿ P

## LA GOMERA

**HERMIGUA:** *Ibo Alfaro* €€ 17
☎ 922 880 168. FAX 922 881 019.
Das kleine, 1996 eröffnete Hotel ist von Terrassen und einem hübschen Garten umgeben.

**PLAYA SANTIAGO:** *Jardín Tecina* €€€€ 434
Lomada de Tecina. ☎ 922 145 850. FAX 922 145 851. W www.jardin-tecina.com
An der Küste bringt ein Lift den Gast zum Strand; ein schöner Garten umgibt das Haus. Eines der besten Hotels der Insel! TV Y 🍴 🍷 ♿ P

**Zeichenerklärung** siehe hintere Umschlagklappe

**Preiskategorien** für ein Doppelzimmer pro Nacht, Frühstück, Service und Steuer inbegriffen:

€ unter 50 Euro
€€ 50–100 Euro
€€€ 100–150 Euro
€€€€ 150–200 Euro
€€€€€ über 200 Euro

**KREDITKARTEN**
Zu den akzeptierten Karten gehören in der Regel American Express, MasterCard, Visa, Diners Club.

**ANGEBOTE FÜR KINDER**
Spezielle Programme und Unternehmungen für Kinder werden angeboten, manchmal auch Babysitting.

**SCHÖNE AUSSICHT**
Die meisten Zimmer haben Fenster zum Meer.

**SWIMMINGPOOL**
Größerer Pool ausschließlich für Hotelgäste.

| | Anzahl der Zimmer | Kreditkarten | Angebote für Kinder | Schöne Aussicht | Swimmingpool |
|---|---|---|---|---|---|
| **SAN SEBASTIÁN DE LA GOMERA:** *Hesperides* €<br>C/Ruiz de Padrón. 922 871 305.<br>Kleines, sauberes und preiswertes Hotel. Früh buchen! | 9 | | | | |
| **SAN SEBASTIÁN DE LA GOMERA:** *Villa Gomera* €<br>C/Ruiz de Padrón, 68. 922 870 020. FAX 922 870 235.<br>Gute Lage und weitaus bessere Einrichtungen, als man für den Preis erwarten würde. TV | 16 | | | | |
| **SAN SEBASTIÁN DE LA GOMERA:** *Parador de la Gomera* €€€<br>922 871 100. FAX 922 871 116. W www.parador.es<br>Das Haus ist zwar modern und hat einen Swimmingpool, ist allerdings im Stil eines Kolonialhauses aus dem 16. Jahrhundert errichtet.<br>TV Y ❚ P | 60 | ● | | | |
| **VALLE GRAN REY:** *Casa Bella Cabellos* €€<br>La Calera. 922 805 182.<br>Schlichte *Casa rural* in kanarischem Stil, von Palmen umgeben. TV Y | 5 | | | ● | |
| **VALLE GRAN REY:** *Gran Rey* €€<br>La Puntilla. 922 805 859. FAX 922 805 651. W www.hotel-granrey.com<br>Nahe am Strand und nur 500 m vom Yachthafen entfernt, stellt das Hotel seinen Gästen kostenlos Liegestühle und Sonnenschirme zur Verfügung.<br>TV Y ❚ ❚ | 99 | ● | | | ▪ |
| **VALLEHERMOSO:** *Hotel Rural Tamahuche* €€<br>La Hoya. & 922 801 176. W www.ecoturismocanarias.com<br>Da alte Landhaus wurde umsichtig renoviert. Wanderer und Naturfreunde schätzen seine Lage unweit des Parque Nacional de Garajonay. Die meisten Zimmer bieten Balkon oder Terrasse mit Blick über die Altstadt von Valle-hermoso. TV P | 10 | ● | | ● | ▪ |

## EL HIERRO

| | Anzahl der Zimmer | Kreditkarten | Angebote für Kinder | Schöne Aussicht | Swimmingpool |
|---|---|---|---|---|---|
| **LA RESTINGA:** *Kai Marino* €<br>922 557 034. FAX 922 557 034.<br>Preiswertes Hotel in schöner Lage. Der Gast kann – preislich abgestuft – Zimmer mit Bad, Dusche oder Waschbecken haben. P | 7 | | | | |
| **LAS PUNTAS:** *Apartamentos Roques Salmor* €€<br>Ctra. Punta Grande, s/n. 922 559 016. FAX 922 559 401.<br>Einfache Bungalows im Grünen mit Blick auf die Roques de Salmor. | 10 | | | | |
| **LAS PUNTAS:** *Puntagrande* €€<br>Las Puntas, 1. 922 559 081. FAX 922 559 081.<br>Laut *Guinness-Buch der Rekorde* das kleinste Hotel der Welt. Frühe Reservierung ist empfehlenswert. Y P | 4 | | | ● | |
| **SABINOSA:** *Balneario Pozo La Salud* €€<br>Pozo La Salud. 922 559 561. FAX 922 559 801.<br>@ meridiano@el-meridiano.com<br>Sanatorium an der Steilküste hoch über dem Meer. Ganz in der Nähe befin-det sich Pozo de la Salud, eine Quelle, der man heilende Wirkung nach-sagt. Diverse Wellness- und Schönheitsprogramme. TV Y & | 18 | ● | | ● | ▪ |
| **VALVERDE:** *Boomerang* €<br>C/Dr. Gost, 1. 922 550 200. FAX 922 550 253.<br>Bescheidenes Hotel im Stadtzentrum. Es gibt auch einige Bungalows direkt am Strand zu mieten. TV Y ❚ | 17 | ● | | | |
| **VALVERDE:** *Casa Rural El Tesón I* €€<br>Calle Esquina Campo, 14, San Andrés. 922 551 824. FAX 922 550 575.<br>Kleines Landgasthaus mit Gemüsegarten und Obstbäumen. Seine Lage ist ideal für Wanderer und Naturfreunde. Weitere Landhäuser in der Nähe. | 2 | ● | | ● | |

**VALVERDE:** *Parador del Hierro* €€€ 47
Las Playas. ☎ *922 558 036.* FAX *922 558 086.*
@ hierro@parador.es W www.parador.es
Ruhig und direkt am Meer gelegen. Im Restaurant werden landestypische
Gerichte aus frischen Zutaten angeboten. TV Y ❚❚ ⚫ P

## LA PALMA

**BARLOVENTO:** *La Palma Romántica* €€€ 46
Topo de Las Llanadas. ☎ *922 186 221.* FAX *922 186 400.*
Recht luxuriöses Haus in den Barlovento-Bergen. Die Zimmer sind groß,
komfortabel und mit Liebe eingerichtet. Ein ausgezeichneter Platz, um sich
zu entspannen. TV ☰ Y ❚❚ 🍴 ⚫ P 🛏

**BREÑA BAJA:** *Apartamentos Costa Salinas* €€ 140
Urb. Las Salinas – Playa de los Cancajos. ☎ *922 434 348.* FAX *922 434 510.*
@ salinas@h10.es
Die Apartmentanlage liegt 300 m vom Strand Los Cancajos und 5 km von
Santa Cruz de La Palma entfernt. Sie gehört zur H10-Kette und bietet alle
gewohnten Annehmlichkeiten. TV ☰ Y ❚❚ 🍴 ⚫

**BREÑA BAJA:** *Hacienda San Jorge* €€ 155
Playa de los Cancajos. ☎ *922 434 075.* FAX *922 434 528.*
@ comercial@hsanjorge.com
Ein üppiger Garten, schön gestyltes Dekor und direkter Zugang zum Strand
machen das ruhige Hotel attraktiv. Es liegt 4 km von der Hauptstadt der
Insel entfernt. TV Y ❚❚ 🍴 ⚫ P

**BREÑA BAJA:** *Hotel Las Olas* €€ 182
Playa de los Cancajos. ☎ *922 434 052.* FAX *922 434 085.* W www.a-caledonia.com
Der moderne Hotelkomplex umfasst gut ausgestattete Apartments, die sich
über sechs am Meer gelegene Gebäude verteilen. Die Zimmer haben Balkon oder Terrasse mit schöner Aussicht. TV Y ❚❚ 🍴 ⚫ P

**BREÑA BAJA:** *Parador de la Palma* €€€ 78
Ctra. de Zumacal, s/n. ☎ *922 435 828.* FAX *922 435 999.* W www.parador.es
Das Parador liegt in den Bergen und bietet eine prächtige Aussicht.
TV P ❚❚ ⚫

**BREÑA BAJA:** *Taburiente Playa* €€€ 293
Urb. Las Salinas – Playa de los Cancajos. ☎ *922 181 277.* FAX *922 181 285.*
@ taburiente@h10.es
Ein Haus der beliebten Hotelkette H10 direkt am Strand. Die geräumigen
Zimmer haben alle Meerblick. TV ☰ Y ❚❚ 🍴 ⚫ 🍽 ⚫ P

**LOS LLANOS DE ARIDANE:** *Valle Aridane* € 42
Glorieta Castillo Olivares, 3. ☎ *922 462 600.* FAX *922 401 019.*
W www.hotelaridane.com
Das Hotel oberhalb des Parque Nacional de la Caldera de Taburiente ist ein
guter Stützpunkt, um die Insel zu erkunden. TV ☰ Y ❚❚ P

**LOS LLANOS DE ARIDANE:** *Amberes* €€€ 17
Avda. General Franco, 13. ☎ *922 401 040.* FAX *922 402 441.*
In einem neu renovierten Gebäude aus dem 17. Jahrhundert hat sich das
Hotelrestaurant auf vegetarische Gerichte spezialisiert. TV Y ❚❚ 🛏

**PUERTO NAOS:** *Sol Élite La Palma* €€€ 307
Punta del Pozo, 24. ☎ *922 408 000.* FAX *922 408 014.*
Moderner Hotelkomplex in der Nähe eines schwarzen Sandstrands. Es gibt
alle üblichen Annehmlichkeiten, auch einige Apartments sind zu mieten.
TV ☰ Y ❚❚ 🍴 ⚫ ⚫ P

**SANTA CRUZ DE LA PALMA:** *Castillete* €€ 42
Avda. Marítima, 75. ☎ *922 420 840.* FAX *922 420 067.* @ h.castillete@airtel.net
Ein preisgünstiges Hotel, angenehm gelegen und ruhig. Luxus darf man
allerdings keinen erwarten. TV Y ❚❚ ⚫ P

**TAZACORTE:** *Apartamentos Atlantis* €€ 23
Mariano Benlliure, 14. ☎ *922 406 146.* @ atlantis@la-palma.de
Das kleine Hotel hat hübsche Apartments mit großen Balkonen. TV Y 🏊

**VILLA DE MAZO:** *Arminda* €€ 5
Lodero, 182. ☎ *922 428 432.*
Zimmer in einem ehemaligen alten Bauernhof; alles ist recht rustikal
eingerichtet. TV ⚫ P

**Zeichenerklärung** siehe hintere Umschlagklappe

# RESTAURANTS

SPANIEN GILT ZWAR nicht unbedingt als Land der Gourmets, aber wie auf dem Festland kann man auch auf den Kanaren sehr gut essen. Die spanische Küche wird hier durch einige Spezialitäten ergänzt, oft stehen frischer Fisch und Meeresfrüchte auf der Karte. Auch die Einflüsse fremder Kulturen machen sich auf den Inseln deutlich bemerkbar. Man findet

Kachelschmuck an einem Restaurant

bei Gerichten arabische Elemente, aber auch französische, italienische, chinesische und indische Einflüsse. Viele Küchenchefs verwenden die frischen Zutaten der Umgebung und experimentieren mit kulinarischen Traditionen und neuen Kreationen. Wer nicht aufwendig und teuer essen möchte, bekommt in den meisten Bars einfache, aber leckere Gerichte serviert.

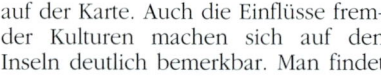
Einfaches Restaurant in einer der ruhigen Straßen von El Golfo

## RESTAURANTS UND BARS

DIE AUSWAHL an Restaurants ist groß; es gibt zahllose Bars und Gasthöfe, nicht nur in den Ferienorten. Die meisten Restaurants haben nur mittags und abends zur Essenszeit geöffnet. Ein Tipp: Vor allem am Wochenende gehen auch gern die Einheimischen essen, und Lokale, die sie besuchen, sind meist nicht die schlechtesten. Manche Restaurants haben sich auf Seafood spezialisiert und nennen sich *marisquería*.

In puncto Kleidung geht es meist zwanglos zu; nur ein paar exklusive Restaurants bestehen auf einer Kleiderordnung. Allerdings ist Badekleidung – außer am Strand – nirgendwo gern gesehen.

Natürlich haben sich auch auf den Kanaren Fastfood-Ketten verbreitet, so McDonald's, Tele Pizza, Slow Boat (chinesisch) und Little Italy (Pizza und Pasta). Kanarische Gerichte bekommt man eher im Landesinneren; die Lokale der Ferienorte, die sich *típico* nennen, sind es meist nicht.

## GERICHTE

DIE KÜCHE der Kanarischen Inseln unterscheidet sich nicht wesentlich von der anderer Mittelmeerländer. Es gibt viel Fisch, als Fleisch neben Rind oft Lamm oder Ziege, als Beilagen Reis, Mais, Kartoffeln und diverse Gemüse sowie viele frische Früchte. Unter den Fischgerichten findet man *dorada* (Seebarsch)

Das Restaurant Lagomar auf Lanzarote

und *pez espada* (Schwertfisch) relativ häufig.

In der Regel ist die Zubereitung eher schlicht: Die meisten Fische und das Fleisch werden gegrillt. Eine Besonderheit ist die Sauce: *Mojo* besteht aus Olivenöl, zerstoßenen Kräutern und Gewürzen und wird *verde* (grün) oder *picón* (rot) serviert.

In Bars bestellt man *tapas* oder *raciones. Tortilla de patata* (Omelette mit Kartoffeln), *jamón serrano* (luftgetrockneter Schinken), *queso* (meist Hartkäsearten) sind als Imbiss beliebt. Wer etwas mehr Hunger hat, ist mit preiswerten *platos combinados* gut beraten: Auf dem »kombinierten Teller« ist entweder Fisch oder gegrilltes Fleisch, dazu gibt es Pommes frites, Spiegelei und etwas Salat oder Gemüse.

Besonders lecker sind oft die Eintöpfe; eine typische Beilage ist *gofio*, ein mehr oder weniger fester Brei aus geröstetem Mais und Getreide.

### ESSENSZEITEN

MAN ISST spät auf den Kanaren, Mittagessen *(la comida)* gibt es frühestens ab 13 Uhr. Die Einheimischen gehen auf keinen Fall vor 21 Uhr, oft auch deutlich später, zum Abendessen *(la cena)*. Dafür bekommt man fast überall bis 23 Uhr oder auch bis Mitternacht warme Küche serviert und darf in Ruhe sitzen bleiben,

Restaurant am Hafen von Puerto de Mogán

bis man alle Gänge verzehrt hat. In den Ferienorten gibt es eigene Gesetzmäßigkeiten; hier orientieren sich die Wirte daran, wann die hungrigen Gäste auftauchen.

Um den Hunger zwischendurch zu überbrücken, eignen sich Bars. Sie bieten meist eine lange Liste mit *tapas* an; wer mehr Appetit hat, kann die gleichen Speisen auch als *ración* bestellen – was dann fast einer vollwertigen Mahlzeit gleichkommt, dabei aber deutlich preiswerter ist.

Während man mittags in vielen Restaurants ein verbilligtes Tagesmenü bekommt, wird abends in der Regel *à la carte* gegessen. In den Restaurants ist es üblich, Vorspeise, Hauptgericht und Dessert zu bestellen.

Das spanische Frühstück *(desayuno)* ist nicht besonders üppig. Wer den Tag stilgerecht spanisch beginnen will, gibt sich mit Milchkaffee und einem süßen Teilchen zufrieden. Eine herzhaftere Alternative ist ein Toast: Käse und/oder Schinken zwischen zwei Weißbrotscheiben, die beidseitig geröstet werden. Die Frühstücksbüfetts der Hotels sind in der Regel international ausgerichtet.

## RESERVIEREN

MEIST IST ES kein Problem, auch ohne Reservierung einen Tisch zu bekommen, denn es gibt genügend Lokale. Nur wenn Sie sich ein ganz besonderes Restaurant ausgesucht haben und eventuell dafür weit fahren müssen, lohnt sich ein Anruf.

## VEGETARISCHE GERICHTE

SPEZIELLE vegetarische Gerichte sind auf den Inseln so gut wie unbekannt, überall kann man sich jedoch problemlos Mahlzeiten ohne Fleisch oder Fisch zusammenstellen – die Auswahl an Salat und Gemüse ist meist groß.

Schickes Interieur des Hotelrestaurants Finca de las Salinas in Yaiza

## PREISE

DIE PREISE der Restaurants variieren erheblich. In einem Lokal der gehobenen Klasse kann man mit Wein mühelos 50 Euro pro Person ausgeben. Dagegen ist es in Regionen mit wenig Tourismus möglich, ähnliche Gerichte für rund 15 Euro zu bekommen. Und in einer Bar kostet eine *ración* selten mehr als ein paar Euro.

Mittags bieten viele Restaurants ein Tagesmenü *(menú del día)* an. Üblich sind drei (einfache) Gänge. Gedeck, Brot und oft auch ein Getränk (Softdrink, Bier oder Wein) sind dann im Preis (normalerweise zwischen fünf und zehn Euro) inbegriffen.

In exklusiven Restaurants kann man häufig ein sogenanntes »Probiermenü« bestellen. Achtung: Die Empfehlungen des Küchenchefs sind in der Regel nicht gerade billig!

## KREDITKARTEN

FAST JEDES auf Urlauber ausgerichtete Restaurant und oft auch Bars akzeptieren Kreditkarten, in kleinen Bars, abgelegenen Restaurants und bei einer Rechnung unter 30 Euro müssen Sie allerdings damit rechnen, dass Bargeld verlangt wird. Auch auf den Kanaren sieht man meist an der Eingangstür, welche Karten akzeptiert werden. Um zu bezahlen, verlangt man *la cuenta* (die Rechnung).

## TRINKGELD UND STEUER

MEHRWERTSTEUER (auf den Kanaren die IGIC-Inselsteuer) ist in der Rechnung eingeschlossen, Trinkgeld ist zwar nicht obligatorisch, aber üblich. Wenn Sie nicht ausgesprochen unzufrieden sind, runden Sie den Betrag auf – zehn Prozent der Rechnungssumme sind das Maximum.

Restaurants an der Strandpromenade von Playa de las Américas

# Kanarische Spezialitäten

**Ziegenkäse –
lecker und herzhaft**

DIE KANARISCHE Küche wurde von Spanien und Lateinamerika beeinflusst. Auch Esstraditionen der Ureinwohner sind zu finden – so wird hier viel mit Mais und manchmal auch mit Bananen gekocht.

Ein typischer Dip, der zu fast allem serviert wird, ist *mojo*; die Sauce ist rot oder grün – je nachdem, ob Paprika bzw. Chili oder Koriander bzw. Petersilie verwendet werden. *Papas arrugadas* (»Runzelkartoffeln«) kann man nur auf den Kanaren probieren.

**Mojo verde**

**Papas arrugadas**
*sind (eine spezielle Sorte) Kartoffeln, die ungeschält in sehr stark gesalzenem Wasser gekocht werden. Dazu kommt immer mojo picón oder mojo verde auf den Tisch.*

**Mojo picón**

**Potaje de berros** *enthält viel Brunnenkresse, Kartoffeln, Mais (oft am Kolben), Schweinefleisch und weiße Bohnen.*

**Caldo de pescado**, *Fischsuppe, ist variantenreich: Der Fisch wird mitunter extra serviert; immer enthält die Bouillon Kartoffeln.*

**Puchero**, *der Eintopf mit Safran, enthält Fleisch oder chorizo (Wurst), Bohnen sowie Gemüse je nach Saison.*

**Rancho canario** *sollte Kichererbsen, Kartoffeln und Nudeln enthalten; der Koch entscheidet über die Wahl des Fleischs.*

**Arroz con verduras** *ist eine leichte, bunte Mischung aus Reis und Gemüse – ein Gericht (nicht nur) für Vegetarier.*

**Ropa vieja** *bedeutet wörtlich »alte Kleider« und ist ein Gemüseeintopf, der manchmal auch mit Fleisch zubereitet wird.*

## FRISCHES OBST

Natürlich bekommt man »exotische« Früchte auch bei uns. Ganz anders schmecken sie allerdings, wenn sie am Baum reifen und kurz nach der Ernte gegessen werden. Das milde Klima der Kanaren sorgt dafür, dass auf den Inseln fast das ganze Jahr über Erntezeit ist. Genießen Sie es!

**Ananas**

**Kaktusfeige**

**Granatapfel**

**Bananen**

**Papaya**

**Datteln**

**Trauben**

**Churros de pescado** *ähneln panierten Fischstäbchen, die in Öl frittiert werden. Man isst sie am besten mit Salat.*

**Morena frita** *– frittierte Muränenstücke mit Sauce und* papas arrugadas *– findet man oft auf der Karte.*

**Sancocho de pescado** *ist geschmorter Fisch mit Kartoffeln und Gemüse – eine eher leichte Mahlzeit.*

**Carne de cabra en salsa** *ist ein typisches Eintopfgericht der Kanaren. Ziegenfleisch wird in Weißwein geschmort; frische Kräuter und Gewürze geben ihm die besondere Note. Klassische Beilage sind* papas arrugadas.

Geschmortes
Ziegenfleisch

Verschiedene Gemüse

Rote Paprika

**Conejo al salmorejo**, *ein Eintopf mit Kaninchen und Tomaten. Er wird häufig mit* papas arrugadas serviert.

## DESSERTS

Nachspeisen sind auf den Kanaren nicht besonders raffiniert, aber deshalb nicht weniger lecker. Oft basieren sie auf *gofio* und Obst.

*Mojo verde:* Öl, Knoblauch, Koriander oder Petersilie

**Sama frita con mojo verde** *ist eines der beliebten Fischgerichte. Gegrillte Rothrasse,* papas arrugadas *und – natürlich – viel* mojo.

Papas arrugadas

Gegrillte Rotbrasse

***Gofio de almendras**, reichhaltiges Dessert auf Mandelbasis*

***Rapaduras**, ein Dessert aus Milch, Mandeln und Zucker*

## RUM UND MALVASÍA

Zwei Getränke der Kanarischen Inseln sind weltweit berühmt geworden: Rum und Malvasier *(malvasía)*. Rum wird in verschiedenen Stärken produziert; eine Spezialität ist der *ron miel*, der mit Palmenhonig versetzt wird und nur 35 Prozent Alkohol hat. Früher war Teneriffa berühmt für seine Rotweine, heute ist der Malvasía der Insel Lanzarote bekannter. Es ist ein schwerer, süßer Weißwein. Besonders gefragte Marken werden in der Gegend um La Gería erzeugt.

Kanarischer
Rum

Malvasía
aus Lanzarote

# Restaurantauswahl

BEI DER AUSWAHL der empfohlenen Restaurants waren neben der Qualität vor allem die angebotenen kanarischen Spezialitäten entscheidend. Weitere Kriterien sind die schöne Lage und das nette Ambiente. Die Einträge wurden nach Inseln geordnet, innerhalb einer Insel alphabetisch nach dem Namen der Stadt (mehr Informationen auf den Seiten 164–167).

| | KREDITKARTEN | REGIONALE KÜCHE | KLIMAANLAGE | GARTEN ODER TERRASSE | PARKEN |
|---|---|---|---|---|---|
| **GRAN CANARIA** | | | | | |
| **AGAETE:** *Casa Pepe* €€<br>C/Alcalde Armas Galván, 5. 928 898 227.<br>Das Restaurant rühmt sich seiner großen Fisch- und Meeresfrüchteauswahl. Hier bekommt man auch *papas arrugadas* mit *mojo*. Do–Di. 15.–30. Okt. | ■ | ● | ■ | | |
| **AGAETE:** *Puerto Laguete* €€<br>Nuestra Señora de las Nieves, 9. 928 554 001<br>Eine gute Empfehlung für typische kanarische Gerichte. tägl. | | ● | | | |
| **AGAETE:** *La Palmita* €€€<br>Ctra. de Las Nieves, s/n. 928 898 704.<br>Auf Fisch und kanarische Küche spezialisiertes Restaurant. Besonders empfehlenswert ist *venison a la espalda*. Mi–Mo 11–23 Uhr. | ■ | ● | | ● | ■ |
| **AGÜIMES:** *La Farola* €€€<br>Puerto de Arinaga. 928 180 410.<br>Charmantes Restaurant, in dem man vor allem die frischen kanarischen Fischgerichte kosten sollte. So abends, Mo. | ■ | ● | ■ | | |
| **ARUCAS:** *Meson de la Montaña* €€€<br>Montaña de Arucas, s/n. 928 601 475. @ mesonarucas@hvsl.es<br>Kanarische Küche vom Feinsten. Hier isst auch das Auge mit: Die Gerichte werden ansprechend zusammengestellt und serviert. tägl. 12–24 Uhr. | ■ | ● | ■ | ● | |
| **LAS PALMAS DE GRAN CANARIA:** *Chacalote* €€<br>C/Proa, 3. 928 312 140.<br>Gutes Essen in freundlicher Atmosphäre und in maritimem Interieur (das Restaurant ist wie ein Schiff eingerichtet). | ■ | | ■ | | |
| **LAS PALMAS DE GRAN CANARIA:** *El Novillo Precoz* €€€<br>C/Portugal, 9. 928 221 659.<br>Das Restaurant liegt nahe am Strand; die Fleischgerichte werden hier auf Holzkohle gegrillt. Di–So. 2 Wochen im Mai und im Aug. | ■ | | ■ | | |
| **LAS PALMAS DE GRAN CANARIA:** *Mesón La Cuadra* €€€<br>C/General Mas de Gaminde, 32. 928 243 380.<br>Die Auswahl an *tapas* an der Bar ist verführerisch. Die Bioprodukte für die Hauptgerichte kommen zum großen Teil frisch vom eigenen Bauernhof des Besitzers. Mo. | ■ | | | | |
| **LAS PALMAS DE GRAN CANARIA:** *Asturias* €€€€<br>C/Capitán Lucena, 6. 928 274 219.<br>Dieses Restaurant mit asturischer Küche liegt in einem Gewirr von kleinen Straßen nahe am Strand. 1.–15. Sep. | ■ | | ■ | | |
| **LAS PALMAS DE GRAN CANARIA:** *Felo Botello* €€€€<br>C/León y Castillo, 274. 928 296 840.<br>Fantasievolle Kreationen des Küchenchefs stehen hier auf der Karte, aber auch einige klassische, für die Region typische Gerichte.<br>Mo–Sa. Sa abends. | ■ | | ■ | | |
| **LAS PALMAS DE GRAN CANARIA:** *La Cabaña Criolla* €€€€<br>C/Los Martínez de Escobar, 37. 928 270 216.<br>Das Restaurant ist nicht billig, dafür ist die Qualität der Küche entsprechend hoch. Die Fleischgerichte werden in einer erstaunlichen Auswahl an Zubereitungsarten angeboten. Mo. | ■ | | | | |
| **LAS PALMAS DE GRAN CANARIA:** *La Dolce Vita* €€€€<br>C/Agustín Millares, 5. 928 310 463.<br>Gehobenes italienisches Restaurant mit authentischer Küche und guten Weinen. Mo–Sa. Juli. | ■ | | | | |

**Die Preiskategorien** beziehen sich auf ein dreigängiges Menü pro Person, inklusive Wein (mit Steuer, aber ohne Trinkgeld).

€ unter 15 Euro
€€ 15–20 Euro
€€€ 20–25 Euro
€€€€ 25–30 Euro
€€€€€ über 30 Euro

**KREDITKARTEN**
Akzeptiert werden MasterCard, Visa, Diners Club.

**REGIONALE KÜCHE**
Typische Gerichte der Kanaren stehen auf der Karte.

**KLIMAANLAGE**
Das Restaurant verfügt über eine Klimaanlage.

**GARTEN ODER TERRASSE**
Man kann im Freien essen – oft in einem Innenhof.

**PARKEN**
Das Restaurant hat einen eigenen Parkplatz.

| | KREDITKARTEN | REGIONALE KÜCHE | KLIMAANLAGE | GARTEN ODER TERRASSE | PARKEN |
|---|---|---|---|---|---|

**LAS PALMAS DE GRAN CANARIA:** *La Marinera* €€€€
C/Alonso de Ojeda, s/n. 928 461 555.
Die Auswahl auf der Karte ist beachtlich, und der Küchenchef legt besonderen Wert auf frische Zutaten. Die traditionell zubereiteten Fischgerichte sind zu empfehlen.
→ Kreditkarten ■, Regionale Küche ●, Garten oder Terrasse ●

**LAS PALMAS DE GRAN CANARIA:** *La Sama* €€€€
C/Marina, 87. 928 321 428.
Hier gibt es den ganzen Reichtum des Meeres – immer frisch und gut zubereitete Fischgerichte.
→ Kreditkarten ■, Garten oder Terrasse ●

**LAS PALMAS DE GRAN CANARIA:** *Amaiur* €€€€€
C/Pérez Galdós, 2. 928 370 717.
Eines der besten Restaurants der Stadt. Die Weinauswahl ist groß, die Küche bietet u.a. baskische Spezialitäten. ○ Mo–Sa. ● Aug.
→ Kreditkarten ■, Klimaanlage ■, Parken ■

**LAS PALMAS DE GRAN CANARIA:** *Casa de Galicia* €€€€€
C/Salvador Cuyás, 8, 10. 928 279 855.
Es gibt zwei Restaurants, die zusammengehören: Im Haus Nr. 8 bekommt der Gast nordspanische und galicische Küche serviert, im Haus Nr. 10 sind Reisgerichte die besondere Spezialität.
→ Kreditkarten ■, Klimaanlage ■

**LAS PALMAS DE GRAN CANARIA:** *El Cucharón* €€€€€
C/Reloj, 2. 928 333 298.
Hübsches Restaurant mit einfallsreicher Küche. Die Gerichte sind sorgfältig komponiert und zubereitet. ○ Mo–Sa. ● Sa nachmittag und 15. Aug–15. Sep.
→ Kreditkarten ■, Klimaanlage ■

**LAS PALMAS DE GRAN CANARIA:** *Las Trébedes* €€€€€
Avda. José Mesa y López, 18. (El Corte Inglés). 928 263 000.
Typische spanische Küche mit besonderem Akzent auf kanarischen Spezialitäten. ○ Mo–Sa.
→ Kreditkarten ■, Regionale Küche ●, Klimaanlage ■, Parken ■

**LAS PALMAS DE GRAN CANARIA:** *Portovigo* €€€€
C/General Vives, 90. 928 279 276.
Feinschmeckerküche, die von galicischen Rezepten inspiriert ist.
○ Mo–Sa 13–16, 20–24 Uhr. ● Aug.
→ Kreditkarten ■, Klimaanlage ■

**MASPALOMAS:** *Chilis* €€€€
Avda. de Tenerife, 17. 928 770 047.
Einladendes Restaurant, in dem mexikanisches Essen serviert wird. Sie sollten nicht versäumen, den »brennenden« mexikanischen Kaffee zu kosten. ○ 19–1 Uhr.
→ Kreditkarten ■, Klimaanlage ■

**MASPALOMAS:** *El Portalón* €€€€
Avda. Tirajana, 27. 928 772 030. @ sol.barbacon@solmelia.es
Eine Empfehlung für alle, die baskisches Essen probieren wollen. Die Gerichte werden mit viel Sorgfalt zubereitet.
→ Kreditkarten ■, Klimaanlage ■, Garten oder Terrasse ●

**MASPALOMAS:** *Orangerie* €€€€
Hotel Palm Beach, Avda. Oasis. 928 140 806.
Gehobenes Restaurant mit kreativer Küche. Man kann drinnen oder unter freiem Himmel essen. ● Do, So und Juni, Juli.
→ Kreditkarten ■, Klimaanlage ■

**MOGÁN:** *Tu Casa* €€
Avda. de las Artes, 18. 928 565 078.
Das Geheimnis für den Erfolg dieses Restaurants sind die stets frischen Zutaten. Die Küche orientiert sich an kanarischen Traditionen.
→ Kreditkarten ■, Regionale Küche ●, Klimaanlage ■, Garten oder Terrasse ●

**MOGÁN:** *Acaymo* €€€
El Tostador, 14. 928 569 263.
Traditionelle kanarische Küche mit einer guten Auswahl an Fisch- und Fleischgerichten. ○ Di–So 12–23 Uhr. ● 15. Juni–15. Juli.
→ Kreditkarten ■, Regionale Küche ●, Garten oder Terrasse ●, Parken ■

**Zeichenerklärung** siehe hintere Umschlagklappe

**Die Preiskategorien** beziehen sich auf ein dreigängiges Menü pro Person, inklusive Wein (mit Steuer, aber ohne Trinkgeld).

€ unter 15 Euro
€€ 15–20 Euro
€€€ 20–25 Euro
€€€€ 25–30 Euro
€€€€€ über 30 Euro

**KREDITKARTEN**
Akzeptiert werden MasterCard, Visa, Diners Club.

**REGIONALE KÜCHE**
Typische Gerichte der Kanaren stehen auf der Karte.

**KLIMAANLAGE**
Das Restaurant verfügt über eine Klimaanlage.

**GARTEN ODER TERRASSE**
Man kann im Freien essen – oft in einem Innenhof.

**PARKEN**
Das Restaurant hat einen eigenen Parkplatz.

| | Preis | Kreditkarten | Regionale Küche | Klimaanlage | Garten oder Terrasse | Parken |
|---|---|---|---|---|---|---|
| **SAN AGUSTÍN:** *Anno Domini* | €€€€ | ■ | | ■ | ● | |
| **SAN BARTOLOMÉ DE TIRAJANA:** *Rias Bajas* | €€€€ | ■ | | | | ■ |
| **SAN FERNANDO:** *Casa Wences* | €€€ | ■ | | ■ | ● | |
| **SAN FERNANDO:** *Mallorca* | €€€ | | | ■ | | |
| **SANTA BRÍGIDA:** *Las Grutas de Artiles* | €€ | ■ | | | ● | |
| **SANTA BRÍGIDA:** *Mano de Hierro* | €€€€ | ■ | | | ● | ■ |
| **SANTA BRÍGIDA:** *Satautey* | €€€€ | ■ | ● | | | |
| **VEGA DE SAN MATEO:** *Cho-Zacarías* | €€€ | | ● | | ● | |
| **VEGA DE SAN MATEO:** *La Veguetilla* | €€€ | ■ | ● | | ● | ■ |
| **BETANCURIA:** *Valtarajal* | €€ | ■ | ● | | ● | ■ |
| **BETANCURIA:** *Casa Santa Maria* | €€€ | ■ | | | ● | |
| **CORRALEJO:** *La Marquesina* | €€€ | ■ | ● | ■ | | |

**SAN AGUSTÍN:** *Anno Domini* €€€€
Centro Comercial, local 82–85. 928 762 915.
Seine angenehme Atmosphäre zeichnet dieses Restaurant aus; angeboten wird französische und internationale Küche. Mo–Sa. 1. Okt–30. April.

**SAN BARTOLOMÉ DE TIRAJANA:** *Rias Bajas* €€€€
Avda. Tirajana und Avda. EE.UU. 928 764 033.
Galicisches Restaurant mit hervorragender Küche.

**SAN FERNANDO:** *Casa Wences* €€€
Secundino Delgado. Ed. Jovimar. 928 761 700.
Kantabrische Küche mit vielen traditionellen Gerichten – alle hervorragend zubereitet. 12–16, 20–24 Uhr. Mo.

**SAN FERNANDO:** *Mallorca* €€€
C/Alcalde Santos González, 11. 928 770 516.
Der Name sagt es: Die Speisekarte des Restaurants ist auf die Küche Mallorcas ausgerichtet.

**SANTA BRÍGIDA:** *Las Grutas de Artiles* €€
Las Meleguinas. 928 640 575.
Die Restauranträume liegen in Höhlen. Auf der Karte stehen typische Gerichte der Kanarischen Inseln, aber auch das übliche Fleisch vom Grill. Ein Swimmingpool und ein Garten gehören mit zum Restaurant.

**SANTA BRÍGIDA:** *Mano de Hierro* €€€€
Vuelta del Pino, 25. 928 640 388.
Das Restaurant orientiert sich an deutscher Hausmannskost; man findet aber auch eine Vielzahl internationaler Gerichte und lokaler Spezialitäten auf der Karte. Juli.

**SANTA BRÍGIDA:** *Satautey* €€€€
Real de Coello, 2. Monte Lentiscal. 928 355 511.
Ausgezeichnetes Restaurant der gehobenen Klasse im Hotel Santa Brígida. Regionale und internationale Küche.

**VEGA DE SAN MATEO:** *Cho-Zacarías* €€€
Avda. Tinamar, s/n. 928 661 796.
In einem ehemaligen Bauernhof serviert man in diesem hübschen Restaurant hausgemachte kanarische Spezialitäten. Eine davon ist *cherne* (ein kanarischer Fisch) in Koriandersauce. 13–18, 20–24 Uhr.

**VEGA DE SAN MATEO:** *La Veguetilla* €€€
Ctra. General del Centro, 20 km außerhalb. 928 660 764.
Regionale und spanische Küche. Mi–Mo.

## FUERTEVENTURA

**BETANCURIA:** *Valtarajal* €€
Roberto Roldán, s/n. 928 878 007.
Hier wird typische kanarische Küche in angenehmer Atmosphäre serviert. tägl. 9–17 Uhr.

**BETANCURIA:** *Casa Santa Maria* €€€
Plaza de la Concepción, s/n. 928 878 282. rloos@lix.intercom.es
Frische, hochwertige Produkte bilden die Basis für sorgfältig zubereitete Gerichte, die sich an der mediterranen Küche orientieren. tägl. 11–18 Uhr.

**CORRALEJO:** *La Marquesina* €€€
Muelle Chico. 928 535 435.
In diesem Restaurant gibt es traditionell zubereiteten Fisch und eine Anzahl internationaler Gerichte. tägl. 10–23.30 Uhr.

**CORRALEJO:** *Siño Juan*                                    €€€
Placita Félix Estévez, s/n. **(** 928 867 000.
Hervorragende internationale Küche mit hochwertigen, frischen Zutaten
zeichnet dieses Restaurant aus.

**COSTA CALMA:** *Don Quijote*                                 €€€
C/Tenerife, s/n. Apartamento Santa Ursula. **(** 928 875 158.
Besonders empfehlenswert sind das Spanferkel und der Lammbraten, doch
auch die anderen Gerichte sind vorzüglich.
**(** *tägl. 12–24 Uhr.*

**JANDIA-PAJARA:** *El Marinero Esquinzo*                       €€€€
Montaña de la Muda, 2. **(** 928 544 075.
Gediegenes Restaurant mit internationaler Küche. Achtung: Hier legt man
Wert auf gepflegte Kleidung. **(** *tägl. 12–22 Uhr.*

**PUERTO DEL ROSARIO:** *Benjamin*                             €€
C/León y Castillo 139. **(** 928 851 748.
Fast nur einheimische Produkte werden in diesem traditionellen kanari-
schen Restaurant verarbeitet. Auf der Karte findet man u.a. *papas
arrugadas* mit *mojo* und Käsespezialitäten; zu empfehlen sind auch die
Desserts, z.B. das Sorbet aus frischen Feigen. **●** *So, Feiertage.*

**PUERTO DEL ROSARIO:** *La Casa del Jamón*                    €€€
La Asomada, s/n (junto al Aeropuerto viejo). **(** 928 530 064.
Der Familienbetrieb erinnert an ein traditionelles spanisches *mesón*. Angeboten werden baskische und kanarische Gerichte, darunter Ziegenbraten,
kalte Fleischplatten und eine köstliche Käseauswahl. **(** *Di–So.* **●** *So abend.*

## LANZAROTE

**ARRECIFE:** *Leito de Proa*                                  €
Avda. César Manrique. **(** 928 802 066.
Das Restaurant liegt schön an der Lagune El Charco (der Pudel). Empfehlenswert sind die *tapas* ebenso wie die kanarischen Hauptgerichte.
**(** *12–16.30, 19–23 Uhr.* **●** *So.*

**ARRECIFE:** *Mesôn Trasgu*                                   €€
C/José Antonio, 98. **(** 928 806 676.
In diesem asturischen Restaurant können Sie unter vielen ausgesprochen
leckeren, preiswerten *tapas* wählen.

**ARRECIFE:** *A. Colon*                                       €€€€€
C/Cactus, s/n. Playa del Cable. Ciudad Jardín.
**(** 928 805 649. **@** colons@jet.es
Die Dekoration erinnert an ein Schiff. Auf der saisonal ausgerichteten
Speisekarte stehen Gerichte, die auch Feinschmeckerherzen höher schlagen
lassen. Gute Weinauswahl – mit Abstand das beste Restaurant der Insel.
**(** *Mo–Sa.* **●** *15. Aug–15. Sep.* **&**

**COSTA TEGUISE:** *Chu-Lin III*                               €€
Centro Comercial Tandarena, local 8. **(** 928 592 011.
Ein chinesisches Restaurant mit einer überraschend guten Auswahl
an Weinen. **(** *tägl. 13–24 Uhr.*

**COSTA TEGUISE:** *Neptuno*                                   €€€
Avda. del Jablillo, s/n. Centro Comercial Neptuno, local 6. **(** 928 590 378.
Hier wird international gekocht. Auf der Karte findet man aber auch eine
Anzahl lokaler Spezialitäten. **(** *Mo–Sa.* **●** *10. Juni–20. Juli.*

**COSTA TEGUISE:** *La Jordana*                                €€€€
Los Geranios, s/n. Centro Comercial Lanzarote Bay. **(** 928 590 328.
Ein unprätentiöses Lokal mit preiswerten, leckeren Gerichten, die sich an
der Küche des Mittelmeerraums orientieren. **(** *Mo–Sa.* **●** *Sep.*

**HARÍA:** *Casa'l Cura*                                       €€€
C/Nueva, 1. **(** 928 835 556. **FAX** 928 821 442.
Die Küche ist solide. Die Auswahl an Gerichten ist groß.
**(** *tägl. 12–17 Uhr.*

**NAZARET:** *Lagomar*                                         €€€€
C/Los Loros, 6. **(** 928 845 665.
Das Restaurant liegt in einer Villa, die César Manrique einst für den Schau-
spieler Omar Sharif entworfen hat. Der talentierte Küchenchef verarbeitet
ausschließlich frische Produkte. **(** *Di–Sa 12–24 Uhr, So 12–18 Uhr.*

**Zeichenerklärung** siehe hintere Umschlagklappe

**Die Preiskategorien** beziehen sich auf ein dreigängiges Menü pro Person, inklusive Wein (mit Steuer, aber ohne Trinkgeld).

€ unter 15 Euro
€€ 15–20 Euro
€€€ 20–25 Euro
€€€€ 25–30 Euro
€€€€€ über 30 Euro

**KREDITKARTEN**
Akzeptiert werden MasterCard, Visa, Diners Club.

**REGIONALE KÜCHE**
Typische Gerichte der Kanaren stehen auf der Karte.

**KLIMAANLAGE**
Das Restaurant verfügt über eine Klimaanlage.

**GARTEN ODER TERRASSE**
Man kann im Freien essen – oft in einem Innenhof.

**PARKEN**
Das Restaurant hat einen eigenen Parkplatz.

| Restaurant | KREDITKARTEN | REGIONALE KÜCHE | KLIMAANLAGE | GARTEN ODER TERRASSE | PARKEN |
|---|---|---|---|---|---|
| **PLAYA BLANCA:** *El Marisco Casa Brígida* — €€€<br>C/El Palangre, 1. 928 517 385.<br>Relativ preiswertes Restaurant, in dem man frischen Fisch und Meeresfrüchte bekommt. Di–So. 15. Juni–15. Juli. | ■ | | | ● | |
| **PLAYA BLANCA:** *Almacén de la Sal* — €€€€<br>Marítimo, 12. 928 517 885.<br>In einem ehemaligen Salzlager serviert dieses Restaurant einen Querschnitt traditioneller spanischer Küche. Di. | ■ | | | ● | |
| **PARQUE NACIONAL DE TIMANFAYA:** *El Diablo* — €€<br>928 840 057.<br>Vom Restaurant hat man einen wunderschönen Blick über die Vulkankegel des Nationalparks bis zum Meer. Die Besonderheit des »teuflischen« Restaurants: Fleisch und Fisch werden auf dem »Vulkangrill« zubereitet. während der Öffnungszeiten des Parks (siehe S. 93). | | | | | ■ |
| **PUERTO DEL CARMEN:** *La Dolce Vita* — €<br>Avda. Playas, 31 (nahe am Centro Comercial Atlas). 928 513 231.<br>Italienisches Restaurant mit großer Auswahl. 18–24 Uhr. | ■ | | ■ | | ■ |
| **PUERTO DEL CARMEN:** *La Cañada* — €€€€<br>C/César Manrique, 3. 928 512 108.<br>Das Restaurant pflegt die kanarische Tradition; wegen seines guten Essens ist es unbedingt einen Besuch wert. Mo–Sa 12.30–24 Uhr. | ■ | ● | ■ | ● | |
| **PUERTO DEL CARMEN:** *O Botafumeiro* — €€€€<br>C/Alemania, 9. Centro Comercial Costa Luz. 928 511 503.<br>Hier wird authentische galicische Küche angeboten. Di. | ■ | | | | |
| **TEGUISE:** *Ikarus* — €€€<br>Plaza 18 de Julio, s/n. 928 845 332.<br>Hervorragende internationale Küche bei einem guten Preis-Leistungs-Verhältnis. Di–So 9–22.30 Uhr. So und Juli. | ■ | | | | |
| **YAIZA:** *La Era* — €€€<br>El Barranco, 3. Trasera del Ayuntamiento. 928 830 016. info@la-era.com<br>In einem historischen Gebäude mit rustikalem Ambiente kann man typische kanarische Küche kosten. tägl. 13–23 Uhr. Mo. | ■ | ● | ■ | ● | ■ |

## TENERIFFA

| Restaurant | KREDITKARTEN | REGIONALE KÜCHE | KLIMAANLAGE | GARTEN ODER TERRASSE | PARKEN |
|---|---|---|---|---|---|
| **ARONA:** *Mesón Las Rejas* — €€€<br>Ctra. General del Sur, 1. 922 720 894.<br>Die Spezialität des Hauses sind verschiedene Fleischgerichte und Braten. Mo–Sa. Juli. | ■ | | ■ | | |
| **BUENAVISTA:** *El Burgado* — €€€<br>Avenida Playa de las Arenas, s/n. 922 127 831.<br>Genießen Sie Fisch und kanarische Spezialitäten direkt am Meer. | ■ | ● | | | |
| **CANDELARIA:** *El Archete* — €€€€<br>Aroba, 2. 922 500 115.<br>Ausgezeichnetes Essen in kanarischer Tradition. Di–Sa. 1.–15. Okt. | | | ■ | | ■ |
| **EL SAUZAL:** *Casa Del Vino* — €€€<br>Autopista del Norte, km 21. La Baranda. 922 563 886. amos@jet.es<br>Gute Auswahl an leckeren kanarischen Gerichten. Di–So. So abend, Mo. | ■ | ● | | ● | ■ |
| **LA LAGUNA:** *El Principito* — €€€€€<br>C/Santo Domingo, 26. 922 633 916.<br>Hier wird französisch gekocht; auch die Atmosphäre des Restaurants lässt die Erinnerung an Frankreich wach werden. So, Mo. | ■ | | | | |

**LA MATANZA:** *Casa Juan* €€€
C/Acentejo, 77. 922 577 012. casajuan@arrakis.es
Man findet deutsche Gerichte, aber auch viel Internationales auf der Karte.
Di–Sa. 15. Apr–15. Mai.

**LOS REALEJOS:** *La Finca* €€€
El Monturio, 12. 922 340 143. dreisorner@teleline.es
Der Küchenchef orientiert sich eher an nordeuropäischer Küche – die
Ergebnisse sind allerdings ausgezeichnet. Di–Sa. Juli.

**PLAYA DE LAS AMÉRICAS:** *Bleu de Toit* €€€€€
Torviscas – Centro Comercial Río Center. 922 714 938.
Raffinierte französische Feinschmeckerküche. Man kann (und sollte) sie nur
abends genießen. Mo–Sa abend. Mai.

**PUERTO DE LA CRUZ:** *La Gañania* €€
Camino del Durazno, s/n. 922 371 000.
Von einheimischen über spanische bis zu internationalen Gerichten – der
Gast hat die Wahl. Di–Sa.

**PUERTO DE LA CRUZ:** *Magnolia* €€€€€
Avda. Marqués de Villanueva del Prado. 922 385 614.
Katalonische Küche mit frischen regionalen Produkten – hier kann sich
kulinarisch verwöhnen lassen, wer die Abwechslung sucht. Di.

**SAN ISIDRO:** *Bodega el Jable* €€€€
Bentejüi, 9. 922 390 698.
Exzellente Küche mit allen einheimischen Gerichten, die das Herz begehrt.
Mo–Sa. Mo mittag.

**SAN JUAN DE LA RAMBLA:** *Las Aguas* €€€€
La Destila, 20. 922 360 428.
Typische spanische Gerichte, alle frisch und auf hohem Niveau zubereitet.
So abend, Mo.

**SANTA CRUZ DE TENERIFE:** *Cofradía de l'escadores* €
Playa de Teresitas. 922 549 024.
Eines der besten Fischlokale der Stadt. tägl.

**SANTA CRUZ DE TENERIFE:** *Marisquería de Ramón* €€
C/Dique, 23. 922 549 308.
Preiswert und immer gut für Fisch und Meeresfrüchte.

**SANTA CRUZ DE TENERIFE:** *Da Gigi* €€€
Avda. de Anaga, 43. 922 274 326.
Italienisches Restaurant mit großer Auswahl an Pasta und mehr.

**SANTA CRUZ DE TENERIFE:** *Viva México* €€€
C/Santa Clara, 8. 922 296 088.
Viele mexikanische Gerichte stehen hier auf der Karte. So, Mo.

**SANTA CRUZ DE TENERIFE:** *El Líbano* €€€
C/Santiago Cuadrado, 26. 922 285 914.
Eine gute Gelegenheit, um den Geschmack des Mittleren Ostens kennen
zu lernen. Hier wird eine interessante Auswahl an Gerichten der arabischen
Küche angeboten.

**SANTA CRUZ DE TENERIFE:** *El Principado* €€€€
C/General Antequera, 17. 922 281 263.
Das Restaurant serviert internationale und regionale Gerichte auf
gehobenem Niveau. Mo–Sa mittag. So.

**SANTA CRUZ DE TENERIFE:** *La Cazuela* €€€€
C/Robayna, 34. 922 272 300.
Innovative Gerichte, inspiriert von der mediterranen Küche. Mo–Sa.

**SANTA CRUZ DE TENERIFE:** *La Hierbita* €€€€
El Clavel, 19. 922 244 617.
Traditionelle kanarische Gerichte auf der Grundlage lokaler Erzeugnisse
sowie exzellente Weine der Region in freundlicher Atmosphäre. So.

**SANTA CRUZ DE TENERIFE:** *Mesón Castellano* €€€€
C/Callao de Lima, 4. 922 271 074.
Hervorragendes Restaurant mit Akzent auf der Küche Kastiliens. Vor allem
die Fleischgerichte sind zu empfehlen. So.

**Zeichenerklärung** siehe hintere Umschlagklappe

**Die Preiskategorien** beziehen sich auf ein dreigängiges Menü pro Person, inklusive Wein (mit Steuer, aber ohne Trinkgeld).

€ unter 15 Euro
€€ 15–20 Euro
€€€ 20–25 Euro
€€€€ 25–30 Euro
€€€€€ über 30 Euro

**KREDITKARTEN**
Akzeptiert werden MasterCard, Visa, Diners Club.

**REGIONALE KÜCHE**
Typische Gerichte der Kanaren stehen auf der Karte.

**KLIMAANLAGE**
Das Restaurant verfügt über eine Klimaanlage.

**GARTEN ODER TERRASSE**
Man kann im Freien essen – oft in einem Innenhof.

**PARKEN**
Das Restaurant hat einen eigenen Parkplatz.

| | KREDITKARTEN | REGIONALE KÜCHE | KLIMAANLAGE | GARTEN ODER TERRASSE | PARKEN |
|---|---|---|---|---|---|
| **SANTA CRUZ DE TENERIFE:** *Amos* — €€€€€ <br> C/Poeta Tomás Morales, 2. 922 285 010. amos@jet.es <br> Eine große Auswahl internationaler und lokaler Spezialitäten – hier findet jeder etwas nach seinem Geschmack. Mo–Sa. Aug. | ■ | | ■ | ● | |
| **SANTA CRUZ DE TENERIFE:** *Los Menceyes* — €€€€€ <br> Avda. Dr. José Naveiras, 38. 922 609 900. mencey@ctv.es <br> Feinschmeckerlokal im luxuriösen Mencey Hotel, das zur Sheraton-Kette gehört. Der Küchenchef variiert traditionelle spanische Gerichte äußerst kreativ. | ■ | | ■ | ● | |
| **SANTIAGO DEL TEIDE:** *Pancho* — €€€€ <br> Playa de la Arena, s/n. 922 861 323. fraro@abaforum.es <br> Ausgezeichnete kanarische Gerichte, mit Sorgfalt zubereitet und mit Liebe zum Detail angerichtet. Mo. | ■ | ● | | | |
| **TACORONTE:** *Los Limoneros* — €€€€€ <br> Ctra. General del Norte, 15,5 km. Los Naranjeros. 922 636 637. <br> Internationale Küche mit spanischen und kanarischen Akzenten. Ausgezeichnete Seafood-Gerichte. Mo–Sa 13–23 Uhr. 15 Tage im Aug. | ■ | | ■ | | |

## LA GOMERA

| | KREDITKARTEN | REGIONALE KÜCHE | KLIMAANLAGE | GARTEN ODER TERRASSE | PARKEN |
|---|---|---|---|---|---|
| **PLAYA DE SANTIAGO:** *Avenida* — €€ <br> Avda. Marítima, Playa de Santiago. 922 895 498. <br> Die Auswahl ist groß und erstreckt sich von Fisch bis Pizza – vor allem Touristen wissen das zu schätzen. | ■ | | | | |
| **PLAYA DE SANTIAGO:** *Playa* — €€ <br> Avda. Marítima. 922 895 147. <br> Gutes Fischrestaurant. Der frische Fang kommt quasi direkt auf den Tisch. | ■ | | ■ | ● | |
| **PLAYA DE SANTIAGO:** *El Laurel* — €€€€ <br> Lomada de Tecina. 922 145 850. <br> Das Restaurant gehört zur Hotelkette Jardin Tecina und offeriert fantasievolle Kreationen, die auf traditionellen Gerichten beruhen. tägl. 19–22 Uhr. | ■ | | | ● | ■ |
| **PLAYA DE SANTIAGO:** *Tagoror* — €€€€ <br> Lomada de Tecina. 922 895 425. <br> Frische Produkte werden nach alten Rezepten verarbeitet, die typisch für La Gomera sind. Die Küche befriedigt aber auch international ausgerichtete Geschmacksnerven. Do. | ■ | ● | | | |
| **SAN SEBASTIÁN DE LA GOMERA:** *Casa del Mar* — € <br> Avda. Fred Olsen, 2. 922 871 219. <br> In diesem Familienbetrieb am Hafen kommen einfache Fischgerichte auf den Tisch. So. | ■ | | | | |
| **SAN SEBASTIÁN DE LA GOMERA:** *El Pajar* — €€ <br> C/Ruiz de Padrón, 26. 922 870 355. <br> Gut und preiswert. Hier kann man typisch Kanarisches essen. | ■ | ● | | | |
| **SAN SEBASTIÁN DE LA GOMERA:** *Mesón el Pejín* — €€ <br> Avda. Colón, 26. 922 870 033. <br> Die Speisekarte bietet eine große Auswahl, die Gerichte mit Fisch und Meeresfrüchten sind ausgesprochen lecker. | ■ | | | | |
| **SAN SEBASTIÁN DE LA GOMERA:** *Parador de San Sebastián* — €€€€ <br> Llano de la Horca, 1. 922 871 100. <br> Das Restaurant im Parador bewahrt kanarische Traditionen – sowohl was die Einrichtung als auch was die Speisekarte betrifft. Die Fischgerichte sind besonders zu empfehlen. | ■ | ● | | | ■ |

**VALLE DEL GRAN REY:** *El Palmarejo* €€
Ctra. Gral. de Arure, s/n. 922 805 868.
Auf der Karte finden Sie regionale wie internationale Gerichte.

## EL HIERRO

**ECHEDO:** *La Higuera de Abuela* €€
Tajiniscoba, s/n. 922 551 026.
Kennzeichen dieses Lokals: einfache kanarische Küche und eine gute Auswahl an lokalen Weinen. Mi–Mo.

**LA RESTINGA:** *Casa Juan* €
Juan Gutiérrez Monteverde, 23. 922 557 102.
Fischgerichte in allen Variationen. Auf den Tisch kommt, was das Meer an diesem Tag zu bieten hatte. Mi.

**LAS PLAYAS:** *Parador del Hierro* €€€€
922 558 036.
Ein typisches Parador-Restaurant mit überwiegend lokaler und spanischer Küche. Probieren Sie unbedingt die Käsesuppe!

**VALVERDE:** *Mirador de la Peña* €€
Ctra. de Guarazoca, 40. 922 550 300.
Eines der Trainingsrestaurants der Kette Hacensa. Angeboten werden spezielle Themenwochen, Wettbewerbe und Kochkurse. Das Essen schmeckt genauso gut wie das von ausgelernten Köchen. Di–So.

## LA PALMA

**BARLOVENTO:** *La Palma Romántica* €€€€
Ctra. Gral. Las Llanadas, s/n. 922 186 221.
Das Angebot des Hotelrestaurants lässt keine Geschmacksrichtung offen: von kanarisch über spanisch bis zu international präsentieren sich die Gerichte auf der Karte.

**BREÑA BAJA:** *La Fontana* €€
Los Cancajos. 922 434 729.
Restaurant in Strandnähe mit sehr gutem Fleisch- und Fischangebot.

**BREÑA ALTA:** *Las Tres Chimeneas* €€€
C/Buenavista de Arriba, 82. 922 429 470.
Angenehmes Restaurant; gute Küche auf der Basis regionaler Rezepte.
Mi–Mo. Mo abend und 19. Aug–25. Sep.

**GARAFÍA:** *El Bernegal* €€
C/Díaz y Suárez, 5. 922 400 480.
Exzellente kanarische und spanische Küche. Auch eine gute Auswahl vegetarischer Gerichte wird hier angeboten.
Di–So 12–17 Uhr. Mo und Juni.

**LOS LLANOS DE ARIDANE:** *San Petronio* €€
C/Pino de Santiago, 4. 922 462 403.
Gutes italienisches Restaurant. So, Mo.

**LOS LLANOS DE ARIDANE:** *La Casona de Argual* €€€
Plaza Sotomayor, 6. 922 401 816. FAX 922 401 816.
casonaargual@atensis.com
Restaurant mit außergewöhnlicher Atmosphäre. Die Küche orientiert sich an internationaler und französischer Küche. Fr–Mi. 3 Wochen im Juni.

**SANTA CRUZ DE LA PALMA:** *Pizzeria Alameda* €
C/Pérez Camacho, 3. 922 420 865.
Von typisch Kanarischem bis zu italienischen Spezialitäten – hier ist die Auswahl besonders groß.

**SANTA CRUZ DE LA PALMA:** *El Faro* €€€€
Avda. Marítima, 27. 922 412 890
Eines des beliebtesten Restaurants der Stadt. Frische Zutaten aus der Region, traditionelle Rezepte und viel Kreativität des Küchenchefs ergeben eine wohlschmeckende Mischung.

**TAZACORTE:** *Playa Mont* €€
El Puerto, s/n. 922 480 045.
Hier gibt es Fischgerichte – frisch und nach kanarischer Tradition.
Fr–Mi. Juli.

**Zeichenerklärung** siehe hintere Umschlagklappe

# LÄDEN UND MÄRKTE

WIE FAST JEDE spanische Region haben auch die Kanarischen Inseln ihre kulinarischen Spezialitäten. Viele Besucher schätzen sie als Erinnerung an den »Geschmack der Kanaren«. Vor allem Ziegenkäse, Honig, Rum, Wein und *mojo* im Glas werden häufig gekauft. Seit einiger Zeit kommen Topfpflanzen als Souvenirs in Mode; kleine Bananenbäume, Palmen und die bizarren Drachenbäume rufen später zu Hause sicher ganz besondere Assoziationen an den Ur-

**Weinetikett für Malvasía**

laub wach. Zu den beliebten Kunsthandwerksprodukten zählen Stickereien und Spitze sowie Leder-, Korb- und Tonwaren. Auffallend ist die Preisdifferenz zum spanischen Festland; das hat mit der Vergangenheit der Inseln als Freihandelszone zu tun und damit, dass die Kanaren ein eigenes Steuergebiet sind. Produkte wie Alkohol, Zigaretten, Parfüms, Sonnenbrillen und Elektronik aller Art sind im Allgemeinen auf den Inseln billiger als auf dem europäischen Festland.

**Eingang zum Einkaufszentrum von Playa de las Américas**

sache. Wer auf der Suche nach Typischem ist, kann die Läden in den kleineren Orten besuchen. Oft findet man hier Dinge, die gar nicht zum Verkauf in die großen Kaufhäuser kommen. Vor allem Lebensmittel aus der Region schmecken hier meist besser als die übliche Ware aus dem Supermarkt. In vielen Orten stößt man auch auf Künstler und Handwerker, die direkt ab Studio oder Werkstatt verkaufen.

scheinen überhaupt keine festen Geschäftszeiten zu kennen. Häufig kann man auch Lebensmittel noch bis spät nachts erwerben.

Die Öffnungszeiten sind meist nicht genau festgelegt: Nicht selten steht man einfach vor verschlossener Tür oder wundert sich darüber, dass der Laden noch offen ist. In den Dörfern läuft das Leben geregelter und langsamer ab: Läden schließen pünktlich, aber auch oft früher.

**Vase mit traditionellem Muster aus La Orotava**

## LÄDEN

SOWOHL IN den Städten als auch in den Tourismus-Hochburgen gibt es jede Menge Einkaufszentren. Hier findet man alles – von Lebensmitteln für ein Picknick über Sonnencreme und Kleidung bis zu den üblichen Mitbringseln. Oft laden Bars und Restaurants zur Pause zwischen den Einkäufen ein.

Daneben bieten in den Ferienorten ganz verschiedene kleine Läden ihre Waren an: Souvenirs, Mode, Kosmetik und auch viele elektronische Produkte. Über den Preis kann man reden – ein wenig Geschick beim Handeln kann sich auszahlen.

Überaus zahlreich sind auch die Läden mit der Aufschrift *artesanía*. Hier findet man allerlei, von Kitsch bis Kunst, oft auch solides Kunsthandwerk. Auch hier ist der Preis in der Regel Verhandlungs-

## ÖFFNUNGSZEITEN

GROSSE Einkaufszentren haben in der Regel von Montag bis Samstag zwischen 9 und 21 Uhr geöffnet; die kleineren schließen während der *siesta* zwischen 13 oder 14 und 16 oder 17 Uhr. Viele Läden in den Ferienorten

## KREDITKARTEN

DIE MEISTEN Läden in den Touristenzentren akzeptieren Kreditkarten – am häufigsten Visa und MasterCard. In ländlichen Gebieten, in kleinen Läden und auf Straßenmärkten braucht man nach wie vor Bargeld.

**Afrikanische Schnitzereien auf dem Sonntagsmarkt in Teguise**

## STRASSENMÄRKTE

MÄRKTE gehören zum Straßenbild der Kanarischen Inseln. Vor allem in den kleineren Städten sind sie nicht auf Touristen ausgerichtet, sondern versorgen vor allem die Einheimischen. Angeboten werden landwirtschaftliche Produkte und Gegenstände, die man im Haus oder auf dem Hof braucht. Die Preise sind niedriger als in den Städten. Obst, Käse und Oliven verführen auch Besucher zum Probieren und zum Kauf.

»Bazare« – so werden die Märkte häufig in größeren Städten genannt (und mit dem arabischen Namen sollen sie vor allem Touristen anlocken). Auch wenn die Preise hier relativ hoch sind, findet man doch manches schöne Stück. In größeren Städten gibt es auch wöchentliche Flohmärkte, bei denen Sammler fündig werden können.

Auf Gran Canaria und Lanzarote bieten relativ viele afrikanische Händler ihre Waren an. Diese haben zwar nichts mit den Kanarischen Inseln zu tun, und das Angebotene ist sicher auch nicht »einzigartig«. Dennoch ergibt sich hier eine gute Möglichkeit, afrikanische Handwerksprodukte in einem europäischen Land zu erstehen.

## (KUNST-)HANDWERK

ZU DEN Handwerksprodukten der Inseln gehört das *cuchillo canario*, das »Kanarische Messer«. Bezwingen Sie Ihre Kauflust – bei den strengen Kontrollen auf den Flughäfen würde es bestimmt aussortiert werden.

Ein als Souvenir beliebtes Musikinstrument der Kanaren ist die *timple*, ein Saiteninstrument, das der Ukulele ähnelt. Auch andere Gegenstände aus Holz – Schachteln, Schalen, Pfeifen und sogar Kastagnetten – werden angeboten, haben aber wenig mit den Kanaren zu tun. Korbwaren werden hier gefertigt und können ganz eigene Muster und Formen aufweisen. Art und Muster

Stände auf dem Wochenmarkt in Puerto de Mogán

Palmenhonig

von Tonwaren gehen oft auf Keramikfunde aus der Guanchen-Zeit zurück. Sie sind mit typischen Mustern versehen. Statuetten oder Vasen, Krüge und Schalen können daher ein ganz reizvolles Souvenir abgeben.

Zu den beliebtesten Textilien zählen Stickereien, geklöppelte Spitze und handgewebte Decken. Man kann oft in Werkstätten bei der Herstellung dieser Waren zuschen.

## LEBENSMITTEL

ZIEGENKÄSE gehört zu den typischen kanarischen Lebensmitteln. Der *majorero* aus Fuerteventura und der *herre* aus El Hierro zählen zu den bekannten Sorten. Vor allem in kleineren Orten bekommt man manchmal die Gelegen-

Haupteinkaufsstraße in Las Palmas

heit, ganz besondere lokale Erzeugnisse zu kosten und auch zu kaufen.

Unter den Alkoholika sind kanarischer Rum und seine mildere Variante *ron miel*, aber auch Malvasía (siehe S. 167) begehrte Mitbringsel. Lokale Weine der Inseln werden zwar in manchen Lokalen ausgeschenkt, haben aber nie große Bekanntheit erlangt.

Eine andere Spezialität ist *guarapo*, Zuckerrohrsaft aus La Gomera, der durch Rühren oder Erhitzen zu Sirup eingedickt wird. Auch die allgegenwärtigen grünen oder roten scharfen Saucen, *mojos* genannt, sind im Glas ein beliebtes Mitbringsel. Man bekommt mehrere Sorten von ihnen in jedem Supermarkt. Supermärkte eignen sich überhaupt am besten, um Lebensmittel zum Mitnehmen einzukaufen. Die Auswahl ist groß, die Preise sind angemessen.

Bekannt sind die Zigarren aus La Palma, die *puros palmeros*. Sie sind zwar nicht ganz so berühmt wie die kubanischen, Kenner schätzen sie jedoch, und selbst der königliche Hof in Madrid kauft sie.

Ein anderes Souvenir sind *estrelitsias* (Strelizien oder Paradiesblumen). Sie werden oft am Flughafen angeboten und erinnern zu Hause noch zwei bis drei Wochen lang an den Urlaub.

# UNTERHALTUNG

URLAUB IST Erholung und Spaß – folglich finden Sie in den Ferienorten zahlreiche Veranstaltungsangebote, die zur Unterhaltung von Jung und Alt ersonnen wurden. Vom Volkstanz bis zur *Lucha Canaria (siehe S. 23)*, dem kanarischen Ringkampf, gibt es einiges an Traditionen und Bräuchen zu sehen. Die moderne Form des abendlichen Amüsements findet in unzähligen Bars, Nachtklubs, Kasinos und Diskotheken statt. Kino, Theater und Konzerte können Sie allerdings fast nur in größeren Städten besuchen.

Für den Spaß untertags ist überall gesorgt: Zoos, Parkanlagen und botanische Gärten bieten wilde Tiere und exotische Pflanzen. Ausflüge mit dem (Glasboden-)Boot machen mit dem faszinierenden Leben unter Wasser bekannt. Die vielen Wasserparks lassen vor allem Kinderherzen höher schlagen, bieten aber auch für Erwachsene viele Vergnügen.

**Schild des Parque Las Aguilas**

**Kasino im Hotel Santa Catalina**

## INFORMATION

ZEITEN, ORTE UND PREISE von Konzerten und anderen Veranstaltungen finden Sie – wie überall – in den Lokalzeitungen. Fast jedes Event wird aber auch auf großen Plakaten angekündigt – Sie müssen nur die Augen offen halten. Bei den Informationsstellen der Fremdenverkehrsämter und in Hotels liegen meist Prospekte und Flyer aus.

## NACHTLEBEN

ZAHLREICHE Nachtklubs, Diskos, Kasinos und Karaoke-Bars werben in den Urlaubsorten um Gäste – wer sich ins Nachtleben stürzen will, hat also die volle Auswahl. Zwar gibt es in einigen Städten seit kurzem Auflagen hinsichtlich der Lärmbelästigung, die jedoch wenig Wirkung zeigen.

Auf den Inseln findet man zwei Arten von Bars: Eine *taberna* hat meist den ganzen Tag über geöffnet; hier trinkt man Bier oder Wein und bekommt auch etwas zu essen. Oft sind diese Bars am frühen Abend sehr belebt. In Spanien gehört es einfach dazu, den Abend mit Freunden bei einem Glas Wein zu beginnen. Eine *cervecería* dagegen ist mehr auf das Nachtleben ausgerichtet. Wein gibt es hier selten, dafür spielt Musik, und oft kann man auch tanzen.

Diskotheken öffnen spät und haben bis 5 Uhr morgens geöffnet. Voll werden sie meist erst um 1 Uhr, wenn die anderen Lokale schließen.

## UNTERHALTUNG AM TAG

LANGEWEILE kann auch tagsüber nicht aufkommen. Bootsausflüge werden überall angeboten. Eine Fahrt mit dem Glasbodenboot oder mit einem Tauchboot ist spannend. Es gibt auch Trips, die zur Delfin- oder Walbeobachtung aufs Meer hinausführen (im Preis ist meist ein Mittagessen an Bord inbegriffen).

An Land kann man eine »Safari« mit dem Jeep unternehmen oder die Landschaft vom Rücken eines Dromedars aus erkunden.

Für jüngere Gäste gibt es eine Anzahl von Wasserparks mit Rutschen und Karussellen. Zoologische und botanische Gärten wie **Palmitos Parque** und **Loro Parque** veranstalten lustige Shows mit Papageien und Delfinen, die speziell Kinder ansprechen.

## KINO UND THEATER

NUR IN größeren Städten gibt es Kinos und Theater. Meist werden internationale Filmproduktionen gezeigt – in der Regel in der spanischen Synchronfassung.

**Im Loro Parque auf Teneriffa führen Seelöwen ihre Kunststücke vor**

**Auf dem Filmfestival in Las Palmas**

## MUSIK UND KONZERTE

DIE GRÖSSTE Musikveranstaltung auf den Kanarischen Inseln ist **Womad** (World of Music, Arts and Dance), eines der bekanntesten Festivals für Weltmusik, das jedes Jahr im November im Parque Santa Catalina von Las Palmas de Gran Canaria stattfindet. Ex-*Genesis*-Sänger Peter Gabriel rief das Projekt 1982 ins Leben. Ebenfalls auf Gran Canaria, in Playa del Inglés, wird im Februar das Popfestival **Atlántica** veranstaltet.

Nicht nur Jazz-Freunden bietet das **Festival Internacional Canarias Jazz & Mas Heineken** Konzerte auf allen Inseln (außer La Gomera und El Hierro).

Wer klassische Musik hören will, findet Konzertsäle in Las Palmas de Gran Canaria und Santa Cruz de Tenerife. Ende Januar/Anfang Februar wird ein Festival klassischer Musik abgehalten. Hauptveranstaltungsorte sind das **Auditorio Alfredo Kraus** (Las Palmas de Gran Canaria) und das **Teatro Guimerá** (Santa Cruz de Tenerife).

Das ganze Jahr über kann man in vielen großen Hotels diverse Flamenco- und Volkstanzdarbietungen sehen.

## EVENTS UND FESTIVALS

DAS ATTRAKTIVSTE Event auf den Kanaren ist natürlich der Karneval im Februar/März. Die Umzüge und Feiern in Santa Cruz de Tenerife werden oft mit denen von Rio de Janeiro verglichen.

Agüimes auf Gran Canaria ist alljährlich in den ersten drei Septemberwochen der Schauplatz für ein ungewöhnliches Theaterfestival. Beim Encuentro Teatral Tres Continentes, auf der Insel auch Festival del Sur genannt, spielen Gruppen aus Europa, Afrika und Lateinamerika ihre Stücke.

Beim Festival Internacional de Cine in Las Palmas (März/April) werden internationale Filmproduktionen gezeigt; auch europäische, afrikanische und lateinamerikanische Filme sind vertreten. Eine eigene Sparte gilt dem kanarischen Film bzw. Filmen, die sich mit den Kanaren beschäftigen.

**Ein Kachelbild erinnert an den Karneval 1981**

## FIESTAS

FIESTAS, die Feste zu Ehren eines Schutzpatrons, sind religiösen Ursprungs: Im Zentrum steht meist die Prozession, bei der die Heiligenfigur durch die Straßen getragen wird. Daneben bilden Fiestas aber auch Anlass für allerlei Feierlichkeiten, von Paraden bis zu Tanz und Rummel. Gefeiert wird oft einige Tage lang; in dieser Zeit haben alle Läden und auch viele Restaurants und Bars geschlossen.

**Volkstanzgruppe auf Gran Canaria**

# SPORT UND AKTIVURLAUB

DAS KLIMA auf den Kanarischen Inseln bietet ideale Voraussetzungen für Unternehmungen im Freien. Wer das Sonnenbaden durch Aktivitäten ergänzen will, findet unter den zahlreichen Möglichkeiten und Angeboten bestimmt etwas für sich. Alle Arten von Wassersport bieten sich natürlich an. Pozo Izquierdo auf Gran Canaria ist

**Windsurfer auf Fuerteventura**

einer der weltbesten Plätze für Windsurfen. Das Meer vor den Inseln bietet attraktive Tauchgründe. Teneriffa, aber auch die anderen Inseln haben ideale Orte zum Paragliden. Ob Golf, Tennis, Reiten, Wandern, Radfahren oder Mountainbike-Touren – für alle erdenklichen Sportarten finden sich hier einzigartige Möglichkeiten und auch professionelle Hilfestellung.

**Der Golfplatz Caldera de Bandama auf Gran Canaria**

## JOGGEN

WER LAUFEN will, kann dies auf den Kanaren fast überall tun: im tiefen Sand am Strand entlang oder auf der Strandpromenade. Auch im Inselinneren findet jeder eine Strecke, obwohl es in den Bergregionen manchmal steil ist. Denken Sie daran: In der Mittagszeit brennt die Sonne selbst im Winter oft heftig. Die beste Zeit zum Joggen ist der frühe Morgen oder die Zeit vor Sonnenuntergang.

## WANDERN

EINE EXTREM abwechslungsreiche Landschaft und das zu jeder Jahreszeit gemäßigte Klima machen die Kanarischen Inseln zum Wanderparadies. Es gibt zahlreiche Nationalparks und Naturschutzgebiete; Tipps für die attraktivsten Wanderwege erhalten Sie in einer der Informationsstellen.

Die Nationalparks (darunter vor allem Garajonay auf La Gomera) bieten zahlreiche ausgewiesene Routen aller Schwierigkeitsgrade. Die

Wege, die um eine Insel herumführen, sind – gerade für weniger Geübte – oft die beste Empfehlung. Sie sind meist nicht allzu schwierig, auch wenn viele Routen felsiges Terrain passieren.

Wer zwischen hohen Bergen und Tälern unterwegs ist, sollte die üblichen Regeln beachten: In höheren Lagen kann es selbst im Sommer recht kalt werden – nehmen Sie also warme Kleidung mit.

**Beim Wandern auf La Gomera**

Wasser, etwas zu essen und eine Sonnencreme mit hohem Lichtschutzfaktor sollten in keinem Rucksack fehlen.

## GOLF

GOLFPLÄTZE gibt es auf Gran Canaria, La Gomera, Lanzarote und Teneriffa; zu den bekanntesten zählen der Maspalomas Golf Club auf Gran Canaria und Golf del Sur auf Teneriffa. Schon 1891 wurde der Real Club de Golf de Las Palmas gegründet, er ist damit der älteste Klub außerhalb Großbritanniens. Golf spielen kann man auf den Kanarischen Inseln das ganze Jahr über. Die meisten Klubs sind auf Gäste eingerichtet, selbstverständlich kann man die Ausrüstung auch ausleihen.

## TENNIS

VIELE HOTELS haben sehr gepflegte Tennisplätze, manche sind sogar abends mit Flutlicht bespielbar. In der Regel kann man die Plätze auch dann buchen, wenn man nicht Hotelgast ist. Trainer stehen überall zur Verfügung, Schläger kann man sich ausleihen. Informationen zu gezielten Tennisurlauben bekommt man von der Real Federación Española de Tenis.

Auch Squash-Spieler finden einige Hallen auf den Inseln vor, die meisten innerhalb der großen Hotelanlagen.

## REITEN

REITEN IST kein typischer kanarischer Sport. Für Pferdehufe ist das Gelände fast überall auf den Inseln zu steinig – nicht ganz zufällig gab es früher eher Esel oder Dromedare als Arbeitstiere in der Landwirtschaft.

Dennoch kann man natürlich auch hier am Strand entlanggaloppieren; einige Veranstalter bieten kurze Ausritte auch für Anfänger an. Allein mit einem Pferd loszuziehen ist allerdings so gut wie nirgendwo möglich. Man reitet in der Regel in einer kleinen Gruppe mit einem erfahrenen Reitlehrer, der Pferde und Gegend kennt.

Zu den interessantesten Gebieten für Reiter zählen die Nationalparks, vor allem der Parque Nacional de Garajonay auf La Gomera.

**Auf dem Pferderücken am Strand von Valle Gran Rey entlang**

## RADFAHREN

DAS GEBIRGIGE Terrain der Inseln ist für ambitionierte Radfahrer eine Herausforderung. Oft sieht man Gruppen der schnellen Flitzer auf den steilen Straßen, die zu Gebirgspässen führen. Da Radfahrer, die das Tempo lieben, sich die Straßen mit Autos teilen müssen, ist das Vergnügen auch auf den Kanaren nicht ganz ungefährlich.

Wer auf Tempo verzichtet und ein Rad mit stabilen Reifen und festem Rahmen wählt, kann auf den Kanarischen Inseln ganz besondere Erfahrungen machen. Mit einem Führer ist es möglich,

**Yachten im Hafen von Puerto de Mogán**

selbst die abgelegensten Gebiete zu befahren – vorausgesetzt man bringt die nötige Kondition mit. Die Nationalparks sind für solche Unternehmungen am besten geeignet. Diverse Veranstalter bieten Touren an; der Transport zum Start- bzw. Endpunkt und die Leihgebühr für das Rad sind im Preis inbegriffen.

Auch für weniger sportliche Menschen ist das Fahrrad auf den Inseln ein ideales Transportmittel – leider sind die Stellen, wo man die nützlichen Zweiräder ausleihen kann, ziemlich dünn gesät.

## SEGELN

FAST AN jeder Küstenseite gibt es einen Hafen. Seit Kolumbus waren diese Zwischenstopps auf der Transatlantikroute wichtig; auch heute noch liegen in den Marinas Yachten aus allen Ländern vor Anker. Auf den Kanaren kann man sein Boot überholen lassen, Vorräte kaufen oder noch einmal vor der großen Überfahrt Land betreten.

Zum Segeln sind die Bedingungen um die Kanarischen Inseln das ganze Jahr über ideal. Mit dem entsprechenden Segelschein ist es einfach, eine Jolle, einen Katamaran oder eine Yacht zu chartern. Wer den Schein nicht besitzt, kann sich einen Tag oder auch länger auf eine Fahrt mit Kapitän begeben.

Wer die Gelegenheit nutzen möchte, einen Anfängerkurs für Segeln zu machen, ist hier goldrichtig. Auf allen Inseln gibt es mehrere Segelschulen. Erwachsene dürfen auf Katamaranen üben. Kinder lernen – wesentlich sicherer – auf kleinen Jollen, die geschützt in Buchten liegen.

## ANGELN

DIE GEWÄSSER rund um die Kanarischen Inseln sind voller Fische, die jeden Angler faszinieren. Zwar greifen seit einiger Zeit Regulierungen, die das Angeln einschränken, aber es gibt auf fast jeder Insel Angebote zum Hochseeangeln. Einmal im Jahr findet sogar ein Wettbewerb für die Jagd auf Marline statt. Die aussichtsreichsten Fangplätze für Marline liegen im Gebiet um die Isla Graciosa nördlich von Lanzarote. Zu den anderen großen Fischen, die hier anbeißen, zählen Thunfische, Barrakudas und kleine Haie. Man kann ein Boot mieten oder sich einer Tour anschließen – die Ausrüstung wird gestellt. Der Spaß ist nicht preiswert, aber garantiert aufregend.

**Ein Stopp am Castillo Santa Bárbara bei Teguise**

## PARAGLIDING

GLEITSCHIRMFLIEGEN gehört zu den aufregenden Betätigungen. Ob man von steilen Klippen oder von sanften Hängen aus startet – der Blick von oben bleibt gleich spektakulär. Vor allem auf Gran Canaria und Teneriffa gibt es viele Zentren für diesen Sport, allein auf Teneriffa über 40. Für Anfänger werden Kurse angeboten; in der Regel finden diese im Inselinneren statt, da hier stabilere Luftverhältnisse mit Aufwinden herrschen. Bei günstigen Bedingungen kann man so über die ganze Insel gleiten.

Weniger Können setzt der Spaß voraus, der an vielen Stränden angeboten wird: Man kann den Gleitschirm vom Motorboot ziehen lassen.

## MOTORSPORT AUF DEM WASSER

MOTORBOOTRENNEN sieht man auf den Inseln eher selten, dafür kann man an vielen Orten Jetskis mieten. Beliebt sind auch Wasserskis; weniger Wagemutige und Kinder haben Spaß daran, sich auf großen Gummiobjekten von Motorbooten über das Wasser ziehen zu lassen.

## TAUCHEN

ZUM SCHNORCHELN und Tauchen sind die klaren Gewässer um die Inseln geradezu ideal. Unter Wasser kann man Rochen, Barrakudas, Schildkröten und eine Vielzahl tropischer Fischarten bestaunen; selbst kleine (ungefährliche) Haie sind absolut keine Seltenheit.

**Mit dem Gleitschirm hinterm Boot bei den Klippen von Los Gigantes**

In jedem Ferienort gibt es eine Anzahl von Veranstaltern und Tauchzentren *(centro de buceo)*; hier bekommt man die Ausrüstung gestellt und kann Kurse für jeden Schwierigkeitsgrad buchen. Um ohne Lehrer mit Geräten zu tauchen, ist auch in Spanien ein Tauchschein erforderlich: Akzeptiert werden u.a. PADI, CUC, CMAS/FEDAS und SSI. Es geht auch ohne: Schon Schnorcheln entlang den Felsküsten ist ein Erlebnis.

## WINDSURFEN

WIND GIBT es reichlich auf den Kanaren; dazu ist das Wasser das ganze Jahr hindurch warm – kein Wunder, dass Windsurfen zu den beliebtesten Sportarten zählt. Es gibt in fast jedem Ferienort eine Reihe von Zentren, wo man Bretter mieten kann oder die Kunst erlernt, darauf zu stehen.

Anfänger sollten unter den Augen eines Lehrers unbedingt in geschützten Buchten bleiben. Für Könner (oder *windsurfistas*, wie sie hier genannt werden) bieten sich vor allem die Strände Playa

de la Jacite auf Teneriffa, Playa de Sotavento auf Fuerteventura und Pozo Izquierdo auf Gran Canaria an. Hier werden auch internationale Wettbewerbe ausgetragen.

Auch wenn Sie noch so sicher auf dem Brett sind – denken Sie daran: Sie surfen im Atlantik, und der kann gefährlich werden. Der Wind erreicht oft hohe Geschwindigkeiten (am stärksten weht er zwischen April und September). Auch die Wellen sind nicht zu unterschätzen und im Winter sehr hoch. Erkundigen Sie sich unbedingt nach den Strömungen.

*Windsurfistas* – die Windverhältnisse vor den Inseln sind ideal

## SURFEN

AN FAST ALLEN Stränden der Kanaren sieht man Menschen, die mit kleinen Brettern auf den Wellen experimentieren und viel Spaß dabei haben. Schulen, in denen man das Surfen erlernen kann, sind dagegen selten. An Orten, die besonders günstige Bedingungen zum Wellenreiten bieten (wie etwa Maspalomas auf Gran Canaria), kann man Surfboards auch mieten.

Bei den jungen Insulanern ist Surfen ein beliebter Sport. Wer die Bedingungen um die Inseln jedoch nicht genau kennt, sollte Vorsicht walten lassen. Vor allem an den Nordküsten sind die Wellen oft höher, als sie vom Ufer aus scheinen. Strömungen können recht trügerisch sein, und es gibt oft unter Wasser verborgene Felsen.

**Tauchen – eine der populärsten Sportarten auf den Kanaren**

## AUF EINEN BLICK

### GOLF

**Amarilla Golf & Country Club**
Urb. Amarilla Golf,
San Miguel de Abona.
☎ 922 730 319.
FAX 922 785 557.

**Campo de Golf Maspalomas**
Avda. Touroperadores
Neckermann, s/n,
Maspalomas.
☎ 928 762 581.
FAX 928 768 245.

**Golf Costa Teguise**
Urb. Costa Teguise.
☎ 928 590 512.
FAX 928 592 337.
w www.lanzarote-golf.com

**Golf del Sur**
Urb. Golf del Sur,
San Miguel de Abona,
Autopista del sur.
☎ 922 738 170.
FAX 922 738 272.

**Golf las Américas**
Playa de las Américas.
☎ 922 752 005.
FAX 922 795 250.
w www.golf-tenerife.com

**Real Club de Golf de Las Palmas**
Ctra. de Bandama,
Santa Brígida.
☎ 928 350 104.
FAX 928 350 110.
w www.realclubdegolf
delaspalmas.com

### REITEN

**Asociación Club Hípica de Gran Canaria**
C/León y Castillo, 47,
Las Palmas de Gran Canaria.

**Centro Hípico Los Brezos**
Camino Candelaria Monte,
Tacoronte.
☎ 922 567 222.

**Círculo Hípico Manivasán**
C/Terra, 5, El Paso.
☎ 922 486 312.

**Lanzarote a Caballo**
Ctra – Arrecife – Yaiza, 17 km.
☎ 928 830 314.
FAX 928 813 995.

**Mamio Verde**
Cuadras de Pino Alto, 39,
La Orotava.
☎ 922 333 508.
FAX 922 322 504.

**Sociedad Hípica Miranda**
Miranda de Abajo,
Breña Alta.
☎ 922 437 696.
FAX 922 181 392.

### RADFAHREN

**Bike Station Gomera**
La Puntilla, 7,
San Sebastián de la Gomera.
☎ 922 805 082.

**Bike'n Fun**
C/Calvo, 20,
Los Llanos de Aridane.
☎ 922 401 927.

**Pemai**
Avda. Marítima, 9,
Tazacorte.
☎ 922 408 106.

**Tommy's Bikes**
C/Goleta, 16, Costa Teguise.
☎ 928 592 327.
FAX 928 592 220.

### SEGELN

**Club de Deportes Náuticos Barlovento**
Puerto Deportivo »San
Miguel«, San Miguel,
Las Palmas de Gran Canaria.
☎ 922 691 482.
FAX 922 691 492.
@ barlo@idecnet.com

**Club de Mar de Radazul**
Avda. Marítima,
Radazul – El Rosario.
☎ 922 681 099.
w www.
clubmradazul.com

**Real Club Náutico de Gran Canaria**
C/León y Castillo, 308,
Las Palmas de Gran Canaria.
☎ 928 234 566.
FAX 922 273 117.
w www.rcngc.com

**Real Club Náutico de Tenerife**
Avda. Francisco La Roche,
s/n, Santa Cruz de Tenerife.
☎ 922 273 700.
w www.rcnt.es

### ANGELN

**Anglers' Association**
C/San Sebastián, 76.
Santa Cruz de Tenerife.
☎ 922 226 771.

### PARAGLIDING

**Aeroclub Maspalomas**
☎ 922 762 447.

**Asociación Deportiva Palmaclub**
C/Mauricio Duque Cama-
cho, 21. Puerto Naos.
☎ 922 408 172.
@ palmaclub
@softhome.net

**Escuela de Parapente »IZAÑA«**
Güímar.
☎ 922 524 526.

**Escuela Parapente Palmasur**
C/La Cruz, 2. Los Quemados.
☎ 922 444 034.

**Guelillas de el Hierro**
C/Doctor Quintero, 23,
Valverde.
☎ 922 551 824.

**Libertad Tacoronte**
Pabellón de Deportes,
C/Perez Reyes, Tacoronte.
☎ 922 563 251.

**Paraclub of Gran Canaria**
C/León y Castillo, 244, Las
Palmas de Gran Canaria.
☎ 928 157 000.
FAX 928 157 073.

### TAUCHEN

**Blue Explorers Dive Centers**
Avda. de Tirajana, 24,
Playa del Inglés.
☎ 928 774 539.
w www.blue-
explorers.com

**Centro de Buceo las Toninas**
Aptos. Playa Flamingo,
Playa Blanca.
☎ 928 517 300.
w www.
divingtoninas.com

**Club Barakuda**
Playa Paraíso, Adeje.
☎ 922 741 881.
w www.tauchen-auf-
teneriffa.com

**Club Manta Sub**
Puerto Colón, 125.
Playa de las Américas.
☎ 922 715 873.
@ mantasub@ctv.es

**Dive Center**
C/Nuestra Señora del Pino,
22, Corralejo.
☎ 928 535 906.
w www.
divecentercorralejo.com

**El Submarino**
Avda. Marítima, 2,
La Restinga.
☎ 922 557 068.

### WINDSURFEN

**Centro Insular de Deportes Marítimos de Tenerife**
Ctra. a San Andrés.
☎ 922 240 945.

**Fanatic Fun Center**
Caleta de Fustes.
☎ 928 535 700.

**Flag Beach Windsurf Centre**
General Linares, 31,
Corralejo.
☎ 928 866 389.

**Pro Center René Egli – Windsurf & Kiteboarding**
Hotel Sol Los Gorriones,
Sotavento.
☎ 928 547 483.
w www.rene-egli.com

**Sport Away Lanzarote**
Calle de las Olas –
Plaza de Tenerife,
Puerto de Tahiche.
☎ 928 590 731.
w www.sportaway-
lanzarote.com

# GRUND-INFORMATIONEN

# Praktische Hinweise

DAS WUNDERBAR warme, »afrikanische« Klima macht die Kanaren ganzjährig zu einem begehrten Reiseziel. Mit gewaltigen Investitionen wurde hier ein Ferienparadies geschaffen, dessen Infrastruktur Millionen von Besuchern und Gästen genießen: Es gibt zahlreiche Hotels und Unterkünfte für jeden Geschmack, vielfältige Attraktionen und charmante Freizeitangebote. Regelmäßig fliegen Charterlini-

Logo der Insel Lanzarote

en die Inseln an. Exzellente und detaillierte Angebote – vor allem im Internet – machen die Planung eines Urlaubs zur reinen Freude. Leicht findet jeder die gewünschten Infos über Hotels, Mietwagen und Touren – selbstverständlich mit Reservierungs- und Buchungsmöglichkeit. Buchen Sie rechtzeitig, denn die Kanaren sind im Sommer und im Winter voll. Übernachtungen ohne Reservierung sind schwierig.

## REISEZEITEN

DIE KANARISCHEN INSELN sind das ganze Jahr über beliebt: Von Januar bis Dezember ermöglicht das milde Klima hier einen erholsamen Urlaub. Vor allem in den Wintermonaten findet sich eine verschworene Fan-Gemeinde ein: Warum nicht einmal Weihnachten ohne Schal auf den Kanaren verbringen?

Aber natürlich ist auch der Sommer eine sehr beliebte Reisezeit: Im Juli und August sind die Inseln voller badelustiger Urlauber. In den letzten Jahren stiegen die Besucherzahlen auch im Frühling stark an; nur im späten Herbst ist es noch etwas ruhiger.

Die Kanarischen Inseln bieten jedoch nicht nur Sonne und Strände: Zu den größten Attraktionen gehört der Karneval. Vor allem die Umzüge in Santa Cruz de Tenerife oder in Las Palmas de Gran Canaria ziehen Tausende von Schaulustigen an. Neben dem Karneval gehören die farben-

prächtigen Fiestas wie die Bajada de la Virgen de las Nieves in Santa Cruz de La Palma zu den populären Events.

## EINREISE

BÜRGER AUS EU-Staaten und der Schweiz benötigen für die Einreise lediglich einen Personalausweis oder einen Reisepass, der für einen Aufenthalt von maximal 90 Tagen berechtigt. Kinder sollten im Pass ihrer Eltern eingetragen sein oder über ein eigenes Dokument verfügen. Bürger aus Nicht-EU-Staaten erhalten ihr Visum in der Regel bei der Einreise. Fragen Sie in Zweifelsfällen im Spanischen Konsulat Ihres Heimatlandes nach.

Für Mietwagenverträge und Autofahrten reicht es, den nationalen Führerschein mitzubringen. Denken Sie daran, die Internationale Grüne Versicherungskarte mitzunehmen.

**Urlauber an einem Aussichtspunkt**

## ZOLL

OBWOHL DIE KANAREN als Teil Spaniens voll zur EU gehören, waren sie bis 1992 zollfreies Gebiet. Heute sind die Inseln zwar Teil des EU-Zollgebiets, nicht jedoch des Steuergebiets. Es gelten die Freimengen und Freigrenzen wie für Drittländer außerhalb der EU.

Frei von Zollabgaben sind pro Person (Mindestalter 17 Jahre) 200 Zigaretten oder 50 Zigarren sowie ein Liter Spirituosen (über 22 % vol.) oder zwei Liter Wein oder Sekt. Weiterhin abgabenfrei sind 500 Gramm Kaffee, 250 Milliliter Eau de Toilette sowie Waren (Souvenirs) im Wert von bis zu 175 Euro.

Häufig gibt es Probleme mit dem Washingtoner Artenschutzabkommen: Tiere bzw. Produkte aus Tieren und Pflanzen stehen weitgehend unter Schutz und dürfen auf keinen Fall ohne Genehmigung mitgenommen werden.

**Farbenprächtige Parkbank in Santa Cruz de Tenerife**

**Nachtleben von Maspalomas auf Gran Canaria**

## SPRACHE

AUF DEN KANAREN spricht man Spanisch. Zwar gibt es leichte dialektale Unterschiede zwischen dem Festlandsspanisch und dem der Inseleinwohner, doch spielen diese für den Besucher keine Rolle.

Im touristischen Bereich sind Deutsch und Englisch die gängigen Zweitsprachen. Fast alle Schilder, Hinweise und Speisekarten sind mehrsprachig.

Wie in jedem anderen Land auch ist es hilfreich, wenigstens ein paar Höflichkeitsformeln und Standardausdrücke in der Landessprache zu beherrschen. Auf den Seiten 207f finden Sie einen hilfreichen Sprachführer.

## INFORMATION

ÜBERALL AUF den Kanarischen Inseln finden Sie Informationsbüros: In allen größeren und vielen kleineren Städten gibt es eine *oficina de turismo*. Hier erfahren Sie alles Wissenswerte über den Ort, seine Attraktionen sowie über Hotels und Privatunterkünfte (inklusive *casas rurales)* – und natürlich über alle Veranstaltungen.

Die Mitarbeiter in den Touristeninformationen versorgen Sie mit allen Faltblättern und Prospekten der Region, mit praktischen Hinweisen, Kar-

**Prospekte zu den Attraktionen der Inseln**

ten und Tipps für die schönsten Touren zu Sehenswürdigkeiten in der Gegend.

Die meisten Prospekte bieten hervorragende Informationen: topaktuell, ortskundig, oft mit Coupons für bestimmte Läden – und das meist in mehreren Sprachen.

In Ihrem Heimatland bieten die Spanischen Fremdenverkehrsämter gute und qualifizierte Informationen und Hilfe. Die wichtigsten Adressen und Daten finden Sie im nebenstehenden Kasten.

Eine der besten Informationsquellen stellt das Internet dar. Es gibt kaum eine Ferienregion, die so gut und detailliert im Internet dargeboten ist wie die Kanarischen Inseln. Jede der Inseln, viele Regionen und zahlreiche größere und kleinere Städte haben ihren eigenen Auftritt im Netz.

Das Spanische Fremdenverkehrsamt *Turespaña* betreibt eine eigene Homepage (www.spain.info) mit zahlreichen nützlichen Informationen in vier Sprachen. Hier finden Sie die Fremdenverkehrsämter aller spanischen Ortschaften, viele Hotels, Campingplätze und touristische Attraktionen.

Informieren Sie sich vorab über Ihr Reiseziel, die Insel, mögliche Hotels, Attraktionen und Veranstaltungen. Es macht auch Spaß, die vielen Erlebnisberichte zu lesen, die Urlauber ins Netz gestellt haben.

---

## AUF EINEN BLICK

### INFORMATION

Viersprachiges Haupt-Portal
W www.spain.info

### D/A/CH

Kurfürstendamm 63, 10707 Berlin.
C (030) 882 65 43.
FAX (030) 882 66 61.
Schubertstr. 10, 80336 München.
C (089) 530 74 60.
FAX (089) 530 74 620.
Walfischgasse 8, 1010 Wien.
C (01) 512 95 80.
FAX (01) 512 95 81.
Seefeldstr. 19, 8008 Zürich.
C (01) 252 79 30.
FAX (01) 252 62 04.

### Gran Canaria

C/León y Castillo, 17,
35003 Las Palmas de Gran Canaria.
C 928 219 600.
W www.grancanaria.com
W www.ecoturismocanarias.com

### Fuerteventura

Avenida de la Constitución, 5,
35600 Puerto del Rosario.
C 928 530 844.
W www.fuerteventuraturismo.com

### Lanzarote

Muelle de los Mármoles, s/n.
35500 Arecife.
C 928 801 326.
W www.turismolanzarote.com

### Teneriffa

Plaza de España, 1,
38002 Santa Cruz de Tenerife.
C 922 239 811.
W www.canarias-turismo.com

### La Gomera

C/Real, 4,
38800 San Sebastián de La Gomera.
C 922 141 512.
W www.gomera-island.com

### El Hierro

C/Dr. Quintero Magdalena, 4,
38900 Valverde.
C 928 550 302.
W www.elhierro.es

### La Palma

C/O'Daly, 22,
38700 Santa Cruz de La Palma.
C 922 412 106.
W www.lapalmaturismo.com
W www.la-palma-turismo-rural.de

**Bummel unter Palmen auf dem Paseo de las Canteras in Las Palmas**

## STUDENTEN UND JUNGE REISENDE

MIT DER International Student Identity Card (ISIC) oder der EURO<26-Karte erhält man auf den Kanarischen Inseln vielerlei Vergünstigungen, z. B. für Fähren, in Museen oder bei anderen Gelegenheiten. Reisebüros bieten spezielle Preise für Studenten und junge Leute.

Sie erhalten die EURO<26-Karte entweder an Ihrem Heimatort oder auch auf Teneriffa und Gran Canaria (Ausweis nicht vergessen!). Für die ISIC-Karte müssen Sie ein Vollzeitstudium nachweisen. Also: Zu Hause beantragen!

## KINDER

DIE KANARISCHEN INSELN sind ein wahres Familienparadies: Kinder sind überall willkommen. Die Inseln haben sich auch gut auf ihre kleinen Gäste vorbereitet: An vielen Stränden gibt es Spielplätze, und die zahlreichen Freizeitparks und Zoos haben Programme mit Papageien und Delfinen, die gerade bei Kindern sehr gut ankommen.

Viele Reiseveranstalter bieten spezielle Familienreisen an, bei denen auch Ausflüge mit Kindern, Wettbewerbe, Spiele und ganztägige Kinderbetreuung inbegriffen sind. So können gestresste Eltern ihren wohlverdienten Urlaub ganz entspannt genießen.

Praktisch in fast jedem Restaurant der Kanarischen Inseln gibt es Kinderportionen, Kinderstühle bzw. Hochsitze, manchmal auch Spielzeug und eine Überraschung für jeden kleinen Gast.

## BEHINDERTE REISENDE

FÜR BEHINDERTE sind die Kanarischen Inseln nicht gerade das Paradies: Die meisten Restaurants und Hotels sind z. B. nicht für Rollstuhlfahrer ausgelegt. Auch die romantischen gepflasterten Straßen und Gassen bieten Rollstuhlfahrern so manches Hindernis. Organisierte Rundfahrten und Besichtigungen, meistens mit dem Bus durchgeführt, sind für Behinderte leider häufig nicht möglich.

**Zeichen für Behindertenparkplätze**

Fragen Sie vor jeder Buchung genau nach den Einrichtungen, die ein ins Auge gefasstes Hotel für Sie bietet.

Die »Confederación Coordinatora Estatal de Minusválidos Físico de España« (COCEMFE) berät behinderte Reisende bei der Auswahl und Planung ihrer Reise auf die Kanarischen Inseln. Überaus hilfreich kann in diesem Fall auch die Internetseite von »Viajes 2000« sein.

## TOUREN UND AUSFLÜGE

ZAHLREICHE Veranstalter bieten Urlaubsgästen eine Vielzahl von Touren, Ausflügen und Besichtigungsfahrten an. Die Spannweite reicht von Wüsten-Safaris mit dem Jeep über Kamelausritte, Angeln, Wanderungen, Unterwasserfahrten oder Ausflüge mit dem Glasbodenboot bis zu Führungen durch die Nationalparks oder Besuchen von Palmitos Parque oder Loro Parque. Die meisten Gäste der Kanaren besuchen nur ein oder zwei größere Inseln; für Ausflüge auf die kleineren Inseln gibt es zahlreiche Fährverbindungen, z. B. von Fuerteventura auf die Isla de los Lobos.

Für alle Arten von Touren gibt es zahlreiche Alternativen: Beim Fremdenverkehrsamt und an der Hotelrezeption findet man Dutzende von Prospekten und Vorschlägen. Ein- und mehrtägige Touren zu den unterschiedlichsten Zielen werden angeboten: Fahrten aufs Meer, ins Hinterland oder spezielle »Themenfahrten« (Kunsthandwerk, Natur), aber auch Shows, Nachtklubs, Diskotheken und Karaoke-Wettbewerbe können in der Gruppe besucht werden.

Die meisten Tagestouren sind preislich angemessen und schließen in der Regel Verpflegung in einem Restaurant ein.

**Minigolf – beliebt bei Groß und Klein**

# OFICINA DE TURISMO

Schriftzug eines lokalen Tourismusbüros

## ZEIT

AUF DEN KANARISCHEN INSELN gilt die Greenwich Mean Time (GMT) – dies bedeutet, dass die Kanaren eine Stunde »hinter« der Mitteleuropäischen Zeit (MEZ) des spanischen Festlands liegen. Die Sommerzeit gilt vom letzten Märzsonntag bis zum letzten Oktobersonntag – wie überall in Europa.

Schilder zu Wanderwegen im
Parque Nacional de Garajonay

## STROMSPANNUNG

ÜBERALL AUF den Kanaren kommt der Strom mit 230 V und 50 Hz aus der Steckdose (wie in ganz Europa). Normale zweipolige Eurostecker passen immer; ein Adapter ist nicht nötig.

## RELIGION

WIE AUF dem spanischen Festland sind die Bewohner der Kanarischen Inseln mehrheitlich römisch-katholischen Glaubens. Das wird vor allem am Festtagskalender der Inseln deutlich: Alle katholischen Feiertage werden weithin eingehalten und entsprechend gefeiert. Auch die beliebten **Fiestas** sind meist katholischen Ursprungs. So überrascht es nicht weiter, dass die überwiegende Mehrheit aller Kirchen katholisch ist. Sie werden zu sehr unterschiedlichen Zeiten geöffnet, manche nur während der Gottesdienste.

Daneben gibt es nur wenige protestantische Kirchen, seit kurzem aber auch zwei ökumenische Kirchen: eine (Templo Ecuménico) in Playa del Inglés auf Gran Canaria und eine in Puerto de la Cruz auf Teneriffa.

## ÖFFNUNGSZEITEN

DIE MEISTEN Sehenswürdigkeiten und Museen haben von Dienstag bis einschließlich Sonntag geöffnet, meist von 10 bis 14 Uhr. Nach der Siesta öffnen sie erneut gegen 16 bis 20 Uhr. Wie Büros und Ämter bleiben auch Museen an Feiertagen und Fiestas geschlossen. In kleineren Städten empfiehlt es sich, vorher anzurufen und nachzufragen. Außerhalb der Touristen-Hochburgen sind Läden und Geschäfte oft am Sonntag geschlossen.

Freizeitparks und botanische Gärten haben zwar die ganze Woche über geöffnet; aber auch sie schließen an den Feiertagen und den Tagen einer Fiesta.

## TRINKWASSER

LEITUNGSWASSER kann auf allen Kanarischen Inseln bedenkenlos getrunken werden, es schmeckt aber nicht sonderlich gut, da es sich meist um entsalztes Meerwasser handelt. Die meisten benutzen Leitungswasser zum Kochen und Waschen; getrunken wird Mineralwasser. In den Läden finden Sie eine Vielzahl von Mineralwässern – von sehr preiswert bis übertrieben teuer. Das Wasser von Firgas auf Gran Canaria ist bei vielen beliebt. Trinken Sie reichlich, mindestens zwei Liter täglich!

Botanischer Garten auf Gran Canaria

## AUF EINEN BLICK

### BOTSCHAFTEN

**Deutschland**
C/de Fortuny, 8,
28010 Madrid.
℡ 915 579 000.
w www.madrid-diplo.de

C/Albareda, 3-2°,
35007 Las Palmas de Gran Canaria.
℡ 928 491 880.
w www.las-palmas.diplo.de

**Österreich**
Paseo de la Castellana, 91,
28046 Madrid.
℡ 915 565 315.

Avenida de Gran Canaria, 26,
35100 Las Palmas de Gran Canaria.
℡ 928 762 500.
w www.bmaa.gv.at

**Schweiz**
C/Nuñez de Balboa, 35,
28001 Madrid.
℡ 914 363 960.
w www.eda.admin.ch/spain

**Spanien**
in Deutschland
Lichtensteinallee 1, 10787 Berlin.
℡ 030-254 00 70.
w www.spanischebotschaft.de

in Österreich
Argentinierstraße 34, 1040 Wien.
℡ 01-505 57 88.
w www.embesp-at.org

in der Schweiz
Kalcheggweg 24, 3000 Bern 15.
℡ 031-350 52 52.
w www.mae.es/embajadas/berna

### STUDENTEN

**Instituto Canario de la Juventud Gobierno Canarias**
C/Prof. Augustín Millares Carlo, 18,
Las Palmas de Gran Canaria.
℡ 928 306 397.
w www.juventudcanaria.com

### ORGANISATIONEN FÜR BEHINDERTE

**COCEMFE**
C/Luis Cabrera, 63, Madrid.
℡ 917 443 600.
w www.cocemfe.es

**Viajes 2000**
Paseo de la Castellana, 228–230, Madrid.
℡ 902 200 011.

C/Torres, 9, 35002 Las Palmas de Gran Canaria.
℡ 928 382 104.
w www.viajes2000.com

# Sicherheit und Notfälle

A̲U̲F̲ ̲D̲E̲N̲ ̲K̲A̲N̲A̲R̲I̲S̲C̲H̲E̲N̲ ̲I̲N̲S̲E̲L̲N̲ können Sie einen sehr »sicheren« Urlaub verbringen: Zwar gibt es an belebten Stellen Taschendiebe, aber die können Sie mit wenigen Sicherheitsmaßnahmen arbeitslos machen: Tragen Sie Geld und Kreditkarten in einem Gürtel. Lassen Sie keine sichtbaren Wertgegenstände im Auto. Bei Notfällen wenden Sie sich an den nächsten Polizisten. Kleine medizinische Probleme löst jede Apotheke. Mit einer gültigen Krankenversicherung samt Auslandsschein erhalten Sie kostenlose Behandlung in allen öffentlichen Krankenhäusern und Kliniken.

Sicherheitshinweise am Strand Amadores auf Gran Canaria

## EIGENTUM

V̲O̲R̲ ̲I̲H̲R̲E̲R̲ ̲A̲B̲R̲E̲I̲S̲E̲ sollten Sie unter Umständen eine Reiseversicherung abschließen, die Ihnen zumindest den finanziellen Schaden bei einem Diebstahl ersetzt. Aber auch ohne Reiseversicherung können Sie mit etwas Vorsicht und gesundem Menschenverstand Schaden vermeiden: Reiseschecks bieten mehr Sicherheit als zu viel Bargeld. Kredit- und Geldkarten sollte man nie zusammen mit den PIN aufbewahren!

An belebten Plätzen wie am Flughafen, an Bushaltestellen oder in Warteschlangen ist die Gefahr von Taschendiebstahl am größten. Immer wenn Sie Ihre Papiere und Ihr Geld herausnehmen, sollten Sie besonders vorsichtig sein. Auch manche scheinbar freundliche Hilfsangebote von Fremden können gefährlich sein, denn der nette Fragende hat eventuell noch einen Komplizen. Lassen Sie Ihr Gepäck nicht unbeobachtet am Flughafen stehen, und legen Sie Ihr Portemonnaie in Cafés nicht auf den Tresen.

Wurden Sie trotz aller Vorsicht doch bestohlen, melden Sie es der Polizei, die Ihnen eine Bestätigung (*denuncia*) für die Versicherung ausstellt.

## POLIZEI

A̲U̲F̲ ̲D̲E̲N̲ Kanarischen Inseln gibt es wie in ganz Spanien drei Arten von Polizei: Die *Policía Nacional* (staatliche Polizei), die *Policía Municipal*, oft auch *Policía Local* (örtliche Polizei) genannt, und die *Guardia Civil* (Nationalgarde). Die *Policía Nacional* erkennt man an ihren blauen Uniformen und weißen Autos mit marineblauen Türen. Man findet sie nur in Städten mit über 30 000 Einwohnern.

Die *Policía Local* ist dagegen in allen kleinen Städten zu finden. Ihre Uniformen variieren je nach Ortschaft; ihre typischen Autos sind unten links zu sehen. Die Verkehrspolizei gehört mit dazu.

Die *Guardia Civil* ist an ihren grauen Uniformen und ihren weißgrünen Autos mit Vierradantrieb zu erkennen. Sie kontrolliert in der Regel die Fernstraßen.

Die Polizisten auf den Kanarischen Inseln sind freundlich gegenüber Besuchern – aber streng zu Verkehrssündern. Bußgelder sind deutlich höher als in Deutschland.

**Uniform der Guardia Civil**

## ACHTUNG, SONNE!

N̲A̲T̲Ü̲R̲L̲I̲C̲H̲ ̲I̲S̲T̲ die Sonne einer der Gründe für einen Urlaub auf den Kanaren. Aber sie ist nicht ganz ohne: Durch die intensive Sonnenstrahlung herrschen beträchtliche UV-Werte. Wie in allen tropischen Regionen besitzt die Sonne hier weitaus mehr Kraft als in Mitteleuropa. Wer das ganze Jahr über im Büro sitzt, hat dann binnen Tagesfrist einen kräftigen Sonnenbrand. Setzen Sie sich reichlich Sonnencreme mit hohem Lichtschutzfaktor ein! Vermeiden Sie die heißen Mittagsstunden (13 bis 16 Uhr) am Strand, genießen Sie lieber die Zeit am Morgen und am Nachmittag.

Vor allem in den Bergen besitzt die Sonne viel Kraft, auch wenn es der ständige leichte Wind nicht so heiß erscheinen lässt. Kurz: Unterschätzen Sie die Sonne nicht, und beugen Sie einem Sonnenbrand vor.

## GEFAHREN IM OZEAN

A̲U̲C̲H̲ ̲W̲E̲N̲N̲ ̲E̲S̲ banal klingt: Wer auf den Kanaren im Meer badet, schwimmt mitten im Atlantik. Viele Badegäste unterschätzen die Kraft und Wucht der Wellen – die Rettungsschwimmer an den Stränden können ein Lied davon singen.

Wer sicher sein will, badet nur an bewachten Stellen. Achten Sie auf die Warnhinweise am Strand. Die Strömungen sind teilweise sehr stark. Einsame Badebuchten sind hinsichtlich unbekannter Strömungen gefährlicher als belebte Strände. Vermeiden Sie es, in den »Revieren« der

Geländegängiges Polizeiauto (mit Vierradantrieb) der *Policía Local*

# REISEINFORMATIONEN

VON FAST JEDEM großen Flughafen in Europa werden die Kanaren regelmäßig und direkt angeflogen – sei es via Linie oder Charter. Jede Kanarische Insel verfügt über ihren eigenen Flughafen. Die meisten internationalen Flüge landen auf Teneriffa, Gran Canaria oder Lanzarote. Daneben gibt es viele Flugverbindungen vom und zum spanischen Festland sowie zwischen den einzelnen Inseln, meist von Binter Canarias Airlines. Die meisten Urlauber kommen mit dem Charter-Jet, doch man kann auch per Schiff reisen: Schnelle Fähren verbinden die Kanaren mit dem spanischen Festland und den nordafrikanischen Häfen – und sie verbinden die Inseln untereinander.

**Wegweiser zum Flughafen**

**Bewachter Parkplatz am Flughafen von Gran Canaria**

## FLUGVERBINDUNGEN

DIE MEISTEN Linienflüge verbinden die Kanarischen Inseln mit dem spanischen Festland – von Madrid nach Gran Canaria sogar stündlich. Auf diesen Routen verkehren Maschinen von Iberia, Spanair und Air Europa. Iberia fliegt alle Kanarischen Inseln an, Spanair und Air Europa nur Teneriffa, Gran Canaria und Lanzarote.

Auch von fast allen großen Flughäfen Europas gehen zahlreiche Linienflüge auf die Inseln. Von nordafrikanischen Städten, vor allem von Marokko, fliegen Air Maroc, Air Mauretania und Air Atlantic.

Am wichtigsten sind jedoch Hunderte von Charterfliegern, die täglich auf den Kanaren landen und neue Besucher bringen – insbesondere aus Deutschland, den Niederlanden und Großbritannien. Charterflüge kosten nur einen Bruchteil eines regulären Linientickets. Diese Flüge werden meist zusammen mit einem Pauschalurlaubspaket gebucht, zunehmend jedoch auch einzeln als Last-Minute-Angebot.

Wenn Sie sich für einen Flug auf die Kanarischen Inseln interessieren, sollten Sie immer auch die Sonderangebote der Reiseveranstalter sowie preisgünstige Flugangebote im Internet prüfen. Natürlich ist es während der langen Hauptsaison, und vor allem während der Weihnachts-, Oster- und Sommerferien schwierig, preisgünstige Flüge zu finden. Doch rechtzeitige Information zahlt sich durchaus aus.

Wenn Sie Ihr Auto oder Motorrad mit auf die Inseln nehmen wollen, sind Sie auf die Fähren angewiesen. Es gibt zahlreiche Fährverbindungen, z. B. regelmäßig von Cádiz nach Teneriffa und nach Gran Canaria. Von hier aus dauert die Überfahrt eineinhalb bis zwei Tage, abhängig vom Zielort. Im Infokasten rechts finden Sie einige Fährlinien mit Telefonnummer und Internetadresse.

## FLÜGE ZWISCHEN DEN INSELN

ZWAR VERFÜGT heute jede der Kanarischen Inseln über einen Flughafen, dennoch gibt es nicht von jeder Insel Flüge auf alle anderen Eilande. La Gomera ist beispielsweise nur mit Teneriffa und Gran Canaria verbunden. Die meisten Flugverbindungen zwischen den Kanarischen Inseln werden von Binter Canarias Airlines geflogen.

Wenn Sie per Flugzeug »Insel-Hopping« betreiben wollen, können Sie das tun – obwohl es nicht ganz billig ist. Erwarten Sie jedoch nicht zu viel Komfort auf diesen Flügen: Die Maschinen mit ein paar Dutzend Plätzen sind meist sehr klein, die Sitzreihen eng, und aufgrund des knappen Platzangebots können Sie meist nicht viel Handgepäck mitnehmen. Dafür dauern die Flüge zwischen den Inseln nicht lange: Von La Palma nach El Hierro fliegt man nur 20 Minuten, von La Palma nach Lanzarote 70 Minuten.

**Insel-Airline Binter Canarias**

**Der Flughafen von Gran Canaria – direkt am Meer gelegen**

## GELDWECHSEL

Wenn Sie aus einem Land der Euro-Zone kommen, erübrigt sich jeglicher Geldwechsel. In allen anderen Fällen können Sie problemlos alle gängigen westlichen Währungen in Euro umtauschen.

Wechselstuben rechnen bisweilen mit deutlich ungünstigeren Wechselkursen als Banken (die aber auch ein paar Prozent Kommission fordern).

Es empfiehlt sich in allen Fällen, bereits etwas Bargeld mitzubringen, denn auf den kleineren Inseln oder in kleinen Ortschaften ist der Geldwechsel manchmal etwas schwierig. Tipp: Ziehen Sie mit Ihrer Maestro-/EC-² oder Kreditkarte (mit PIN) einfach Bargeld aus einem Geldautomaten.

**Schriftzug der Bank Telebanco, die ein Netz von Filialen hat**

## GELDAUTOMATEN

Überall auf den Inseln findet man zahlreiche Bankfilialen und noch weitaus mehr Geldautomaten. Die Banken haben normalerweise werktags von 9 bis 13 Uhr (oder 14 Uhr) geöffnet. Achtung: Manche Banken haben wöchentlich wechselnde Öffnungzeiten!

Fast an jeder Straßenecke befindet sich heute ein Geldautomat. Diese Maschinen akzeptieren alle gängigen Karten (z. B. die Maestro-

**Einige beliebte Tageszeitungen auf den Kanarischen Inseln**

Karte und die meisten Kreditkarten). Abhebungen bei »fremden« Banken kosten bis zu 20 Euro. Fragen Sie Ihre Hausbank, wo Sie kostenfrei oder günstig abheben können.

## KREDITKARTEN

Kreditkarten werden praktisch überall akzeptiert, vor allem in den Tourismus-Hochburgen. Nur in kleinen Läden oder Bars lacht ausschließlich Bargeld.

Die höchste Akzeptanz in Spanien besitzt Visa. Aber auch MasterCard und American Express werden fast überall gerne genommen. Je nach Abrechnungsmodus des Geschäfts wird Ihre Karte nur eingelesen und Sie bekommen einen Beleg zur Unterschrift vorgelegt. Oder Sie werden um die Eingabe Ihrer Kreditkarten-PIN gebeten.

## ZEITUNGEN

Auf jeder der Kanarischen Inseln gibt es eine Lokalzeitung. Hier finden Sie die aktuellen Hinweise auf Veranstaltungen und Events. Daneben gibt es einige Blätter für die gesamten Kanaren, z. B. La Gaceta de Canaria oder Canarias 7.

In vielen Städten bekommen Sie die überregionalen Zeitungen des europäischen Auslands, teils als tagesaktuelle Fernausgabe, teils mit einem Tag Verspätung.

## RADIO UND FERNSEHEN

Auf den Kanaren senden mehrere lokale Radiostationen täglich Programm. Daneben empfängt man hier die großen spanischen Radio- und TV-Programme.

Viele Hotels bieten ihren Gästen Fernsehen mit Satellitenempfang an. Teilweise können Sie auch deutschsprachige Programme empfangen.

## INTERNET

In vielen Orten findet man zumindest ein Internet-Café, wo man seine E-Mails lesen kann. Einige Hotels bieten diesen Service auch auf dem Zimmer oder in der Lobby.

**Geldautomaten findet man buchstäblich an jeder Ecke**

---

## AUF EINEN BLICK

### KREDITKARTENVERLUST

**Allg. Notrufnummer**
☎ 0049-116 116.

**American Express**
☎ 902 375 637.
W www.americanexpress.com

**Diners Club**
☎ 902 401 112.
W www.dinersclub.com

**MasterCard**
☎ 900 971 231.
W www.mastercard.com

**Visa**
☎ 900 991 124.
W www.visa.com

**Maestro-/EC-Karte**
☎ 0049-69-74 09 87.

### POSTÄMTER

**Gran Canaria**
C/Primero de Mayo, 62,
Las Palmas de Gran Canaria.
☎ 928 361 320.

**Fuerteventura**
C/Primero de Mayo, 58–60,
Puerto del Rosario.
☎ 928 850 412.

**Lanzarote**
C/General Franco, 8,
Arrecife.
☎ 928 800 673.

**Teneriffa**
Plaza de España,
Santa Cruz de Tenerife.
☎ 922 259 605.

**La Gomera**
C/del Medio, 68,
San Sebastián de La Gomera.
☎ 922 871 081.

**El Hierro**
Correo 3,
Valverde.
☎ 922 550 291.

**La Palma**
Plaza de la Constitución,
Santa Cruz de La Palma.
☎ 922 411 702.

# Kommunikation und Geld

**LA CAJA DE CANARIAS**

Logo der Caja de Canarias

Ö FFENTLICHE Telefone gibt es auf den Kanaren reichlich, die meisten werden von der spanischen Telefónica betrieben. Dank der Umstellung auf ISDN im Jahr 1998 haben Sie heute überall eine gute Telefonqualität. Briefe und Postkarten von den Kanaren brauchen manchmal etwas länger zu ihrem Empfänger. Banken finden Sie auf den Kanarischen Inseln häufig: Neben lokalen Banken gibt es auch Niederlassungen internationaler Banken, beispielsweise Deutsche Bank oder Banesto. Informieren Sie sich zu Hause, bei welcher Bank Sie preisgünstig Geld aus dem Automaten ziehen können.

Briefkästen der spanischen Post *(correos)* in strahlendem Gelb

## TELEFONIEREN

B EI ÖFFENTLICHEN Telefonen gibt es zwei häufige Typen: reine Kartentelefone und Kombigeräte für Karten und Münzen. Mehr und mehr bieten die Telefondisplays mehrsprachige Menüführung.

Die praktischen Telefonkarten erhalten Sie an Zeitungsständen, Kiosken und bei *estancos* (Zigarrettenladen).

Bitte beachten Sie bei allen Telefonaten, dass in Spanien die Vorwahl Teil der Nummer ist und mitgewählt werden muss. Für Teneriffa, El Hierro, La Palma und La Gomera lautet die Vorwahl 922, für Gran Canaria, Lanzarote und Fuerteventura 928. Telefongespräche zwischen Inseln einer Vorwahlnummer werden wie normale Ortsgespräche auf der Insel abgerechnet. Für alle anderen Ferngespräche gelten die spanischen Ferntarife.

Wenn Sie vom Ausland aus die Kanaren anrufen, wählen Sie 0034, dann die Telefonnummer inklusive der Vorwahl (922 oder 928). Bei Handys gilt: 0034 plus komplette Handy-Nummer.

Internationale Telefonate sind ab 20 Uhr und an Sonntagen deutlich günstiger. Gespräche von einem öffentlichen Telefon kosten rund 35 Prozent mehr als von einem Privatanschluss. Trotzdem sind öffentliche Telefone deutlich preiswerter als ein Gespräch vom Hotelzimmer aus, denn manche Hotels verlangen saftige Aufschläge. Erkundigen Sie sich vorab nach den Tarifen!

Die in Europa gängigen GMS-Handys funktionieren problemlos. Informieren Sie

Telefonkarten gibt es mit vielfältigen Motiven

sich vor der Reise bei Ihrer Telefongesellschaft über die günstigsten Roaming-Tarife. Unter www.tariftip.de finden Sie die preiswertesten Telefonanbieter in Spanien.

## POST

A LLE POSTÄMTER haben werktags von 9 bis 19 Uhr geöffnet. Hier können Sie Briefmarken kaufen oder Pakete, Telegramme etc. aufgeben. Briefmarken erhalten Sie aber auch an jedem Kiosk mit dem Zeichen *timbre*. Werfen Sie Ihre Briefe und Postkarten in die gelben Briefkästen mit dem Schriftzug *correos*. Da die spanische Post das Monopol für alle Briefe besitzt, geht es keinesfalls schneller, wenn Sie Ihre Karten im Hotel oder bei einem Postservice abgeben.

Es dauert manchmal ganz schön lange, bis Ihre Urlaubsgrüße den Empfänger erreichen. Das ist auf den Kanaren nicht anders als im ganzen Mittelmeerraum.

Die spanische Post bietet vier Portostufen für Urlaubsgrüße: für EU-Länder (0,57 €), den Rest von Europa, die USA sowie den Rest der Welt. Achtung: Ausländische Euro-Briefmarken sind ungültig!

## WÄHRUNG

S EIT JANUAR 2002 gilt in Spanien der Euro. Alte Peseten sind ungültig, können aber unbefristet beim *Banco de España* (www.bde.es) umgetauscht werden.

## MÜNZ-KARTEN-TELEFON

1 Nehmen Sie den Hörer ab, warten Sie auf das Freizeichen und dann so lange, bis das Display *Inserte monedas o tarjeta* anzeigt.

2 Geben Sie Münzen *(monedas)* in den Schlitz rechts oben, oder schieben Sie links eine Telefonkarte *(tarjeta)* ein.

3 Tippen Sie die gewünschte Nummer ein – zügig, aber nicht zu schnell. Diese Telefone brauchen eine winzige Pause nach jeder Ziffer.

4 Auf dem Display erscheint die Nummer, die Sie gewählt haben und der noch zur Verfügung stehende Geldbetrag. Eventuell fehlende Beträge werden ebenfalls hier angezeigt.

5 Nach Ihrem Telefonat legen Sie den Hörer auf. Die Telefonkarte wird Ihnen zurückgegeben, ebenso restliche Münzen.

(Wind-)Surfer zu schwimmen. Unfälle zwischen Surfern und Schwimmern ereignen sich häufig. Hobbytaucher sollten vor allem auf Küstenfelsen achten. Durch eine Welle wird man leicht an die Felsen gedrückt; hier ist die Verletzungsgefahr besonders groß.

Es gibt keine Meerestiere, die dem Menschen gefährlich werden können. An manchen Stellen sind allerdings viele Quallen im Wasser, bei Berührung kann die Haut tagelang brennen.

### MEDIZINISCHE VERSORGUNG

ALLE BÜRGER aus EU-Staaten erhalten in Spanien kostenlose medizinische Versorgung. Voraussetzung ist allerdings, dass Sie in Ihrem Heimatland voll krankenversichert sind und eine Europäische Krankenversicherungskarte (EHIC) vorlegen können. Die Krankenversicherungskarte befindet sich auf der Rückseite Ihrer elektronischen Gesundheitskarte. Die Karte deckt die unmittelbar erforderliche medizinische Versorgung ab, dazu gehören auch Akut-Zahnbehandlungen.

Falls Sie medizinische Hilfe benötigen, wenden Sie sich am besten an die nächstgelegene Klinik. In Notfällen rufen Sie den Notarzt *(Urgencias)*, bei Unfällen das Rote Kreuz *(Cruz Roja)*. Auch in kleinen Ortschaften gibt es immer einen Allgemeinarzt.

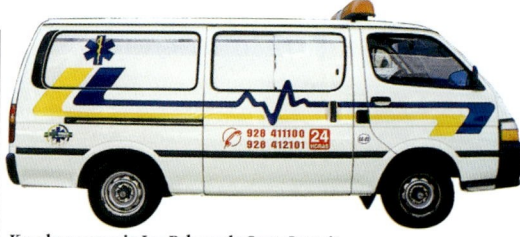

**Krankenwagen in Las Palmas de Gran Canaria**

### APOTHEKEN

BEI ALLEN kleinen Problemen ist die *farmacia* der ideale Helfer. In manchen Fällen erhalten Sie hier auch das notwendige Rezept. In vielen Apotheken versteht man auch Deutsch und/oder Englisch. Die Öffnungszeiten der Apotheken sind in der Regel dieselben wie diejenigen der Läden des Ortes. Sie erkennen jede *farmacia* am leuchtenden grünen Kreuz. Im Fenster sehen Sie, an welchen Tagen welche *farmacia* Nachtdienst hat.

**Apotheken erkennt man am grünen Kreuz**

### WALDBRANDGEFAHR

DURCH DIE LANGE Sonnenscheindauer sind die Kanaren regelrecht ausgedörrt. Entsprechend groß ist die Brandgefahr, vor allem in bewaldeten Regionen.

Bitte achten Sie peinlich genau auf Ihren Umgang mit Feuer, insbesondere beim Picknick und Campen oder beim Rauchen. Nehmen Sie auch Ihre leeren Flaschen wieder mit, denn diese können als Brennglas fungieren und einen Brand verursachen.

### UNTERWEGS

MANCHE HINWEISSCHILDER auf den Kanaren sind nur auf Spanisch geschrieben. *Coto de caza* bedeutet Jagdrevier. *Camino particular* steht am Beginn von Privatstraßen, *privado* dagegen heißt, dass das ganze Gebiet im Privatbesitz ist.

Radwege auf den Kanarischen Inseln sind unterschiedlich gut ausgeschildert. Nehmen Sie am besten eine detaillierte Wanderkarte (etwa 1:50 000) mit. Ein Handy kann auf Touren immer nützlich sein. Informieren Sie Ihr Hotel über Ihre Route.

---

### AUF EINEN BLICK

### NOTRUFNUMMERN

**Notrufnummer für Notfälle aller Art**
📞 112.

**Policía Nacional**
📞 091.

**Policía Municipal**
📞 092.

**Guardia Civil**
📞 062.

**Ambulanz (Cruz Roja)**
📞 061.

**Seerettung**
📞 900 202 202.

**Feuerwehr (Bomberos)**
📞 080.

### APOTHEKEN-NACHTDIENST

🌐 www.farmaciascanarias.com
🌐 www.fefarcan.com

**Teneriffa**
📞 922 282 424.

**Leicht entflammbar: Hinweis auf Brandgefahren im Wald**

**Fähre der Líneas Fred Olsen**

## FLUGHÄFEN

TENERIFFA BESITZT heute zwei Flughäfen – **Los Rodeos** im Nordteil und **Reina Sofía** im Südteil der Insel. Auf dem nördlichen Flughafen starten und landen Flugzeuge zu den anderen Inseln; die internationalen Flüge mit den größeren Maschinen und die meisten Charterflüge werden am moderneren Flughafen Reina Sofía abgewickelt.

El Hierros kleiner Flughafen **El Llano del Cangrejo** befindet sich zwölf Kilometer außerhalb der Hauptstadt Valverde. Hier starten die Flieger nach Teneriffa, La Palma und Gran Canaria.

La Gomeras neuer Flughafen **Punta del Becerro** liegt dicht bei Playa de Santiago. Von hier starten Flugzeuge ausschließlich nach Teneriffa (Los Rodeos) und nach Gran Canaria.

La Palmas Airport ist gleich bei Santa Cruz de La Palma. Von hier kommt man nach Gran Canaria, Lanzarote, Teneriffa und El Hierro.

Gran Canarias einziger Flughafen befindet sich zwischen Las Palmas de Gran Canaria und Maspalomas. Es gibt zahlreiche gute Busverbindungen zu den beiden größten Städten der Insel. Nur von diesem Flughafen kann man alle anderen Inseln erreichen.

Der Flughafen **Guasimeta** auf Lanzarote bietet Verbindungen nach Gran Canaria, Teneriffa und nach La Palma. Der Airport mit dem großen Busbahnhof befindet sich in der Nähe von Arrecife.

Fuerteventura bietet Flüge nach Gran Canaria und Teneriffa. Es gibt eine gute Busverbindung zum sechs Kilometer entfernten Puerto del Rosario.

## FÄHREN

FÄHREN LEISTEN einen wichtigen Beitrag zum Transport zwischen den Inseln. Es gibt nicht zwischen allen Inseln Direktverbindungen, manchmal muss man mehrfach umsteigen. Nur von Teneriffa aus gehen Fähren direkt (oder mit nur einmal umsteigen) zu allen anderen Inseln. Teneriffa bildet den Mittelpunkt aller Fährlinien auf den Kanaren *(siehe hintere Umschlaginnenseite)*.

Viel besuchte Ferienorte bieten ihren Gästen mehrmals täglich Direktverbindungen mit Autofähren oder schnellen Tragflächenbooten, die Bars, Restaurants und Kabinen besitzen.

Bedenken Sie bei Ihrer Routenplanung für die Kanaren, dass Fähren viel preiswerter sind als entsprechende Flugverbindungen. Dafür sind die Fahrzeiten deutlich länger.

Die Fährpreise der beiden großen Linien **Trasmediterranea** und **Líneas Fred Olsen**, die zwischen den Inseln verkehren, sind ähnlich. Etwas niedriger liegen die Preise von **Naviera Armas**.

**Logo der Trasmedi-terranea-Fähren**

**AUF EINEN BLICK**

### FLUGHÄFEN

☎ 902 404 704.
🖥 www.aena.es

**Gran Canaria**
☎ 928 579 000.

**Fuerteventura**
☎ 928 860 600.

**Lanzarote – Guasimeta**
☎ 928 846 000.

**Teneriffa – Los Rodeos**
☎ 922 635 635.

**Teneriffa – Reina Sofía**
☎ 922 759 200.

**La Gomera – Punta del Becerro**
☎ 922 873 000.

**El Hierro – Llano del Cangrejo**
☎ 922 553 700.

**La Palma**
☎ 922 426 100.

### FLUGLINIEN

**Binter Canarias**
☎ 902 391 392.
🖥 www.binter.net

### FÄHREN

**Líneas Fred Olsen**
☎ 902 100 107.
🖥 www.fredolsen.es

**Naviera Armas**
☎ 902 456 500.
🖥 www.naviera-armas.com

**Trasmediterranea**
☎ 902 456 456.
🖥 www.trasmediterranea.net

**Fährhafen in Las Palmas de Gran Canaria**

# Auf den Inseln unterwegs

AUF DEN KANARISCHEN INSELN haben Sie die volle Auswahl bei den Transportmitteln: Auf den größeren Inseln Teneriffa, Gran Canaria und Lanzarote gibt es ein dichtes Netz von Buslinien, mit denen Sie jeden Punkt der Inseln gut erreichen. Auf den kleineren Inseln sollten Sie über ein Mietauto, ein Motorrad oder ein Fahrrad verfügen. Manche Gegenden können Sie nur im Rahmen einer Tour besuchen – meist mit dem Bus und einem Führer.

**Bergstraße in der Umgebung von Masca**

## STRASSEN

WER MIT DEM AUTO auf den Kanaren unterwegs ist, wird vom Straßenzustand begeistert sein: Dank der EU-Förderung sind die Straßen meist in exzellentem Zustand. Jeder Ort ist erreichbar, entlang der Küste verbinden Autobahnen *(autopistas)* die großen Städte, Flughäfen und Ferienorte der Insel.

Die Straßen in den Bergregionen sind zwar eng und kurvenreich, aber dennoch meist gut befahrbar. Viele Tunnels erleichtern die Wegführung. Achten Sie bei Tunnels unbedingt auf Gegenverkehr, denn für große Fahrzeuge (Lastwagen, Bus) sind sie ziemlich eng. Zur Vorsicht hupen viele Autos vor der Einfahrt in einen Tunnel.

Bei Regen und Nebel sollten Sie erhöhte Vorsicht walten lassen – vor allem in bergigen Regionen. Die Straßen werden manchmal ziemlich rutschig und glatt.

Manche Aussichtspunkte erreicht man nur über Schotterpisten. Hier empfiehlt sich ein Wagen mit Vierradantrieb. Bei starkem Regen sind diese Wege unpassierbar. Viele solcher Punkte können Sie aber auch im Rahmen einer geführten Tour besuchen.

Die Beschilderung der Straßen ist meist sehr gut. Städte, Sehenswürdigkeiten und Aussichtpunkte sind deutlich ausgeschildert. Nur auf El Hierro hat man manchmal Probleme mit den kleinen Hinweistafeln aus Holz. In den Städten sind alle Straßen, historische Attraktionen und Museen klar und deutlich ausgeschildert.

## BUSSE UND TAXIS

AUF DEN GROSSEN Inseln wie Gran Canaria und Teneriffa kommen Sie problemlos mit Bussen überall hin. In kleineren Ortschaften oder Dörfern hingegen verkehren die Busse teilweise nur einbis zweimal pro Tag. Manchmal ist es nicht ganz leicht, wieder ins Hotel zurückzukommen.

Von kleinen Orten kommt man auch nur mit Mühe in die Zentren des Nachtlebens. »Wo der Bär steppt«, fahren nicht zwangsläufig Busse. Nur in größeren Städten gibt es ein dichtes Busnetz – bis in die Außenbezirke.

Je kleiner die Insel oder der Ort, umso schwieriger gestaltet sich eine Busfahrt – vor allem für Menschen, die nicht mit der Insel vertraut sind.

In den Städten und größeren Freizeitzentren finden Sie problemlos Taxis. Die sind zwar nicht gerade billig, aber bringen Sie schnell und sicher ans Ziel. Taxifahrer sind verpflichtet, die Uhr einzuschalten, auf der die zu bezahlende Summe klar und deutlich abzulesen ist.

Bei Fahrten vom und zum Flughafen darf ein Aufschlag verlangt werden, ebenso für die Anzahl der Gepäckstücke.

## FAHREN IN DER STADT

WENN SIE mit einem Mietauto unterwegs sind, sollten Sie sich in den großen Städten gut wappnen: Nicht nur in Las Palmas de Gran Canaria herrscht ein wahrhaft »mediterraner« Verkehrsstil. Nur echte Künstler finden im Zentrum einen legalen Parkplatz. Und natürlich wird Falschparken bestraft – und das nicht zu knapp. Nehmen Sie einen bewachten Parkplatz, und bezahlen Sie die geforderte Parkgebühr.

**Zahlreiche Mietwagenfirmen werben um Kunden**

## MIETWAGEN

ÜBERALL AUF DEN Kanaren finden Sie zahlreiche Angebote von Mietwagenfirmen. Da gibt es einerseits die großen, weltweit auftretenden Firmen wie **Avis** oder **Hertz**, andererseits zahlreiche lokale Verleiher wie **Cicar**. Wer nicht schon von zu Hause aus

**Touristenbus auf La Gomera**

**Es gibt ganz unorthodoxe Formen der Fortbewegung auf den Inseln**

einen Wagen gebucht hat, der findet alle Mietwagenfirmen am Flughafen der Insel.

Mietwagen sind in Spanien nicht übernteuert. Der Preis hängt von mehreren Faktoren ab: Jahreszeit, Größe des Autos etc. Frühbucher erhalten oft Rabatte. Vergleichen Sie einfach die Preise an den Schaltern am Flughafen. Achten Sie allerdings auf versteckte Nebenkosten.

Prüfen Sie zunächst das erhaltene Auto sorgfältig auf Schäden! Wenn Sie nicht gleich reklamieren, sind Sie für den Schaden verantwortlich!

Die Mietverträge sind nicht überall standardisiert: Lesen Sie den Vertrag sorgfältig hinsichtlich Versicherung, Selbstbeteiligung, Kilometerbegrenzung, Rückgabeort und Tankfüllung. Ausgeschlossen sind: Überfahrt auf einer Fähre und Fahrten auf nicht ausgebauten Straßen.

Motorradverleiher findet man nur vereinzelt. Helmpflicht besteht für alle Klassen. Für Fahrzeuge über 50 Kubikzentimeter Hubraum benötigt man immer einen Führerschein.

**Typische Notrufsäule**

### TANKSTELLEN

BENZIN IST auf den Kanarischen Inseln deutlich preiswerter als auf dem spanischen Festland. Die Tankstellen bieten die üblichen Sorten an bleifreiem Benzin.

Tankstellen mit Selbstbedienung sind sehr rar; meist erwartet Sie ein Tankwart (Trinkgeld!). Selten sind Tankstellen rund um die Uhr

geöffnet. Die Öffnungszeiten variieren sehr stark. Auf kleinen Inseln wie El Hierro gibt es nicht viele Tankstellen. Tanken Sie daher rechtzeitig, und achten Sie bei Touren auf den Benzinstand.

### VERKEHRSREGELN

AUF DEN KANAREN gelten die normalen spanischen (und europäischen) Verkehrsregeln sowie die internationalen Verkehrszeichen.

Die Höchstgeschwindigkeiten lauten: 120 km/h auf Autobahnen, 90 km/h auf Hauptstraßen sowie 50 km/h innerhalb geschlossener Ortschaften. Auch wenn sich manche Spanier nicht an diese Beschränkungen halten: Die Strafen für Verstöße sind deutlich höher als hierzulande.

Ähnliches gilt für den Alkohol: 0,5 Promille sind noch im Toleranzbereich. Das Anlegen der Sicherheitsgurte für alle Autoinsassen ist Pflicht, Gleiches gilt für das Tragen einer reflektierenden Warnweste beim Verlassen des Fahrzeugs aufgrund einer Panne.

**AUF EINEN BLICK**

**ADAC-NOTRUF**

☎ 935 082 828.

**MIETWAGEN**

**CICAR**
☎ 928 822 900.
🌐 www.cicar.com

**Betacar**
☎ 922 372 856.
🌐 www.betacar.es

**Avis**
☎ 902 135 531.
🌐 www.avis.com

**BUSBAHNHÖFE**

**Gran Canaria**
☎ 928 360 179.

**Fuerteventura**
☎ 928 850 951.

**Lanzarote**
☎ 928 811 522.

**Teneriffa**
☎ 922 531 300.

**La Gomera**
☎ 922 141 101.

**El Hierro**
☎ 922 550 729.

**La Palma**
☎ 922 411 924.

### KARTEN

BEIM KAUF von Karten sollten Sie auf den richtigen Maßstab achten: Der Maßstab 1:100 000 (1 cm = 1 km) eignet sich für Autofahrten. Wanderkarten sollten im Maßstab 1:50 000 sein, Stadtpläne 1:10 000. Kostenlose Karten erhalten Sie auch beim Autoverleih oder von einer »Oficina de Turismo«.

**Parkplatz am Aussichtspunkt einer Bergstraße**

# Textregister

Seitenangaben in **fetter** Schrift beziehen sich auf Haupteinträge.

# Danksagung und Bildnachweis

DORLING KINDERSLEY bedankt sich bei folgenden Personen für ihre Mitarbeit an diesem Reiseführer: Jürgen Bingel, Magdalena Borzęcka, Zbigniew Dybowski, Joanna Egert-Romanowska, Daniel Poch, Javier Lopez Silvosa, Damian Sosa.

## FÜR DORLING KINDERSLEY
PUBLISHER Douglas Amrine
PUBLISHING MANAGER Helen Townsend
MANAGING ART EDITORS Kate Poole, Ian Midson
SENIOR EDITOR Jacky Jackson
REDAKTIONELLE UND DTP-MITARBEIT Jill Benjamin, Marian Broderick, Jo Cowen, Helen Peters, Stewart Wild.

DORLING KINDERSLEY bedankt sich bei allen Personen, Institutionen und Bildarchiven, die uns freundlicherweise die Wiedergabe von Fotografien aus ihrem Besitz und ihren Archiven gestattet haben.

AFP (Piotr Ufnal); Casa de Colón– Las Palmas de Gran Canaria (Elena Acosta Guerrero, Ramon Gil); Casino Las Palmas – Las Palmas de Gran Canaria (Victoria Rivero); CORBIS (Małgorzata Gajdzińska); Fundacíon Césare Manrique (Bianca Visser); Hotel Rural Finca de Salinas – Yaiza; Hotel Santa Catalina – Las Palmas de Gran Canaria (Kati von Poroszlay); Loro Parque (Grettel Pérez Darias); Museo Arqueológico de Tenerife – Santa Cruz de Tenerife (Néstor Yanes); Museo de Cerámica – Casa Tafuriaste – La Orotava (Antonio Cid Menchen); Museo de Historia de Tenerife – La Laguna (Ana Moreno, Jorge Gorrin Morales); Museo Etnografico Tanit – San Bartolomé de Quintana); Museo Municipal de Bellas Artes (María del Carmen Duque Hernández); Museo Néstor – Las Palmas de Gran Canaria (Pedro Luis Rosales Pedrero); Patronato de Turismo de Fuerteventura; Patronato de Turismo de Gran Canaria (Alfonso Falcón); Sociedad de Promocion de Las Palmas de Gran Canaria (Candelaria Delgado); ZEFA (Ewa Kozłowska); ZOOM s.c.

## BILDNACHWEIS
o = oben; ol = oben links; om = oben Mitte, or = oben rechts; m = Mitte; ml = Mitte links; mr = Mitte rechts; mu = Mitte unten; mo = Mitte oben; mlu = Mitte links unten; mru = Mitte rechts unten; mlo = Mitte links oben; mro = Mitte rechts oben; u = unten; ul = unten links; um = unten Mitte; ur = unten rechts; ulo = unten links oben; gul = ganz unten links; gum = ganz unten Mitte.

DORLING KINDERSLEY hat sich intensiv bemüht, alle Urheber ausfindig zu machen. Sollte uns das in einigen Fällen nicht gelungen sein, bitten wir dies zu entschuldigen und uns zu benachrichtigen. In der nächsten Auflage werden wir versäumte Nennungen nachholen.

AFP: 22m.

CORBIS: 10o, 25u, 28, 71or; Sean Aidan 22u; John Carter 23m; Jack Fields 111u; Robert Holmes 184–185; Robert Krist 25m; José F. Poblete 191u; Roger Ressmeyer 150u; Nik Wheeler 24u, 122, 132, 137o.

DORLING KINDERSLEY: 16u, 17ol, 35ul, 40; Sven Larrson 56o, 166mlo, 166mro, 166mu, 166gum, 167or, 167mu, 167ul, 188m, 182m; Max Alexander 189o, 190m; David Cannon 22o; Philip Gatward 121mu; Neil Lukas 191m, 192or; Brian Pitkin 182u; Kim Sayer 14ul, 24mr, 26u, 39ol, 41o, 44m, 62o, 81u; Linda Whitwam 17or.

HOTEL SANTA CATALINA – LAS PALMAS DE GRAN CANARIA: 178m.

FUNDACIÓN CÉSAR MANRIQUE: 85u.

ANDRZEJ LISOWSKI: 120u, 123u. LORO PARQUE: 114o, 114m, 114u, 115o, 115mo, 115mu, 115u, 178u.

CARLOS MINGUEL: 16o, 16ol, 16ml, 16ul, 17m, 17ul, 17ur. PAWEŁ MURZYN: 36–37. MUSEO ARQUEOLÓGICO DE TENERIFE – SANTA CRUZ DE TENERIFE: 30mu, 31ur. MUSEO NÉSTOR – LAS PALMAS DE GRAN CANARIA: 48u.

ORONOZ: 30–31, 35o.

ROBERT G. PASIECZNY: 15om, 15or, 15ul, 15um, 31ol, 32mo, 38mo, 44ol, 49o, 51m, 52o, 64u, 65u, 67o, 68o, 69o, 70m, 71ol, 72m, 74o, 75m, 76u, 77ur, 78o, 78m, 81o, 82o, 94m, 95u, 97o, 100m, 106o, 108o, 117o, 119o, 119ul, 137u, 138m, 140, 141o, 143o, 154o, 154u, 164o, 164u, 165u, 180o, 181m, 182o, 186m, 196u. PIOTR PASZKIEWICZ: 26o, 54o, 54u, 123o. PATRONATO DE TURISMO DE GRAN CANARIA: 179u. ÁNGEL GÓMEZ PINCHETTI: 46o, 46m, 46u, 47o, 47mu, 47u. MAGDALENA POLAK: 130o, 149ml, 149mr, 149u.

MARIA ÁNGELES SANCHEZ: 23u, 20m, 21u, 27u, 128u, 149o, 150m. SOCIEDAD DE PROMOCION DE LAS PALMAS DE GRAN CANARIA: 4u, 20o, 20u, 21o, 21m, 179o.

ANDRZEJ ZYGMUNTOWICZ AND IRENEUSZ WINNICKI: 5m, 166mo, 166mlu, 166mru, 167or, 167mo, 167ml, 167mr, 167ulo, 167gul.

Umschlag
Vorne: DK PICTURE LIBRARY: Pawel Wojcik Hauptbild, ul; Kim Sayer ol; CORBIS: Michael T. Sedam or.
Hinten: DK PICTURE LIBRARY: Pawel Wojcik ol, ur.
Buchrücken: DK PICTURE LIBRARY: Pawel Wojcik.

Alle anderen Bilder © DORLING KINDERSLEY.
Weitere Informationen unter
**www.dkimages.com**

# Sprachführer

## NOTFÄLLE

| | |
|---|---|
| Hilfe! | ¡Socorro! |
| Halt! | ¡Pare! |
| Rufen Sie einen Arzt! | ¡Llame a un médico! |
| Rufen Sie einen Krankenwagen! | ¡Llame a una ambulancia! |
| Rufen Sie die Polizei! | ¡Llame a la policía! |
| Rufen Sie die Feuerwehr! | ¡Llame a los bomberos! |
| Wo ist ein Telefon? | ¿Dónde está el teléfono más próximo? |
| Wo ist das nächste Krankenhaus? | ¿Dónde está el hospital más próximo? |

## GRUNDWORTSCHATZ

| | |
|---|---|
| Ja | Sí |
| Nein | No |
| Bitte | Por favor |
| Danke | Gracias |
| Entschuldigung | Perdone |
| Guten Tag | Hola |
| Auf Wiedersehen | Adiós |
| Gute Nacht | Buenas noches |
| Vormittag | La mañana |
| Nachmittag | La tarde |
| Abend | La tarde |
| gestern | ayer |
| heute | hoy |
| morgen | mañana |
| hier | aquí |
| dort | allí |
| Was? | ¿Qué? |
| Wann? | ¿Cuándo? |
| Warum? | ¿Por qué? |
| Wo? | ¿Dónde? |

## NÜTZLICHE REDEWENDUNGEN

| | |
|---|---|
| Wie geht es Ihnen? | ¿Cómo está usted? |
| Danke, sehr gut. | Muy bien, gracias. |
| Ich freue mich, Sie kennen zu lernen. | Encantado de conocerle. |
| Bis bald. | Hasta pronto. |
| Das ist in Ordnung. | Está bien. |
| Wo ist/sind ...? | ¿Dónde está/están ...? |
| Wie weit ist es nach ...? | Cuántos metros/ kilómetros hay de aquí a ...? |
| Wo geht es nach ...? | ¿Por dónde se va a ...? |
| Sprechen Sie Deutsch? | ¿Habla alemán? |
| Ich verstehe nicht. | No comprendo. |
| Bitte sprechen Sie langsamer. | ¿Puede hablar más despacio, por favor. |
| Verzeihung. | Lo siento. |

## NÜTZLICHE WÖRTER

| | |
|---|---|
| groß | grande |
| klein | pequeño |
| heiß | caliente |
| kalt | frío |
| gut (Adj.) | bueno |
| schlecht | malo |
| genug | bastante |
| gut (Adv.) | bien |
| offen | abierto |
| geschlossen | cerrado |
| links | izquierda |
| rechts | derecha |
| geradeaus | todo recto |

| | |
|---|---|
| nahe | cerca |
| weit | lejos |
| oben | arriba |
| unten | abajo |
| früh | temprano |
| spät | tarde |
| Eingang | entrada |
| Ausgang | salida |
| Toilette | lavabos, servicios |
| mehr | más |
| weniger | menos |

## EINKAUFEN

| | |
|---|---|
| Wie viel kostet das? | ¿Cuánto cuesta esto? |
| Ich hätte gern… | Me gustaría… |
| Haben Sie ...? | ¿Tienen…? |
| Ich schaue mich nur um. | Sólo estoy mirando, gracias. |
| Nehmen Sie Kreditkarten? | ¿Aceptan tarjetas de crédito? |
| Wann öffnen Sie? | ¿A qué hora abren? |
| Wann schließen Sie? | ¿A qué hora cierran? |
| das hier | éste |
| das da | ése |
| teuer | caro |
| billig | barato |
| Kleidergröße | talla |
| Schuhgröße | número |
| weiß | blanco |
| schwarz | negro |
| rot | rojo |
| gelb | amarillo |
| grün | verde |
| blau | azul |

## LÄDEN UND MÄRKTE

| | |
|---|---|
| Antiquitätengeschäft | la tienda de antigüedades |
| Bäckerei | la panadería |
| Bank | el banco |
| Buchhandlung | la librería |
| Metzgerei | la carnicería |
| Konditorei | la pastelería |
| Apotheke | la farmacia |
| Fischgeschäft | la pescadería |
| Gemüseladen | la frutería |
| Lebensmittelgeschäft | la tienda de comestibles |
| Friseur | la peluquería |
| Markt | el mercado |
| Kiosk | el kiosko de prensa |
| Postamt | la oficina de correos |
| Schuhgeschäft | la zapatería |
| Supermarkt | el supermercado |
| Tabakhändler | el estanco |
| Reisebüro | la agencia de viajes |

## SEHENSWÜRDIGKEITEN

| | |
|---|---|
| Kunstsammlung | el museo de arte |
| Kathedrale | la catedral |
| Kirche | la iglesia/la basílica |
| Garten | el jardín |
| Bibliothek | la biblioteca |
| Museum | el museo |
| Fremdenverkehrsbüro | la oficina de turismo |
| Rathaus | el ayuntamiento |
| an Feiertagen geschlossen | cerrado por vacaciones |
| Bushaltestelle | la estación de autobuses |
| Bahnhof | la estación de trenes |

## Im Hotel

| | |
|---|---|
| Haben Sie ein Zimmer frei? | ¿Tienen una habitación libre? |
| Doppelzimmer | habitación doble |
| mit Doppelbett | con cama de matrimonio |
| mit zwei Betten | habitación con dos camas |
| Einzelzimmer | habitación individual |
| Zimmer mit Bad | habitación con baño |
| Dusche | ducha |
| Gepäckträger | el botones |
| Schlüssel | la llave |
| Ich habe reserviert. | Tengo una habitación reservada. |

## Im Restaurant

| | |
|---|---|
| Haben Sie einen Tisch für ...? | ¿Tienen mesa para ...? |
| Ich möchte einen Tisch reservieren. | Quiero reservar una mesa |
| Die Rechnung, bitte. | La cuenta por favor. |
| Ich bin Vegetarier/in | Soy vegetariano/a |
| Kellnerin | camarera |
| Kellner | camarero |
| Speisekarte | la carta |
| Tagesmenü | menú del día |
| Weinkarte | la carta de vinos |
| Glas | un vaso |
| Flasche | una botella |
| Messer | un cuchillo |
| Gabel | un tenedor |
| Löffel | una cuchara |
| Frühstück | el desayuno |
| Mittagessen | la comida/el almuerzo |
| Abendessen | la cena |
| Hauptgericht | el primer plato |
| Vorspeise | los entremeses |
| Tagesgericht | el plato del día |
| Kaffee | el café |
| blutig | poco hecho |
| halb durchgegart | medio hecho |
| durchgebraten | muy hecho |

## Auf der Speisekarte

| | |
|---|---|
| al horno | gebacken |
| asado | geröstet |
| frito | frittiert |
| seco | trocken |
| el aceite | Öl |
| las aceitunas | Oliven |
| el agua mineral | Mineralwasser |
| sin gas/con gas | still/mit Kohlensäure |
| el ajo | Knoblauch |
| el arroz | Reis |
| el azúcar | Zucker |
| la carne | Fleisch |
| la cebolla | Zwiebel |
| la cerveza | Bier |
| el cerdo | Schwein |
| el chocolate | Schokolade |
| el chorizo | rote Wurst |
| el cordero | Lamm |
| el fiambre | kaltes Fleisch |
| la fruta | Früchte |
| los frutos secos | Nüsse |
| las gambas | Garnelen |
| el helado | Eis |
| el huevo | Ei |
| el jamón serrano | Serrano-Schinken |
| el jerez | Sherry |
| la langosta | Hummer |
| la leche | Milch |
| el limón | Zitrone |
| la limonada | Limonade |
| la mantequilla | Butter |
| la manzana | Apfel |
| los mariscos | Meeresfrüchte |

| | |
|---|---|
| la menestra | Gemüseeintopf |
| la naranja | Orange |
| el pan | Brot |
| el pastel | Kuchen |
| las patatas | Kartoffeln |
| el pescado | Fisch |
| la pimienta | Pfeffer |
| el plátano | Banane |
| el pollo | Huhn |
| el postre | Nachtisch |
| el queso | Käse |
| la sal | Salz |
| las salchichas | Würste |
| la salsa | Sauce |
| el solomillo | Filetsteak |
| la sopa | Suppe |
| la tarta | Pie/Kuchen |
| el té | Tee |
| la ternera | Rind |
| las tostadas | Toast |
| el vinagre | Essig |
| el vino blanco | Weißwein |
| el vino rosado | Roséwein |
| el vino tinto | Rotwein |

## Zahlen

| | |
|---|---|
| 0 | cero |
| 1 | uno |
| 2 | dos |
| 3 | tres |
| 4 | cuatro |
| 5 | cinco |
| 6 | seis |
| 7 | siete |
| 8 | ocho |
| 9 | nueve |
| 10 | diez |
| 11 | once |
| 12 | doce |
| 13 | trece |
| 14 | catorce |
| 15 | quince |
| 16 | dieciséis |
| 17 | diecisiete |
| 18 | dieciocho |
| 19 | diecinueve |
| 20 | veinte |
| 21 | veintiuno |
| 22 | veintidós |
| 30 | treinta |
| 31 | treinta y uno |
| 40 | cuarenta |
| 50 | cincuenta |
| 60 | sesenta |
| 70 | setenta |
| 80 | ochenta |
| 90 | noventa |
| 100 | cien |
| 101 | ciento uno |
| 102 | ciento dos |
| 200 | doscientos |
| 500 | quinientos |
| 700 | setecientos |
| 900 | novecientos |
| 1 000 | mil |
| 1 001 | mil uno |

## Zeit

| | |
|---|---|
| eine Minute | un minuto |
| eine Stunde | una hora |
| eine halbe Stunde | media hora |
| Montag | lunes |
| Dienstag | martes |
| Mittwoch | miércoles |
| Donnerstag | jueves |
| Freitag | viernes |
| Samstag | sábado |
| Sonntag | domingo |

# Fährlinien zwischen den Kanarischen Inseln

LA PALMA

Santa Cruz
de La Palma

LA GOMERA

San Sebastián
de La Gomera

Los Cristianos

TENERIFE

Santa Cruz
de Tenerife

Puerto de la Estaca

EL HIERRO

*A t l a n t i k*

---

## FÄHRLINIEN

### TRASMEDITERRANEA
W www.trasmediterranea.net

**Gran Canaria**
Las Palmas de Gran Canaria
☎ 928 474 482. FAX 928 474 121.

**Fuerteventura**
Puerto del Rosario
☎ 928 850 877. FAX 928 852 408.
Morro Jable
☎ 928 540 250.

**Lanzarote**
Arrecife
☎ 928 811 019.

**Tenerife**
Santa Cruz de Tenerife
☎ 922 842 200. FAX 922 842 244.
Los Cristianos
☎ 922 796 178. FAX 922 796 179.

**La Gomera**
San Sebastián de La Gomera
☎ 922 870 802. FAX 922 871 324.

**El Hierro**
Puerto de la Estaca
☎ 922 550 905. FAX 922 550 129.

**La Palma**
Santa Cruz de La Palma
☎ 922 118 265.
FAX 922 418 252.

### LÍNEAS FRED OLSEN
W www.fredolsen.es

**Tenerife**
Santa Cruz de Tenerife
☎ 922 290 011.
Los Cristianos
☎ 922 790 556.

**La Gomera**
San Sebastián de La Gomera
☎ 922 871 007.

**La Palma**
Santa Cruz de La Palma
☎ 922 415 433.

### NAVIERA ARMAS
W www.naviera-armas.com

**Gran Canaria**
Las Palmas de Gran Canaria
☎ 928 300 600.

**Fuerteventura**
Puerto del Rosario
☎ 928 851 542.
Morro Jable
☎ 928 542 113.
Corralejo
☎ 928 867 080.

**Lanzarote**
Arrecife
☎ 928 824 931.
Playa Blanca
☎ 928 517 912.

**Tenerife**
Santa Cruz de Tenerife
☎ 922 534 052.

**La Palma**
Santa Cruz de La Palma
☎ 922 417 482.

### LÍNEAS MARÍTIMAS ROMERO

**La Graciosa**
☎ 928 842 070.